Karl Grobe-Hagel
Tschetschenien

Der Autor

Dr. Karl Grobe-Hagel, Jahrgang 1936, ist seit 1963 Journalist, seit 1968 politischer Redakteur der *Frankfurter Rundschau* und seit 1972 verantwortlich für das außenpolitische Ressort.

Bei *ISP* erschien von ihm 1992 *Rußlands Dritte Welt.* Weitere Buchveröffentlichungen u. a.: *Vietnam! Vietnam?* (mit Andreas Buro, 1984), *Der kurze Frühling von Peking* (mit Franz-Josef Krücker, 1990), zahlreiche Beiträge zu Sammelwerken und in Zeitschriften.

Tschetschenien

Russlands langer Krieg

ISP · Köln

Coverfoto: Das zerstörte Grosny (1995).

Bildnachweis: Süddeutscher Verlag, Bilderdienst

Die Deutsche Bibliothek – CIP-Einheitsaufnahme

Grobe-Hagel, Karl:
Tschetschenien: Russlands langer Krieg /
Karl Grobe-Hagel. – Köln: Neuer ISP-Verl., 2001
ISBN 3-929 008 -19-X

ISP

Neuer ISP Verlag, Dasselstr. 75-77, D-50674 Köln
Der Neue ISP Verlag ist Mitglied von aLiVe (assoziation Linker Verlage).

Originalausgabe, September 2001

Lektorat: Tom Beier
Satz: Neuer ISP Verlag GmbH
Gesamtherstellung: Druckcooperative, Karlsruhe

Printed in Germany

1 2 3 4 5 – 05 04 03 02 01

Inhalt

Tschetschenien und Inguschetien

Putins Krieg – Vorwort

> *Der schamlose Beifall, die Scheinsympathie oder idiotische Gleichgültigkeit, womit die höheren Klassen Europas dem Meuchelmord des heroischen Polen und der Erbeutung der Bergveste des Kaukasus durch Russland zusahen; die ungeheueren und ohne Widerstand erlaubten Übergriffe dieser barbarischen Macht, deren Kopf zu St. Petersburg und deren Hand in jedem Kabinett von Europa, haben den Arbeiterklassen die Pflicht gelehrt, in die Geheimnisse der internationalen Politik einzudringen, die diplomatischen Akte ihrer respektiven Regierungen zu überwachen, ihnen wenn nötig entgegenzuwirken; wenn unfähig zuvorzukommen, sich zu vereinen in gleichzeitigen Denunziationen und die einfachen Gesetze der Moral und des Rechts, welche die Beziehungen von Privatpersonen regeln sollten, als die obersten Gesetze des Verkehrs von Nationen geltend zu machen.*
>
> *Der Kampf für solch eine auswärtige Politik ist eingeschlossen im allgemeinen Kampf* für die Emanzipation der Arbeiterklasse.
>
> Karl Marx, *Inauguraladresse der Internationalen Arbeiter-Assoziation* (1864)

Im Sommer 2000 hat die russische Militärführung den zweiten Krieg in Tschetschenien für im Prinzip gewonnen erklärt. Es war nicht die erste Fehleinschätzung der Verhältnisse in Nordkaukasien, die sich in Moskau (oder früher in St. Petersburg) verbreitet hat. Fehleinschätzungen haben eine ebenso lange Tradition wie der Konflikt zwischen der imperialen Macht der Zaren und ihrer Nachfolger einerseits und den Bergvölkern andererseits.

Man kann den Konflikt so beschreiben, wie es Karl Marx vor 136 Jahren getan hat: Eroberung der „Bergveste“ durch eine „barbarische Macht“, unter „schamlosem Beifall“ einiger der „höheren Klassen Europas“, „Scheinsympathie“ für die Besiegten und „idiotischer Gleichgültigkeit“ derjenigen, die damals das bildeten, was man jetzt die schweigende Mehrheit nennt. Diese Skizze würde nicht unbedingt jeglicher Aktualität entbehren. Sie steht indes in einem zeitlichen Zusammenhang mit der europäischen Reaktion, die auf die Revolutionen von 1848 folgte: Russland hatte sich als Retter der österreichisch-ungarischen Reaktion erwiesen, indem es die ungarische Freiheitsbewegung – die Republik unter Lájos Kossuth – niederschlug, den ihm durch die Großmächte zugesprochenen Teil Polens („Kongresspolen“) unterwarf, gerade 1864, als Schamil in der „Bergveste“ aufgeben musste und Marx seine

Bemerkung schrieb, verbot die „barbarische Macht“ den Gebrauch der polnischen Sprache in der Öffentlichkeit und suchte von der Schule bis zu den letzten Unterabteilungen der Verwaltungstätigkeit, durch Verbannungsmaßnahmen und administrative Willkür die Polen zu Russen zu machen; Russland war die verhasste reaktionäre Macht schlechthin. Marx' Polemiken gegen sie sind, obwohl in stalinistischer Zeit zur Verschlusssache erklärt, mittlerweile wohl bekannt und als zeitgeschichtlich relevante Texte erkannt.

In diesem Sinne kann man die Marxsche Bemerkung als einen antiimperialistischen Exkurs betrachten. Die Begründung des Zarenreichs für die Eroberung Nordkaukasiens ist simpler und sozusagen pragmatischer: Nachdem Südkaukasien (Georgien, Armenien und Aserbaidschan) erobert und in die Reichsadministration integriert war, nachdem die Gegenwehr der Tscherkessen in Nordwestkaukasien um den Preis der Vertreibung und Liquidierung von neun Zehnteln der Gegner niedergeschlagen war, nachdem die Grenzen gegenüber dem Osmanischen Reich und dem Persien der Kadscharen gesichert waren, konnte nicht inmitten des so arrondierten Territoriums eine reichsfreie Zone bestehen bleiben. Die Hochachtung russischer Literaten für die Tschetschenen, die Awaren und einige andere Völker aus den Bergen hinderte nicht das Bestreben der Unterwerfung unter die St. Petersburger Disziplin, mit Folgen, die zu schildern sind.

In bezeichnender Verkürzung der Selbstrechtfertigung ist Wladimir Putin auf eben diese rhetorische Figur zurückgekommen. Sie ist lediglich in das Gewand „Verteidigung der territorialen Integrität“ geschlüpft; ohne Rücksicht auf die Tatsache, dass anderen Völkern die staatliche Unabhängigkeit erlaubt und wenigstens formal nicht bestritten wird. Nur eben: Diese hatten als Teile der Sowjetunion den Status von Unionsrepubliken und das Verfassungsrecht auf Sezession. Für die nordkaukasischen Völker durfte das nicht gelten; sie hatten allenfalls Autonomiestatus innerhalb der Russischen Sozialistischen Föderativen Sowjetrepublik, deren Außengrenzen mit denen des heutigen Russland identisch sind – und nicht angetastet werden dürfen. Russland führt einen inneren Kampf gegen eine bewaffnete Sezessionsbewegung, also nicht Krieg gegen eine auswärtige Macht, lautet das Argument.

Es sind auch andere Argumente vorgetragen worden. Strafaktion gegen Terroristen, die Häuser in Moskau und anderen russischen Städten gesprengt und die Nachbarregion Dagestan überfallen haben, lautet eines davon; dessen erste Hälfte ist nach zwei Jahren noch unbewiesen, die zweite bezieht sich jedenfalls nicht auf eine Aktion der tschetschenischen Republik. Das Argument wurde erweitert auf den Abwehrkampf gegen einen internationalen Bogen des Terrorismus und des Drogenhandels, der sich von den Bergen des Tianshan und des Pamir über den Kaukasus bis hin nach Europa spanne – Russland verteidigt also die Ordnung des Abendlandes gegen die Kriminalität. Und das wird dann nochmals erweitert durch den Satz, der Tschetschenienkrieg gelte in allererster Linie der Abwehr gegen den islamischen Radikalismus, den „Wahhabismus". Die Armee der Russländischen Föderation steht demnach an einer Front in jenem *Clash of Civilisations*, den Samuel Huntington zu einem Modethema gemacht hat.

Freilich haben sich die Moskauer Rechtfertigungen stets der taktischen Erfordernis innenpolitischer Agitation und Propaganda angepasst, zu Sowjetzeiten wie insbesondere in der Phase des Jelzinschen Sonnenuntergangs und des Putinschen Aufstiegs. Es ist wohl wahr, dass die Vorbereitungen für den zweiten Krieg angelaufen sind, als von Wladimir Putin nur die Rede war als von einem leitenden Funktionär des KGB-Nachfolge-Geheimdienstes FSB, des Föderalen Sicherheitsbüros; doch sein Aufstieg ins Amt zuerst des Regierungschefs, dann zum Präsidenten Russlands ist mit diesem Krieg nicht nur chronologisch verknüpft, sondern inhaltlich. Putin sollte – und wollte, wie er in seinem ersten programmatischen Text im Internet verbreiten ließ – den starken Staat. „Für die Russen ist der starke Staat keine Anomalie, von der man sich trennen sollte. Im Gegenteil: Sie sehen ihn als Quelle und Garanten der Ordnung und die wichtigste Triebkraft jeglicher Veränderung an." Was nach dem Autoritätsverfall Präsident Boris Jelzins verständlich war; Putin wurde ausdrücklich mit diesem Programm aufgebaut und äußerte sich entsprechend martialisch, noch ehe er zum Regierungschef vereidigt war.

Der Zerfall der staatlichen Ordnung in Tschetschenien, der allerdings weitgehend aus dem Zerfall der Ordnung in Russland abgeleitet war, bot den Massenmedien Anlass, die „Wiederherstellung der verfassungsmäßigen Ordnung" zu propagieren. Die Tatsache, dass der tschetschenische Präsident Aslan Maschadow seit 1994 den Partisanenkrieg gegen die russische Armee organisiert sowie nach seinem Machtantritt (1996) die Islamisierung des Rechtswesens – sofern von einem solchen ernsthaft die Rede sein konnte – und des gesellschaftlichen Lebens zugelassen hatte, nährte einen weiteren Argumentationsstrang.

Im August 1999 besetzte eine Gruppe tschetschenischer Milizen mehrere Dörfer in Dagestan, in denen – erstmals in der Geschichte Nordkaukasiens – wahhabitische Führer die Macht übernommen hatten. Wenige Tage darauf wurden in Moskau und in Wolgodonsk mehrere Wohnhochhäuser durch Bomben in die Luft gesprengt, jedes Mal mit derselben Methode. Die Attentate legten sowohl die russische Führung als auch die Massenmedien sofort „den Tschetschenen" zur Last. Der Inlands-Geheimdienst FSB hat zwar keinen Beweis für eine solche Täterschaft und auch keinen Tatbeteiligten tschetschenischer Herkunft auffinden oder ein plausibles Motiv präsentieren können. Die Anschläge dienten aber zur Rechtfertigung des zweiten Tschetschenienkrieges, ferner zur Anschwärzung des gesamten tschetschenischen Volkes als angebliche Terroristen und letztlich zu pogromartigen Verfolgungen. Die erste Juristenfrage – *cui bono* – stellend: Weder der tschetschenischen

Unabhängigkeitsbewegung noch einzelnen Tschetschenen hat die Anschlags-Orgie im geringsten genützt, sondern allein der russischen Staatsmacht.

In mehreren Etappen entfaltete die russische Regierung einen Eroberungskrieg, der bald umschlug in einen Vernichtungskrieg. Weit über 250.000 Tschetschenen wurden zur Flucht gezwungen. Die männliche Bevölkerung im Alter von 16 bis 60 Jahren wurde kollektiv unter Feindverdacht gestellt. Die russische Luftwaffe vernichtete flächendeckend Dörfer und Siedlungen in der Ebene und später im Bergland. Dabei sollen auch chemische Kampfstoffe eingesetzt worden sein. In mehreren Orten wurden sogenannte Filtrationslager errichtet, die durch Berichte über massive Folterungen traurig berühmt wurden. Dennoch konnte die Armee den Übergang des Widerstandes zum Partisanenkrieg nicht eindämmen. Ende Mai 2000 waren *bojewiki* wieder in die vorher aufgegebene Hauptstadt eingedrungen und töteten russische Soldaten. Der Krieg war nicht gewonnen, eine Strategie gescheitert – und auch dies war nicht die erste.

Das Zarenreich hatte nach dem militärischen Sieg und nach der Auffindung der Erdöllagerstätten in Nord-Tschetschenien einiges für die wirtschaftliche Entwicklung in der Terek-Ebene getan. Doch den Tschetschenen nützte dies nichts; es war eine slawische industrielle Pioniersiedlung. Dass Russland vor dem Ersten Weltkrieg den selbst gestellten Anspruch, die unterworfenen Völker in die fortgeschrittene kapitalistische Gesellschaft zu integrieren, mehr als nur in Ansätzen erfüllt hätte, können auch die wohlwollendsten Beobachter der Entwicklung kaum behaupten.

Die Sowjetunion fügte dem allgemeinen progressistischen Anspruch die Theorie hinzu, sie verkörpere ein dem Kapitalismus qualitativ überlegenes Gesellschaftssystem, den Sozialismus. Die Kommunistische Partei bemühte sich zunächst um Verwurzelung in den Völkern Nordkaukasiens. Das schien Erfolg zu haben; vielleicht schon die NEP-Periode, sicher aber die Stalinsche Wende zur Vollkollektivierung zerstörten diese Ansätze vollkommen. Die im ersten Jahrzehnt nach der Revolution herangezogenen einheimischen Eliten wurden ausgelöscht in der Zeit der Großen Säuberung. Der Versuch, durch Schulpflicht und umfassende Volksbildung, Alphabetisierung und politische Erziehung die Tschetschenen (und andere Bergvölker) in den Sozialismus zu führen, schlug bis zum Zweiten Weltkrieg gleichfalls fehl; nur die Kulturtechniken des Lesens, Schreibens und Rechnens wurden sehr weit verbreitet, erstmals in der Geschichte der Region.

Nach dem Zweiten Weltkrieg gab es keine tschetschenische Republik mehr; 1944 war das Volk kollektiv verbannt worden wegen angeblicher Kollaboration mit der deutschen Besatzungs-Wehrmacht, die aber Tschetschenien praktisch nicht erreicht hatte, in Wahrheit zur Strafe für den anhaltenden Widerstand gegen die Stalinisierung und Sowjetisierung. Doch der Versuch, die ethnische Identität der Tschetschenen zu brechen, schlug ebenso fehl wie die Strategien vorher: In der Verbannung erst überwanden die überlebenden Tschetschenen einen großen Teil ihrer Geschichte, die Clan-Bindung, und fanden zu einem gemeinsamen nationalen Bewusstsein, das sich in der Sprache, in der Bindung an bestimmte islamische Organisationen und Strömungen sowie in eindeutiger und nicht zu beugender Ablehnung des Stalin-Systems artikulierte.

Nach der Rehabilitierung, die den Tschetschenen die Rückkehr in den Nordkaukasus erlaubte, schien erstmals eine Möglichkeit der Zusammenarbeit, vielleicht der Integration zu entstehen. Von Ende der fünfziger bis Ende der achtziger Jahre wurde eine Generation tschetschenischer Wissenschaftler, Politiker, Künstler und Techniker (letztere in geringerem Maße) ausgebildet, die sich in die sowjetische Gesellschaft einzugliedern schien. Erstmals wurden Zivilisationstechniken wie Straßenbau, Elektrifizierung, Mechanisierung und Automobilisierung aus den Ebenen auch in die Berge transferiert. Doch dadurch wurden weder die ethnische noch die religiöse Identität der Tschetschenen überwunden noch das Streben auch der neuen Eliten nach staatlicher Unabhängigkeit oder wenigstens einer substanziellen Autonomie innerhalb der Sowjetunion widerlegt. Im Zerfallsprozess der Sowjetunion entstand die tschetschenische Unabhängigkeitsbewegung; in bewusstem Zusammenhang: Viel Inspiration kam aus dem Baltikum, aus der Ukraine und aus Zentralasien, aus jeweils verschiedenen Gründen. Eine Autonomie der Art, wie sie Tatarstan und Baschkortostan errangen, wollte Russland den Nordkaukasiern aber nicht zugestehen; und bald wollten die neuen Funktions- und Machteliten dort sich damit nicht mehr zufrieden geben. Auch dieser Ansatz, der friedenspolitisch sinnvoll gewesen wäre, ist vergeben worden, ob mutwillig oder leichtfertig, steht dahin.

Die geschichtliche Tragödie wiederholt sich – als blutige Tragödie. Das tschetschenische Volk, der eigenen Existenzgrundlagen beraubt, in die Kriminalität und den gewaltsamen Widerstand gezwungen, nun mit der Vernichtung stärker bedroht als selbst in den Zeiten der Verbannung, zahlt die Rechnung für den Aufstieg des Wladimir Putin und des militär-industriell-geheimdienstlichen Komplexes in Russland, und die historischen Gestalten kehren wieder, die Marx vor 136 Jahren mit Abscheu geschildert hat. Unter der Kostümierung erkennt man soziale Konflikte jener neuen Art, die sich als ethnische präsentieren und doch soziale sind; solche der Geschichte, die – ungelöst – mit Rache wiederkehren, und solche der Gegenwart, die die Willkür der Mächtigen geschaffen hat.

Dass es auch diesmal wieder in der großen weiten Welt, der angeblich unter dem Überangebot an Information leidenden Öffentlichkeit, kein Interesse hervorruft, was in den Bergen des Kaukasus, in Europa selbst, geschieht, und dass angeblich sozialdemokratisch-grüne Außenpolitik sich unter Entledigung von diesen beiden Adjektiven ebenso historisch-bürgerlich-kapitalistisch darstellt wie die der angeblich christlichen Vorgängerregierung, ist nur eine Marginalie. Staaten haben Interessen; es sind diejenigen der Machtelite, aber nicht in erster Linie der politischen, sondern der ökonomischen. Diese gebieten es, mit Russland im Geschäft zu bleiben. Es ist eindeutig, wer dafür zahlt.

*

In diesem Buch ist von Süd- und Nordkaukasien die Rede, statt wie allgemein üblich von Trans- und Ciskaukasien. Das hat seinen Grund; denn der lateinischen Form liegt inhaltlich die Blickrichtung von Norden her zu Grunde. Das ist eine europäische Blickrichtung; denn nur von Europa, und besonders von Russland, her gesehen liegt Tschetschenien „vor" dem genannten Gebirge, ist also „ciskaukasisch", und Georgien oder Armenien „dahinter", demgemäß in „Transkaukasien". Von Ankara, Mekka, Teheran oder schon von Baku und Tiflis her sieht das ganz anders aus. Die neutrale, an Himmelsrichtungen ausgerichtete Bezeichnung ist da eher angemessen. Die Wörter „Milizen", „Freischaren" und „bojewiki" sind im Kontext der tschetschenischen bewaffneten Kräfte untereinander meist austauschbar.

In der Rechtschreibung habe ich mich für Buchstabenfolgen entschieden, die einem unbefangenen deutschen Leser noch am ehesten das Klangbild vermitteln können. Russische Begriffe und Namen sind im laufenden Text nach den Regeln des Duden wiedergegeben worden; die Marotte gelehrter Slawisten, eine für ihre eigenen Zwecke entwickelte Transliteration mit diversen diakritischen Zeichen und vom allgemeinen Gebrauch in der deutschen Schriftsprache abweichenden Lautwerten zu benutzen, lehne ich grundsätzlich ab: Jelzin mag exakter „El'cin" transliteriert werden, aber um den Preis, dass der Name bei der Überfahrt aus dem Russischen das Ufer nicht erreicht, auf dem der deutsche Leser ihn erwartet. In den Fußnoten und den Literaturangaben hingegen steht jeweils die Version, die in der Quelle benutzt wird.

Als Quellen für diesen Text haben die Berichte unabhängiger Journalisten, von Korrespondenten überregionaler Tageszeitungen und der großen Nachrichtenagenturen gedient. Besonders Verdienst haben sich nacheinander die Korrespondenten der *Frankfurter Rundschau,* Dietmar Ostermann und Florian Hassel, durch die Kontinuität ihrer Beobachtung und Darstellung erworben. Ihre Kollegen, die für jene andere überregionale Frankfurter Tageszeitung, für die Münchner und Berliner überregionalen Zeitungen schreiben, sollen darüber nicht vergessen werden. Diese Quellen sind im laufenden Text nicht immer gesondert kenntlich gemacht. Die Literaturangaben im Anhang geben Aufschluss über die Fülle des Materials, das allein aus dem elektronischen Medium Internet zu ziehen ist, und über die Behandlung der tschetschenischen Frage in populären und wissenschaftlichen Publikationen. Die Auswahl der genannten Literaturquellen ist nicht vollständig; sie ist vor allem nach der Maßgabe getroffen worden, welche Texte relativ leicht auffindbar sind. Daher fehlen Quellen in russischer Sprache – zugängliche Übersetzungen sind getreulich angegeben – und den Sprachen des Nordkaukasus; letztere auszuwerten ist dem Autor wegen seiner in dieser Hinsicht sehr weit reichenden Unbildung zudem verwehrt. Dass grundlegende Untersuchungen von Militärwissenschaftlern der USA vorgelegt und allgemein zugänglich sind, ist dabei nicht ohne Interesse.

Den Text widme ich denjenigen, die trotz allem am Aufbau einer gerechteren zivilen Gesellschaft nicht verzweifeln, ob in Kaukasien oder in den Weiten Russlands, ob unter engagierten westlichen oder ebenso engagierten östlichen Beobachtern, Helfern und Unterstützern; und ich widme ihn meiner Ehefrau Irmgard, meinen Töchtern Barbara und Friederike und meinem Sohn Hein. Ihnen allen wünsche ich, dass sie – wir alle – eine Zeit anbrechen sehen, in der das, was hier geschildert werden musste, nicht mehr Teil der Gegenwart ist, sondern zu der Geschichte unmenschlicher Gesellschaften gehört, eigentlich: in die Vorgeschichte der Menschheit.

Tschetschenien und die Nachbarn

1. Die Nachbarn

In der allgemeinen Wahrnehmung erscheinen die Konflikte in Nordkaukasien als Ausbrüche religiöser, nationalistischer oder separatistischer Bestrebungen. Besonders die russischen Massenmedien – und, von ihnen beeinflusst, ein großer Teil der in Moskau ansässigen westlichen Korrespondenten – nehmen diese einfachen Erklärungen gern auf. Sie erfassen nur die Oberfläche der Auseinandersetzung. Die wirtschaftlichen, politischen, geostrategischen und ideologischen Konfliktursachen reichen aber um Jahrhunderte zurück.

In *Nordkaukasien* stoßen verschiedenartige Interessen aufeinander. Die Region zwischen Schwarzem und Kaspischem Meer ist eine wichtige Durchgangsroute für Waren, ganze Völker und Ideen. Hier überschneiden sich die Einflussbereiche mehrerer großer Mächte:

1. das alte Persischen Reich, seit dem Aufstieg der Safawiden-Dynastie im 16. Jahrhundert der einzige schiitisch-islamische Staat der Erde, eine regional sehr bedeutende Großmacht auch noch als Islamische Republik Iran;

2. das jüngere Osmanische Reich, das seit dem 14. Jahrhundert in Kleinasien (Anatolien) entstand, sich über die Balkan-Halbinsel im Westen bis an den Persisch-Arabischen Golf im Osten ausdehnte und Vormacht des sunnitischen Islam (Sitz des Kalifats) war, essenziell aber nicht ein Religions-, sondern ein Militärstaat, der an der Wende vom 19. zum 20. Jahrhundert zusammenbrach und dessen regionales Erbe die laizistische, nationalistische Türkei antrat;

3. als jüngster Machtrivale das orthodox-christlich geprägte Russische Reich, dessen erste Boten Mitte des 16. Jahrhunderts das nordkaukasische Vorland erreichten und das sich im 18. und 19. Jahrhundert gegen Persien und das Osmanische Reich als imperialistische Macht durchsetzte, in der Folge des Ersten Weltkriegs revolutionär umgewälzt wurde und von der Sowjetunion, der Trägerin einer neuen Ideologie und Verbreiterin einer angeblich sozialistischen Gesellschaftsordnung, abgelöst wurde;

4. seit der Erschließung der Erdölvorräte am Kaspischen Meer und – nach fünfzigjähriger Unterbrechung durch die Herrschaft der Sowjetunion – seit der Unabhängigkeit der ehemaligen Sowjetrepubliken die USA, die erstens für ihre Erdölwirtschaft, zweitens aus geostrategischen Gründen und im Interesse einer zuverlässigen, nicht von islamistischen Regimes in Iran und Afghanistan zu unterbrechenden Verbindung nach Zentralasien beträchtlichen Einfluss zu entfalten begannen, hauptsächlich zwar in Südkaukasien, aber mit erheblichen Rückwirkungen auf das politische Gefüge auch in Nordkauka-

sien. Die gelegentlich von russischer Seite genannte Spekulation, die USA seien an der Verlängerung des Tschetschenien-Krieges interessiert, um die Pipeline Baku-Grosny-Noworossijsk zu blockieren und den Bau der Parallel-Pipeline Baku-Tiflis-Ceyhan zu fördern sowie Russland allgemein zu schwächen, kann dabei als weniger wichtig unberücksichtigt bleiben. Durch Friedenspolitik könnte Russland den Konflikt leichter beenden als die USA ihn durch indirekte Mittel anheizen könnten.

Viele andere Mächte hatten Nordkaukasien beeinflusst; arabische Trupps, die Mongolen zur Zeit Tschingis Khans, der zentralasiatische Eroberer Timur-e lenk (Tamerlan) hatten das Vorland besetzt und oftmals verheert, und jedesmal zogen sich die Einwohner in die uneinnehmbaren „Bergvesten" zurück. Dass sie dabei militärische Fähigkeiten und starken Willen zur Unabhängigkeit und zum Widerstand entwickelten, war die logische Folge. Zu Beginn des 19. Jahrhunderts hatten sich die Adyger (im Westen und im Osmanischen Reich meist Tscherkessen genannt) als hegemoniales Volk im Westen und der Mitte Nordkaukasiens etabliert. Das Wort „Tscherkessen" ist eine Sammelbezeichnung für Angehörige kulturell und sprachlich verwandter Stämme, die bis in die sechziger Jahre des 19. Jahrhunderts im Westkaukasus ansässig waren. Abasinen, Adyger, Kabardiner, Schapsug, Ubych, aber auch Balkaren, Karatschaier und einige andere Ethnien wurden damals mit mehr oder weniger Recht zu den Tscherkessen (Cirkassiern) gerechnet. Im 17. Jahrhundert traten die Tscherkessen zum Islam über. Sie dehnten ihre – nominelle – Herrschaft bis zum Terek und zur Sunsha aus, in die Niederungen der heutigen Tschetschenischen Republik. Schon 1829 ließ Russland sich die Oberherrschaft über die Tscherkessen vom Osmanischen Reich bestätigen, doch erst 1864 wurden sie nach teils überaus grausamen Kriegen vom Zarenreich unterworfen. Die Mehrzahl der Tscherkessen wurden aus dem Kaukasus vertrieben und in verschiedene Teile des Osmanischen Reiches ausgesiedelt.

Die russische Expansion verfolgte zwei Strategien: die massive Niederwerfung und das Ausspielen der einzelnen Völker gegeneinander. Zur ersten Strategie gehörte die Anlage eines Festungsgürtels, aus dem unter anderem die gegenwärtigen Städte Wladikawkas („Beherrsche den Kaukasus") und Grosny („Drohende Stadt") hervorgegangen sind. Die zweite Strategie machte sich alte Rivalitäten, die Traditionen der Blutrache und der Stammesbindungen zunutze. Die Unterwerfung der Tscherkessen hatte schließlich eine Zweiteilung Nordkaukasiens zur Folge. Um 1830 war der Osten, ausgehend von Dagestan, islamisiert worden und fand sich zu einem geschlossenen (und unter Schamil islamisch geprägten) Widerstand gegen Russland zusammen, der weiter unten ausführlicher dargestellt wird. In der westlichen Hälfte Nordkaukasiens spielte trotz der früheren Islamisierung die Religion eine nur geringe Rolle. Der Versuch des Generals (Naib) Schamil Mahomed-Amin, die Adyger unter religiöser Führung zusammenzufassen, scheiterte an der Stärke der Stammestraditionen. Dafür entwickelten sie eine militante Tradition; nach dem russischen Sieg über Schamil (1856) im Osten kämpften sie noch fast zehn Jahre lang gegen die russische Expansion. Erst jetzt trat die Mehrheit der Bevölkerung zum Islam über; Christen blieben (unter georgischem, nicht russischem Einfluss) lediglich die Abchasen, die Osseten und einige Kabardiner. 1864 brach Russland den Widerstand endgültig. Danach konnten nur noch drei bis fünf Prozent der adygischen Bevölkerung in der Region bleiben; neue massive Vertreibung ins Osmanische Reich und Umsiedlung in entfernte Teile Russlands waren das Schicksal der Mehrheit derjenigen, die den Krieg und die von Russland praktizierte Kriegführung der „verbrannten Erde" überlebt hatten. Bürgerrechte erhielten die Unterworfenen nicht, sie galten als „Fremde" und lebten in von russischen Siedlern und Soldaten umgebenen, verstreuten Siedlungen. Dies veranlasste Lenin, vom „Völkergefängnis" der Zaren zu sprechen.

Die wirtschaftliche Entwicklung im ausgehenden 19. Jahrhundert bescherte dem Nordkaukasus ein weiteres Konfliktthema. Reiche Erdölvorkommen in den Gegenden um Maikop und Grosny – sowie die Erschließung der um die Jahrhundertwende weltweit führenden Vorkommen von Baku – verstärkten das Engagement der entstehenden Welt-Erdölkonzerne an der Region und beschleunigten die russische Unterwerfungspolitik. Dass sich die meisten Bergvölker der Februar-Revolution anschlossen und später an der Seite der Bolschewiki gegen die großrussisch-chauvinistischen Armeen Anton Denikins und die Donkosaken kämpften, war nur logisch.

Die Nationalitätenpolitik der Sowjetunion und ihre Wandlungen, die Vertreibung der Tschetschenen, Inguschen, Balkaren und Karatschaier unter Stalin und die Umstände ihrer Rückkehr werden weiter unten ausführlicher dargestellt. Hier ist anzumerken, dass selbst die Rückkehr aus der Verbannung für die einzelnen betroffenen Völker unterschiedliche Folgen hatte. Die turksprachigen Balkaren konnten in ihre Dörfer zurückkehren und früher von Adygern bewirtschaftetes Land in den fruchtbaren Ebenen übernehmen. Die Karatschaier fanden jedoch tscherkessische Neuansiedler in ihren angestammten Dörfern vor, und ein wesentlicher Teil der ursprünglichen Wohngebiete der Inguschen war mittlerweile von Osseten besiedelt worden. Daraus resultierte in den folgenden vier Jahrzehnten eine Reihe von Konflikten, die bis in die Gegenwart ein vereinigtes politisches Handeln der nordkaukasischen Völker vereiteln.

Auf die nordkaukasischen Nachbarrepubliken haben sich indessen die beiden tschetschenischen Kriege und die – unter Präsident Wladimir Putin eingeleitete – Politik der staatlichen Zentralisierung ausgewirkt. Die Einsetzung von sieben Generalgouverneuren in Großregionen Russlands schaltet die zivile Verwaltung parallel zur bestehenden militärischen Territorialordnung, und sechs der sieben Chefs der neuen Großregionen (*okrugi*) sind Karrieresoldaten, denen die Berücksichtigung nationaler oder ethnischer Unterschiede fern liegt. In der Staatsduma und der zentralen Verwaltung herrscht ein „großrussisches" Denken vor, die Völker kaukasischer Nationalität – wie auch in minderem Maß Tataren, Baschkiren, Jakuten, Burjäten und die kleineren Ethnien des russischen und sibirischen Nordens – gelten als Fremde. Die in Russland schon länger bestehenden Vorurteile gegen die Tschetschenen werden auf die Nordkaukasier allgemein übertragen; als *tschornyje* („Schwarze", Schwarzhaarige) werden mittlerweile alle öffentlich diskriminiert. Russische Soziologen begannen im Sommer 2000 von einem neuen Phänomen zu sprechen, der „Kawkasphobie", der zwanghaften Furcht vor den Kaukasiern. In den meisten Föderationssubjekten in Nordkaukasien setzte die russische Regierung Personen mit militärischem Hintergrund als Gouverneure ein; dagegen regte sich vielfältiger Widerstand. Das russische Vorgehen verschaffte der tschetschenischen Unabhängigkeitsbewegung auch manche Sympathien, zumal unter den Balkaren und Karatschaiern in abgelegenen Bergregionen, aber die radikaleren Führer sahen ihre Hoffnung nicht erfüllt, dass sich dies zu einer allgemeinen antirussischen Solidarisierung entwickeln werde. Die „Konföderation der Bergvölker", die im November 1991 in Abchasien ausgerufen wurde und von einer starken tschetschenischen Freischar (Schamil Bassajew) auch militärisch unterstützt wurde, fasste in den einzelnen Republiken nie recht Fuß.

Die drei Hauptströmungen, die in der ersten Hälfte der neunziger Jahre Tschetschenien beherrschten – russlandtreue (in der Regel mit der Demokratiebewegung sympathisierende), säkulare und religiös geprägte Unabhängigkeitsbewegungen –, entwickelten sich auch in den übrigen Bergrepubliken und spalteten sich, so dass neue Fronten entstanden. In den meisten Fällen entschieden sich beispielsweise die offiziellen islamischen Führer für die Zusammenarbeit mit Russland und seinen (uniformierten) Vertretern in der Region. Das führte den radikal-islamistischen Strömungen, die überall unter der Bezeichnung „Wahhabiten" bekämpft und zu Hauptfeinden erklärt wurden, neue Anhänger zu. Das waren zumeist jugendliche Arbeitslose, in der Regel mit recht guter Schulausbildung, die angesichts der allgemeinen wirtschaftlichen Misere keine Berufsaussichten hatten, von den Kompromissen der Führungen mit der zentralen Staatsgewalt enttäuscht waren und sich der vorderhand einzigen Bewegung zuwandten, die in ihren Augen bisher weder „Verrat geübt" noch entscheidende Niederlagen erlitten hatte. Religiöse Überzeugung war dabei anfangs kein wichtiger Beweggrund – sie wurde es im Sinne einer Rechtfertigungsideologie, nicht einer neuen Gläubigkeit. Eine gewisse Rolle mag die neue Förderung der Russisch-Orthodoxen Kirche schon während des ersten Tschetschenienkrieges unter Präsident Jelzin gespielt haben;

die Proklamation des „Heiligen Krieges" durch einige radikal-islamische Bewegungen war wohl auch eine Reaktion darauf.

In anderen Teilen der Region sind zwar gewisse Einflüsse des Panturkismus spürbar, der in der Türkei vor allem von der (seit 1999 an der Regierung beteiligten) MHP vertreten wird, aber hauptsächlich wirkt diese Tendenz in Aserbaidschan und jenseits des Kaspischen Meeres.

In West-Nordkaukasien überschnitten sich seit dem Zerfall der Sowjetunion besondere Probleme, die aus der Struktur der einzelnen Republiken herrühren, mit den allgemeinen Konfliktlinien. Diese regionalspezifischen überdecken die allgemeinen Probleme – Wirtschaftsmisere, Verarmung großer Bevölkerungsgruppen in den neunziger Jahren, Perspektivlosigkeit vor allem der jüngeren Generation, die im Vergleich zum eigentlichen Russland aber einen wesentlich gewichtigeren Anteil an den Einwohnern der einzelnen Republiken hat, Korruption und Militarisierung der Verwaltungen. Unter der nachstehend umrissenen Decke der ethnischen Konflikte sind aber genau diese wenig benannten Krisenerscheinungen die eigentliche Ursache der zuweilen gewalttätig werdenden Auseinandersetzungen. Die ethnischen Konflikte sind ihrerseits Folge der sowjetischen Nationalitätenpolitik in Nordkaukasien, die – wie später dargestellt wird – von der in den ersten Jahren der Sowjetmacht angestrebten „Einwurzelung" (*korenisazija*) abging und ein der zentralisierten Herrschaft besser nützendes Modell entwickelte. In der nordkaukasischen Region wurden administrative Einheiten, die entweder alle Ethnien ausnahmslos umfassten („Republik der Bergvölker"), nicht durch jeweils zusammenhängende Verwaltungsgebiete für jede einzelne (größere) Ethnie als Titularnation abgelöst, sondern durch Republik-Konstruktionen, in denen stets mehrere Ethnien zusammengefasst waren. Die Autonomen Sowjetrepubliken, die auf jene der „Bergvölker" folgten und deren Nachfolge seit 1991 die jetzt noch bestehenden Republiken als Föderationssubjekte antraten, führten deshalb in der Regel Doppelnamen. Das Prinzip wurde erst 1992 mit der Trennung der Inguschischen von der Tschetschenischen Republik durchbrochen. Die Zusammenlegung verschiedener Ethnien unter einem administrativen Dach verursachte unausweichlich Konflikte, die eben als ethnisch begriffen wurden und die tieferen Ursachen der sozialen Widersprüche durchweg verdeckten.

Zum Generalgouverneur Nordkaukasiens (als Teil des Südlichen Föderalen Distrikts Russlands) ernannte Präsident Wladimir Putin im Mai 2000 den General Viktor Kasanzew. Damit wurde die nordkaukasische Region im engeren Sinne unter anderem mit den angrenzenden russischen Verwaltungseinheiten Stawropol, Krasnodar und Rostow am Don gleichgeschaltet. Die neu eingerichtete Verwaltungseinheit, in lässiger Form als Generalgouvernement Süd bezeichnet, entspricht genau dem Militärbezirk, was übrigens für die anderen sechs Föderalen Distrikte ebenso zutrifft. In dieser Konstellation ist eine eigenständige Lösung der nordkaukasischen Probleme kaum mehr möglich.

Nordossetien (mit 8.000 km^2 ein kleines Territorium, aber mit 663.000 das bevölkerungsstärkste nach Tschetschenien) ist ein besonderer Problemfall. Knapp die Hälfte der Bevölkerung lebt in der Hauptstadt Wladikawkas. Diese wurde 1784 als Fort Wladikawkas gegründet, 1930 bis 1944 und 1954 bis 1990 Ordschonikidse (zu Ehren des georgischen Bolschewiken gleichen Namens) getauft, dazwischen Dsaudschikau genannt, und war im 19. sowie fast dem gesamten 20. Jahrhundert die administrativ und militärisch weitaus bedeutendste Stadt Nordkaukasiens. Die herausgehobene Stellung bedingte ein sehr starkes Übergewicht des russischen Bevölkerungsanteils, ähnlich wie Grosny als Standort der Erdölindustrie eine ganz überwiegend russische Stadt wurde. Wladikawkas ist auch nördlicher Endpunkt der einzigen strategisch bedeutenden Paßstraße über den Hohen Kaukasus, die in Tbilissi endet.

Nordossetien hat in den letzten anderthalb Jahrhunderten die beiden „kaukasischen Flügel“ wirksam von einander getrennt. Das ossetische Volk, das von den (iranischen) Alanen abstammt, ist wiederum durch den Kaukasus getrennt und besiedelt zwei Regionen mit unterschiedlichem Status und verschiedenartiger Geschichte. Nordossetien, das seit 1936 eine Autonome Sozialistische Sowjetrepublik war und 1991 Republikstatus innerhalb der Russländischen Föderation erhielt, ist der wirtschaftlich entwickeltere Teil, doch sind die dort lebenden rund 400.000 Osseten – teils sunnitische Moslems, teils russisch-orthodoxe Christen – zum größeren Teil nicht in den moderneren Wirtschaftssektoren beschäftigt. Südossetien ist Teil Georgiens und hatte unter der Sowjetmacht den Status eines Autonomen Gebiets. Dort leben rund 150.000 Menschen, davon (1989) rund 65.000 Osseten; etwa 100.000 Osseten wohnten in anderen Teilen Georgiens. Eine georgische Präsenz in ihrem Gebiet bestand faktisch nur in der Gebietshauptstadt Zchinwali. Die Südosseten sind georgisch-orthodoxe Christen, ohne sich mit dem georgischen Staat zu identifizieren. Seit 1991 kämpft eine Widerstandsbewegung um Unabhängigkeit und um (Wieder-) Vereinigung. An die Spitze dieser Bewegung hatte sich bis 1992 die alte KP-Nomenklatura des Gebiets gesetzt, die dem nationalistisch-konservativen Parteiflügel in Moskau nahestand. Die bewaffneten Konflikte, die mindestens 800 Tote forderten und bei denen an die hundert ossetische Dörfer vernichtet wurden, bewältigten dann die Innenministerien Russlands und Georgiens gemeinsam. Die nordossetische Führung beteiligte sich sodann an der Ausschaltung der radikalen südossetischen Kräfte. Im Juni 1992 unterzeichneten beide Seiten in Sotschi ein Waffenstillstandsabkommen. Der politische Status Südossetiens blieb seitdem ungeklärt.[1] Die von Ludwig Tschibirow geführte südossetische Regierung hat eine eigene Verfassung erlassen und einen „demokratischen Staat, geschaffen als Ergebnis des ossetischen Rechts auf Selbstbestimmung“ ausgerufen. Drei Verhandlungsrunden

Tschibirows mit Georgiens Präsident Eduard Schewardnadse blieben ohne greifbares Ergebnis. Viele Flüchtlinge aus Südossetien – die Zahlen schwankten um 1996 zwischen 30.000 und 60.000, was praktisch die gesamte ossetische Bevölkerung der Provinz umfassen würde – sind in Nordossetien gestrandet und werden von der dortigen ethnischen Elite nicht voll akzeptiert, sondern eher als soziale Belastung angesehen. Nur gut tausend sind zurückgekehrt.

Ein weiteres soziales Problem, das deutlicher ethnische Charakteristika annahm, entstand am Ostrand von Wladikawkas schon Ende der fünfziger Jahre. Der dortige Prigorodnyj-Bezirk war ursprünglich von Inguschen bewohnt und nach deren pauschaler Verbannung Nordossetien zugeschlagen worden. Die seit 1957 nach ihrer Rehabilitierung Zurückkehrenden beanspruchten ihre alten Wohngebiete, was letzten Endes zu gewaltsamer Vertreibung von wenigstens 35.000 Inguschen in die mittlerweile von Tschetschenien getrennte eigene Republik führte.

Am Widerstand gegen die russische Expansion haben die Osseten sich meist nicht beteiligt. Während des Aufstands in ganz Nordkaukasien unter Imam Schamil sicherten außer russischen Soldaten auch Osseten die Transkaukasische Paßstraße von Wladikawkas nach Tbilissi, und besondere Sympathien für die Unabhängigkeitsbewegungen in der Region hat nach dem Zerfall der Sowjetunion weder die Führung in Wladikawkas noch die Bevölkerung im Allgemeinen entwickelt. Das Hauptquartier der russischen Armee in den Kriegen gegen Tschetschenien, Mosdok, liegt auf nordossetischem Gebiet.

Inguschetien (3.200 km^2, etwa 310.000 Einwohner, zuverlässige statistische Angaben sind wegen der vielen Flüchtlinge nicht vorhanden) ist 1992 von der bis dahin gemeinsamen tschetscheno-inguschischen Republik abgetrennt worden. Die Republik musste den Hauptteil der Flüchtlinge aus dem Kriegsgebiet aufnehmen und dürfte allgemein mit den Tschetschenen sympathisieren. Der inguschische Präsident, Ex-General Ruslan Auschew, ist mehrfach als Fürsprecher der tschetschenischen Interessen und für einen (von Russland abgelehnten) Verhandlungsfrieden aufgetreten. Die Bergregionen der Republik haben vor allem im zweiten Krieg oft den tschetschenischen Verbänden und Freischaren als Rückzugsgebiet gedient. Andererseits bestehen auf Rivalitäten zwischen einzelnen Clans beruhende bittere Feindschaften zwischen inguschischen und tschetschenischen Gruppen.

Im Mai 2000 griffen tschetschenische *bojewiki* im Sunsha-Bezirk eine Einheit des russischen Innenministeriums an und töteten 19 Soldaten. Bereits vorher hatten Freischärler mindestens fünf vergleichbare, jedoch kleinere Anschläge auf russische Einheiten durchgeführt. Der russische Oberkommandierende, General Gennadi Troschew, warf daraufhin dem inguschischen Präsidenten Auschew „kriminelle Vernachlässigung der Sicherheit" vor. Die ohnehin vorhandene Distanz zwischen Auschew und der russischen Zentralmacht vertiefte sich daraufhin noch, zumal Russland nicht über ausreichende Spezialkräfte verfügt, die ihrerseits den Krieg von Inguschetien fernhalten könnten.

In *Kabardino-Balkarien* (12.500 km^2 mit rund 800.000 Einwohnern, westlich von Nordossetien gelegen) schwelt ein älterer Streit zwischen den beiden Titularnationen, den Kabardinern und den Balkaren, die mit einander nicht verwandt sind und unterschiedliche Sprachen sprechen. Die Kabardiner, mit rund 400.000 Köpfen das Mehrheitsvolk der Republik und in höherem Maße verstädtert, gehören sprachlich, historisch und ethnisch zur Gruppe der Tscherkessen, deren größte einzelne Ethnie sie bilden. Sie sind sunnitische Moslems. Die etwa 80.000 Balkaren – traditionell Ackerbauer und Viehzüchter – sind zumeist ebenfalls Muslime und sprechen eine Turksprache. Einen größeren Bevölkerungsanteil stellten vor dem Zerfall der Sowjetunion die rund 240.000 Russen; über das Ausmaß der Abwanderung liegt kein ausreichendes statistisches Material vor. Traditionsgemäß sollte der Präsident der Republik stets ein Kabardiner, sein Stellvertreter ein Russe und Premierminister ein Balkare sein. Jedoch forderte ein Balkarischer Nationalrat Mitte der neunziger Jahre die Eigenstaatlichkeit für das relativ geschlossene balkarische Siedlungsgebiet. Diese Forderung gab Sofian Bipajew, Ratsvorsitzender und ehemals sowjetischer Karriereoffizier, Ende 1996 zwar wieder auf. Der Vorwurf gegen die Kabardiner, sie dominierten das Leben der Republik wie vor 1991 die Russen, erhielt die balkarische Bewegung jedoch aufrecht.[2]

Der schon vor 1991 als KP-Sekretär der Republik amtierende Walerij Kokow, nach der Wende Präsident in der kabardino-balkarischen Hauptstadt Naltschik, unterdrückte diese Bewegung und zugleich auch die von Musa Schanibow und Walerij Katajukow geführte kabardinische Unabhängigkeitsbewegung „Adyge Khase“ (Adygische Versammlung) mit administrativen Mitteln. „Adyge Khase“ war ursprünglich um 1980 als kulturelle Vereinigung entstanden, die sich um die Bewahrung der kabardinischen Sprache und Literatur kümmerte. Nach 1991 wurde sie zu einer gesellschaftlich-politischen Organisation, die – in großen Zügen – eine Wiedergutmachung für den Genozid im 19. Jahrhundert, Rückkehrmöglichkeiten für die damals Vertriebenen und schließlich eine umfassendere kaukasische Einheit gegen Russland forderte und zur einzigen kabardinischen Opposition gegen die Herrschaft Kokows. Einige kabardinische Freiwillige nahmen auf tschetschenischer Seite am ersten Krieg teil, was Kokow zu der Behauptung veranlasste, „Adyge Khase“ sei ein Zentrum tschetschenischer Radikaler. Stärker als in Tschetschenien engagierten sich Kabardiner im Sezessionskrieg der zu Georgien gehörenden Abchasischen ASSR. Die „Konföderation der Bergvölker“ entstand im Zusammenhang mit diesem Krieg. Kokow, als Präsident inzwischen mehrfach bestätigt, zerschlug die „Adyge Khase“ schließlich im Spätsommer

2000, wobei er Einheiten der Omon-Spezialtruppe gegen Büros der Organisation vorgehen ließ.

Die balkarische Bewegung spaltete sich seit etwa 1997 nach nunmehr als religiös empfundenen Bruchlinien. Seit dem Beginn des zweiten Tschetschenienkrieges führte der Vorsitzende der (staatstreuen) Spirituellen Islamischen Leitung (SIL), Schafig Pschichatschow, mit wachsender Verbitterung einen ideologischen Feldzug gegen die „Wahhabiten".[3] Anlass war der Vorstoß der Freischärler unter Chattab und Bassajew in dagestanische Dörfer, der seinerseits der russischen Staatsführung den Anlaß zum Krieg lieferte. Doch hatten sich – in diesem Fall tatsächliche – wahhabitische Bestrebungen in Kabardino-Balkarien schon 1993 feststellen lassen, und zwar im Zusammenhang mit religiösen Seminaren, die von der saudi-arabischen Mohammed-al-Saud-Universität gefördert worden waren. Sie gewannen einige örtliche islamische Würdenträger für sich, ohne dass die SIL dem größere Bedeutung zumaß; mit dem Argument, in einer Demokratie könne es durchaus neben einer politischen auch eine religiöse Opposition geben, hatte Pschichatschow offenbar diese neu aufkommende Strömung lange Zeit toleriert, wenn nicht gar mit taktisch bedingtem Wohlwollen unterstützt.

In *Karatschai-Tscherkessien* (416.000 Einwohner auf 14.100 km^2; die Republik grenzt im Osten an Kabardino-Balkarien und im Süden am Georgien, und zwar an die abtrünnige Region Abchasien) vertiefte sich Anfang 2000 der Konflikt zwischen den dortigen beiden Titularnationen. Die ethnische Situation war durch das Überwiegen russische Einwohner – allein 42 Prozent der Bevölkerung – geprägt; die Karatschaier stellten 31 und die Tscherkessen zehn Prozent der Einwohner. Die etwa 150.000 sunnitischen Karatschaier sind sprachlich und historisch mit den Balkaren in der Nachbarrepublik verwandt. Die gut 40.000 gleichfalls sunnitischen Tscherkessen (und die knapp 30.000 Abasiner) sind die letzten Überlebenden des einst regional hegemonialen Volkes. Die Tscherkessen forderten seit 1991 die Wiederrichtung eines eigenen Bezirks, wie er vor 1957 einige Jahre lang bestanden hatte, was in der Präsidentenwahl im November 1999 auch der Bürgermeister der Republikhauptstadt Stanislaw Derew unterstützte. Derew ist ein Geschäftsmann, der für Mineralwasser und eine eigene Wodkamarke praktisch ein Monopol in der Republik behauptet und die zahlreichen von ihm beschäftigten Arbeiter als Hausmacht einsetzen kann. Die Wahl gewann aber (mit etwa 75 Prozent) der Karatschaier Wladimir Semjonow, ein Karriereoffizier (Infanterie) wie die meisten der russlandtreuen regionalen Machthaber. Diese Wahl wurde vom obersten Gericht der Republik für ungültig erklärt, worauf Russlands Präsident Jelzin den Vorgänger Walentin Wlassow interimistisch als Republikchef einsetzte. Danach ereigneten sich mehrere Attentatsversuche auf Anhänger Semjonows und des ihn unterstützenden Karatschai-Organisationskomitees (von Russen, Karatschaiern und Kosaken gebildet). General Semjonow wurde schließlich als Präsident bestätigt. Die Organisationen der Tscherkessen und Abasiner untersagten daraufhin den Angehörigen ihrer Ethnien, irgendwelche administrativen Ämter anzunehmen.[4] Semjonow nutzte seinerseits diese Gelegenheit, um alle nicht karatschaiischen Ethnien von der Teilhabe an der Macht auszuschließen.

Der russische Multimillionär Boris Beresowski wurde im Dezember 1999 als Duma-Abgeordneter in Karatschai-Tscherkessien gewählt, legte sein Mandat aber im August 2000 nieder. Er bemühte sich wiederholt, Derew als Regierungschef einzusetzen, wurde vom Tscherkessischen Ältestenrat aber der Unzuverlässigkeit und der Vernachlässigung seiner Aufgaben als Duma-Abgeordneter geziehen. Seine Bemühungen in den gut sieben Monaten als Abgeordneter, ein Gleichgewicht zwischen den Ethnien herzustellen, scheiterten bereits am Anfang.

Tscherkessische Demonstranten – es sollen bis zu 20.000 gewesen sein – verlangten Mitte März 2000 die Wiederherstellung der Autonomie und forderten den Anschluss einer solchen autonomen Region an die russische Region Stawropol, also die völlige Trennung von den dominierenden Karatschaiern. Semjonow ließ die Kundgebung von der Polizei auseinandertreiben.[5]

Im Juli 2000 wurde dennoch der Tscherkesse Prof. Anatoli Schewchuschow zum Vizepremier der Region gewählt. Wenige Tage danach wurde er nach einem Einbruch in sein Haus verschleppt – wie er später erläuterte: in das örtliche Büro der auch in dieser Republik tätigen „Adyge Khase“ – und veranlasst, einen Rücktrittsbrief an die Regierung zu faxen. Tags darauf widerfuhr dem Bau- und Straßenminister Idris Kjabyschew, ebenfalls einem Tscherkessen, dieselbe Behandlung. Von den Tätern, maskierten Bewaffneten, distanzierten sich die tscherkessischen und abasinischen Organisationen sofort, doch verstärkte die Administration nun ihren Druck auf deren Anhänger. Die Internationale Tscherkessische Vereinigung wich nach Kabardino-Balkarien aus, und Stanislaw Derew wurde zu so etwas wie einem Symbol des ethnischen Gleichheitsstrebens – bis General Viktor Kasanzew, der von Präsident Putin eingesetzte (General-)Gouverneur des Südrussischen Föderalen Distrikts, ihn in die Verwaltung des Distrikts nach Krasnodar berief und dadurch in Tscherkessk aus dem Verkehr zog. Im übrigen suchte Kasanzew das Beteiligungsprinzip in der Republikspitze auch hier durchzusetzen: Unter dem (karatschaiischen) Präsidenten Semjonow sollte ein Tscherkesse den Vorsitz der Regierung führen, während ein Russe auf den neu zu schaffenden Posten des „Hauptes der Republik“ kommen sollte.

Adyge (450.000 Einwohner) liegt isoliert von den anderen Republiken inmitten der russischen Region Krasnodar und hat eine heute zu über zwei Dritteln russische Bevölkerung. Die Adyger sind sunnitische Muslime und ein Teil der Minderheit unter den Tscherkessen, die Mitte des 19. Jahrhunderts nicht ins Osmanische Reich vertrieben oder ausgelöscht worden sind. Nach dem Beginn des zweiten Tschetschenienkriegs wurde die Republik Adyge von Moskauer Massenmedien als instabil, gelegentlich sogar als feindliches Territorium bezeichnet.

Wiederum einen Sonderfall stellt *Dagestan* dar. Diese autonome Republik zwischen dem Großen Kaukasus und dem Kaspischen Meer ist 50.300 Quadratkilometer groß und hat etwa 2,2 Millionen Einwohner. Die Bevölkerung ist mit Angehörigen von etwa 30 – nach anderen Statistiken nicht weniger als 43 – Volksgruppen überaus heterogen zusammengesetzt. Die größten Volksgruppen sind:

Awaren	540.000
Darginer	310.000
Kumyken	250.000
Lesginer	230.000
Laken	100.000.

Die geographischen Voraussetzungen des Gebiets, dessen gebirgige Regionen nur schwer zugänglich sind, haben geholfen, die Vielfalt kultureller Eigenständigkeit zu bewahren. So haben sich Tabassaranen, Rutulen, Agulen, Nogaier (in den Flachlandregionen des Nordens), Taten („Bergjuden"), Akkiner-Tschetschenen und viele andere in eng umgrenzten Siedlungsgebieten halten können. Die sprachliche Vielfalt geht über die ethnische noch weit hinaus. Neben den verbreiteten Verkehrssprachen Russisch, Türkisch und Iranisch sowie als Sprache der Religion Arabisch gibt es etwa 70 weitere Sprachen oder Dialekte, gelegentlich auf ein einziges Dorf beschränkt. Entsprechend ist ein Gefühl der Zusammengehörigkeit bei den Bewohnern kaum entwickelt. Nur die islamische Religion verbindet die einzelnen Völker Dagestans. Wie bei den meisten anderen Kaukasusvölkern waren die Völker Dagestans in von Ältesten geführte Sippenverbände mit kollektivem Besitz gegliedert. Manchmal waren die Ortschaften von nur einer Sippe bewohnt. Von diesen Strukturen sind heute allenfalls noch Reste vorhanden, doch wo sie sich in Rückzugsgebieten behauptet haben, sind sie stark.

Hieran suchte Schamil Bassajew, eigentlich keineswegs ein religiöser oder im engeren Sinne traditionalistischer *Warlord,* mit seiner Aktion im August 1999 anzuknüpfen, als er mit Milizen unter seinem Kommando und unter Mithilfe Chattabs einige islamistisch regierte dagestanische Dörfer bei Karamachi und Tschabanmachi in Grenznähe besetzte. Die etwa 10.000 Einwohner dieser Dörfer hatten sich im August 1998 von Dagestan losgesagt und einen unabhängigen islamischen Staat proklamiert, in dem Dudajew und Chattab offenbar die Keimzelle einer umfassenderen islamistischen Erhebung zu erkennen glaubten. Doch der von diesen beiden und Mowladi Udugow gegründete „Kongress der Völker Itschkeriens und Dagestans", der eine islamische Republik durch die Vereinigung zunächst Dagestans und Tschetscheniens und später des ganzen Nordkaukasus anstrebte, fand kaum Anhänger – außer in jenen Bergdörfern, die sich zur islamischen Staats- und Rechtsordnung bekannt hatten. Das Missverständnis der „Kongress"-Anhänger beruhte auf einer Fehleinschätzung der Verbreitung islamistischer Sympathien und der Bereitschaft zur Sezession von Russland. An einem Ausscheiden aus der Russischen Föderation waren weder die in Machatschkala regierende Nomenklatura noch die mit ihr verbundene wirtschaftlichen Oligarchen oder die halb oder überwiegend kriminellen Gruppierungen interessiert – noch, was entscheidender war, die überwiegende Mehrheit der Bevölkerung. Die tschetschenischen Milizen mussten die Dörfer am 12. September 1999 wieder aufgeben; doch damit war der Anstoß für den zweiten Tschetschenienkrieg gegeben, der allerdings auf Dagestan nicht übergegriffen hat.

Die Macht in der dagestanischen Hauptstadt ist sorgfältig austariert zwischen den Vertretern der vorherrschenden Ethnien, der Awaren, der Darginer (unter denen seit über hundert Jahren zwar islamische Traditionen außerordentlich verbreitet sind, aber gerade nicht solche „wahhabitischer" Art), der Kumyken und elf weiterer, die sämtlich in der Verfassungsversammlung vertreten sind, worin keine der Gruppen ein deutliches Übergewicht hat. Dieses System schließt eine „nationale" Bewegung geradezu aus; denn welche Ethnie ein unabhängiges Dagestan beherrschen könnte oder auch nur wollte, ist angesichts der Vielfalt nicht zu erkennen, und die islamischen Organisationen haben kaum jemals die Trennlinien zwischen den einzelnen Ethnien überspannt, sind mit den Clan-Strukturen verbunden und verzahnt oder sind – wie die seit einem Jahrzehnt auftretenden radikalen Bewegungen der sogenannten Wahhabiten – zahlenmäßig klein und in der großen Mehrheit unpopulär.

Ein besonderes Problem stellen die rund 70.000 Tschetschenen-Akkiner dar. Sie sind, wie die übrigen Tschetschenen auch, von 1944 bis 1957 nach Zentralasien verbannt gewesen und konnten nach der Rehabilitierung ihre alten Siedlungen in der Region Chasawjurt und Nowolakskoje nicht wieder in Besitz nehmen, die vor der Bildung Dagestans (1920) zum Terek-Gebiet gehörten, also zu eben der Verwaltungseinheit, die das heutige Tschetschenien umfasste. Nach 1928 hatten sich Tschetschenen-Akkiner und Kumyken hier angesiedelt; der dagestanischen Regierung gegenüber haben sie sich immer distanziert verhalten. Nach der Deportation der Tschetschenen (1944) hatten sich Awaren und Laken in dieser Gegend niedergelassen. Den in kleinen Gruppen nach ihrer Rehabilitierung (1956) zurückkehrenden Akkinern wurden neue Wohngebiete zugewiesen. Viele kehrten aber auch in die Region Chasawjurt zurück. Die nicht-tschetschenischen Einwohner der Region haben – der allgemeinen russischen Vorurteilsbildung folgend – seit 1995 ein allgemeines Misstrauen gegen die Tschetschenen-Akkiner entwickelt, das sich nach dem plötzlichen Zustrom von wenigstens 200.000 Flüchtlingen aus dem eigentlichen Tschetschenien erheblich vertieft hat. Die meisten Flüchtlinge waren allerdings Russen und Nogaier.[6] In Chasawjurt entstanden Konflikte im Zusammenhang mit Wahlmanipulationen zwischen Tschetschenen und Kumyken einerseits sowie Awaren andererseits, in Nowolakskoje wurden lakische Neusiedler wieder ausgesiedelt, um Tschetschenen-Akkiner ansiedeln zu können, für die Laken aber wurden in der Region Machatschkala – wohin sie gebracht werden sollten – keine Voraussetzungen für die Ansiedlung geschaffen, und ähnliche administrative Zwangsmaßnahmen Mitte der neunziger Jahre erzeugten auch an anderen Orten soziale Konflikte, die sich stets als ethnisch darstellten.

Es kommt hinzu, dass die tschetschenisch-dagestanische Grenze lange Zeit offen war. Das erleichterte Kommandounternehmen, nicht zuletzt auch grenzübergreifende kriminelle Handlungen wie Geiselnahmen und Schmuggel. Die organisierte Kriminalität wurde in Dagestan durch die grassierende Arbeitslosigkeit vor allem Jugendlicher begünstigt; der Zusammenbruch der Rüstungsindustrie und anderer auf Russland ausgerichteter Gewerbe hatte den Verlust von zwei Dritteln der Arbeitsplätze zur Folge.

Die vom Africa Peace Forum und der Russischen Akademie der Wissenschaften unterhaltene Organisation FEWER, die in Zusammenarbeit mit der University of Maryland unter anderem die Entwicklungen in Kaukasien beobachtet, sieht fünf Elemente, die das gegenwärtige Geschehen in Dagestan bestimmen[7]:

1. Die Überfälle auf Karamachi und Tschabanmachi verstärken antitschetschenische Stimmungen in Dagestan und haben die Aufstellung eines dagestanischen Freiwilligenkorps sowie die Verschärfung interner ethnischer Spannungen zur Folge;

2. gleichzeitig entwickelt sich eine radikale Strömung, welche die historische Einheit der tschetschenischen und der dagestanischen Republik betont;

3. die politischen Strukturen in Dagestan sind korrupt und nicht repräsentativ, die Zivilgesellschaft wenig entwickelt;

4. Landmangel bewirkte die Abwanderung aus den Bergregionen in die (fruchtbaren) Ebenen und verschärfte dadurch die ethnischen Spannungen;

5. die Gesellschaft ist kriminalisiert, Waffen sind leicht zu beschaffen, alte Sitten und Rechtsformen (einschließlich Blutrache und Faustrecht) leben wieder auf.

Die meisten dieser Erscheinungen trifft man allerdings auch in den anderen nordkaukasischen Republiken an, doch diese sind mit der Ausnahme Inguschetiens vom Kriegsschauplatz weiter entfernt. Die russische Presse berichtete gelegentlich auch über „Truppenmassierungen“: Pakistanische und afghanische Söldner, meldete Itar-Tass beispielsweise[8], hätten sich auf tschetschenischer Seite konzentriert, um mit einer versammelten Streitmacht von 1.500 Mann in Dagestan einzufallen. Das stellte sich zwar als falsch heraus, doch sind Freischaren Bassajews (und Chattabs) immer wieder in die dagestanischen Grenzgebiete vorgedrungen. Ähnliche Berichte mit sehr geringem Wahrheitsgehalt betrafen Nachschublieferungen und den Zustrom militärischer Verstärkungen für die tschetschenische Seite über Georgien; daran ist wahr, dass am Oberlauf des Argun – auf georgischer Seite – in der Region Schatili Tschetschenen wohnen und dass der dem Argun-Tal folgende Grenzübergang nicht immer unter russischer Kontrolle war. Weniger publiziert wurden die Anwesenheit russischer Truppen auf georgischer Seite und die gelegentliche Missachtung des Grenzverlaufs durch Maschinen der russischen Luftwaffe. Der Themenkreis gab andererseits Russland immer wieder ein politisches Druckmittel gegen die georgische Regierung in die Hand, so in der Frage des Abzugs russischer Truppen aus den vier noch bestehenden Militärstützpunkten in Georgien, im Zusammenhang mit der Planung und Beschlussfassung über die Pipeline Baku-Tiflis-Ceyhan[9], als Gegenargument gegen den georgischen (und aserbaidschanischen) Wunsch nach West-Kooperation und West-Integration (die von den europäischen Regierungen so ernsthaft gar nicht betrieben wird).

Die russische Seite beschreibt immer wieder die Bedrohung durch einen „Terrorbogen" von Zentralasien bis zum Kaukasus. So trug der Leiter der Vierten Abteilung im Moskauer Außenministerium, Alexej Borodawkin, der Bundesakademie für Sicherheitspolitik während einer Berliner Tagung[10] die Moskauer Einschätzung, zusammengefasst, folgendermaßen vor: Die Eigenarten der Übergangszone zwischen Europa und Asien, Christentum und Islam, auch Russland und der Türkei seien der erste Faktor, der die Region bestimme. Zweitens die von den Bodenschätzen ausgehende Attraktion auf andere. Drittens die ethnische Vielfalt; auf beiden Seiten des Kaukasus lebten über 120 verschiedene Völker. Viertens die Identitätssuche der neuen Staaten (wogegen deren Repräsentanten argumentieren, dass sowohl Georgien als auch Armenien eine wesentlich ältere geschichtliche Kontinuität aufweisen als der aus dem Moskauer Großfürstentum hervorgegangene russische Staat). Seine Regierung bemühe sich um friedliche Konfliktlösungen; „Russland versucht sein Möglichstes". Die wichtigsten Aufgaben haben nach seiner Analyse Persönlichkeiten zu erfüllen – die Präsidenten Schewardnadse (Georgien), Alijew (Aserbaidschan) und Kotscharian (Armenien). Sie seien, wie er formulierte, stabilisierende Faktoren. Indirekt plädiert dieses Argument für den „starken Staat", gerade nicht für die Demokratie oder die Entwicklung einer Zivilgesellschaft.

Den Terrorismus aber sieht Moskau, wie Borodawkin zu erkennen gab, als das Hauptproblem an. Von Kirgisien bis zum Schwarzen Meer seien „Kräfte der Destabilisierung" am Werk. Hinter ihnen stünden finanzstarke Kräfte, die von einer fanatischen Ideologie geleitet würden. Es sei kein Zufall, dass 1999 Anschläge auf die Präsidenten Kirgisiens, Usbekistans und Georgiens versucht worden seien – es bestehe ein Plan, die gesamte Region zu destabilisieren, eben das habe Präsident Wladimir Putin mit seinem Hinweis auf die „ernste Gefahr für die ganze Welt“ gemeint.

Die darin enthaltenen Verallgemeinerungen mögen durchaus dem Bewusstseinsstand im Moskauer Außenministerium und in der gesamten russischen Führung entsprechen. Für die Spezifika der tschetschenischen Geschichte und Gegenwart enthalten sie allerdings wenig Raum.

Anmerkungen

1. Vgl. Alexander Dzadziev: *Ossetians Defy Tbilisi,* in: *IWPR* 18.8. 2000.

2. Vgl. hierzu: *Instabiles Gleichgewicht in Kabardino-Balkarien,* in: *NZZ* 11.8. 1995.

3. Über den jüngsten Stand der Entwicklung vgl. Musa Alibekow: *Nalchik Regime Smells Victory* und ders.: *Religious Leaders Disown Wahhabis,* in: *IWPR* 25.8. und 20.10. 2000, http://www.iwpr.ac.psiweb.com.

4. Vgl. hierzu die Beiträge von Musa Alibekov in *IWPR,*

http://www.iwpr.ac.psiweb.com.

5. *Lenta-Allnews,* 14.3. 2000.

6. Luchterhand, S. 18.

7. http://www.fewer.org/caucasus/pbdas1099.htm.

8. *Itar-Tass* 19.7. 2000

9. Vgl. Sergei Blagov: *Petrodollars Behind the Chechen Tragedy,* IPS 7.12. 1999; vgl. Jonathan Power: *America's push on the Caspian pipeline is not good sense for the oil companies,* http://www.oneworld.net/analysis/jonatpower/02dec99.html; vgl. das Kapitel über Erdöl- und Pipeline-Politik S. 31ff.

10. Vgl. Karl Grobe: *Das Erdöl und der Terrorbogen, FR* 6.6. 2000.

2. Die Tschetschenen

Das Volk

In den Nachfolgestaaten der Sowjetunion leben derzeit rund 1.000.000 Tschetschenen.[1] Die letzte sowjetische Volkszählung hatte im Jahre 1989 eine Gesamtzahl von 956.879 ergeben. Dabei ist das Zählverfahren zu berücksichtigen: Zu einer Ethnie gehörte nach der sowjetischen Methodik, wer sich dazu bekannte. Die Tschetschenische Republik (bis 1992: der tschetschenische Teil der Tschetscheno-Inguschischen ASSR) war eines der ethnisch homogensten Territorien der späten Sowjetunion und Russlands, und das Volk selbst hatte seine ethnische und linguistische Identität in überdurchschnittlichem Maße bewahrt. 1989 lebten in der UdSSR insgesamt 237.438 Inguschen.

Rund vier Fünftel aller Tschetschenen lebten vor dem zweiten tschetschenischen Krieg – Mitte 1999 – in der eigenen Republik, der Tschetscheno-Inguschischen ASSR mit insgesamt 1.270.000 Einwohnern. Dort standen 734.500 Tschetschenen (drei Viertel davon in ländlichen Siedlungen) 294.000 Russen gegenüber (sie lebten meist in Grosny), rund 164.000 Inguschen, 15.000 Armenier, 12.600 Ukrainer, 9.900 Kumyken und 6.900 Nogajer. Etwa 100.000 Tschetschenen lebten Ende 1991 – legal oder illegal – allein in der russischen Föderationshauptstadt Moskau. In der Ukraine hielten sich zwischen 2.000 und 5.000 auf. Viele waren vor dem Krieg in ihrem Heimatland nach Moskau geflohen. Seit dem Zerfall der Sowjetunion haben administrative Maßnahmen und ethnische Konflikte allerdings zu so erheblichen – meist erzwungenen – Migrationen geführt, dass demographische Daten nur geschätzt werden können. Für die Tschetschenische Republik gilt außerdem, dass die zwei Kriege zu außerordentlich umfangreichen Fluchtbewegungen und zu ethnischer Vertreibung geführt haben. Ein sehr großer Anteil der Tschetschenen lebt gegenwärtig (Mitte 2000) außerhalb der eigenen Republik in Notunterkünften – in Inguschetien zum Beispiel über 200.000 in Flüchtlingszeltlagern und Eisenbahnwagen –, meist Frauen, Kinder, Alte und Kranke.

Einen tschetschenischen Staat hat es bis ins erste Drittel des 20. Jahrhunderts nie gegeben; selbst das nationale Bewusstsein, das über die überschaubaren Verwandtschaftsbeziehungen hinaus gehende Zusammengehörigkeitsgefühl ist sehr jungen Datums. Es ist erst infolge der sowjetischen Politik zu einem Identifikationsfaktor geworden – einer Politik, die in verschiedenen Etappen von der versprochenen Emanzipation über die Etappen der staatlichen Repression und vor allem der pauschalen Verbannung nach Zentralasien am Ende des Zweiten Weltkriegs bis zur Rehabilitierung und zur Rückkehr des Volkes in den Kaukasus führte. Erst die staatliche Gewalt hat die Verbindung der Clans zu einer Nation gemacht. Aus einer Gruppe von Menschen, die sich zuerst als Mitglieder einer Gemeinschaft Verwandter und in zweiter Linie als Mitglieder der islamischen Welt verstanden, ist dieses Volk als ein von außen her definiertes Kollektiv auf einem langen Weg schließlich zur Nation geworden. Doch noch heute sind die *teips* (Clans) als Basis der Gesellschaft vorhanden; politische Koalitionen und Zweckbündnisse im Widerstand gegen die russische Militärmacht sind häufiger durch verwandtschaftliche und eng landsmannschaftliche Beziehungen geknüpft worden als durch gemeinsame programmatische Überzeugungen oder durch die Zweckmäßigkeit eines national einheitlichen Handelns. Die vor-staatliche Gesellschaft der Tschetschenen erhält andererseits die Erinnerung an einen nun dreihundert Jahre andauernden Verteidigungskampf aufrecht; die Geschichte dieser drei Jahrhunderte wird von verschiedenen Ideologen verklärt einerseits als nationale Geschichte, die sie nie war, und andererseits als islamische Geschichte, die sie jedenfalls nicht in dem Sinne war, den ihr verschiedene Denominationen gegenwärtig unterlegen. Diese Geschichte wird im folgenden dargestellt.

Herkunft, frühe Geschichte, Sprache

Die Herkunft des tschetschenischen Volkes, das sich selbst *Nochtschuo* (Plural: *Nochtschi*) nennt, ist unklar.[2] Archäologische Hinweise lassen jedoch eine permanente Anwesenheit von Angehörigen der nacho-dagestanischen Sprachfamilie seit wenigstens 6.000, möglicherweise 8.000 Jahren erkennen.

Offenbar war der Nordkaukasus in der Antike dicht besiedelt und volkreich. Bereits in frühen armenischen und georgischen Chroniken des siebenten Jahrhunderts werden die Tschetschenen als Nachbarn erwähnt. Die Bezeichnung „Tschetschenen“, die mittlerweile allgemein üblich geworden ist, haben die ersten russischen Eroberer von der dörflichen Siedlung Bolschoj Tschetschen am Ufer des Argun abgeleitet. Die Nachbarn haben den Tschetschenen sehr verschiedene Namen beigelegt: *Mitschigisch* (so die Kumyken), *Kisty* (so die Georgier), *Burtiel* (die Awaren), *Nachtschatja* (so die Armenier). Ebenso ist die aus dem Russischen stammende Bezeichnung Inguschen von einem Ortsnamen abgeleitet; die Inguschen nennen sich selbst Ghalghaj. Gelegentlich taucht für beide Völker der gemeinsame Name *Vainach* auf; beispielsweise in der 1989 gegründeten Vainachischen Demokratischen Partei, die anfangs die einflussreichste nichtkommunistische Partei des Landes war.

Es gibt Indizien für eine teilweise Christianisierung im achten Jahrhundert durch wahrscheinlich georgische Missionare. In der Periode der sogenannten Kleinen Eiszeit, vom Ausgang des Mittelalters bis zur Mitte des 19. Jahrhunderts, verschlechterten sich die Lebensbedingungen in den höheren Bergregionen entscheidend. Das hatte eine Migration in die Ebene südlich des Terek und die Aufgabe in alpinen Regionen gelegener Siedlungen zur Folge. Diese langsame Talwanderung ereignete sich zur gleichen Zeit, in der die russische Expansion in den Nordkaukasus begann und die Eroberung zum Abschluss kam.[3]

Die tschetschenische Sprache wird der Gruppe der Kaukasischen Sprachen zugerechnet, die untereinander jedoch nicht verwandt sind. Die Sprachen der Tschetschenen und Inguschen, die sich erst vor relativ kurzer Zeit auseinander differenziert haben, gehören zu den ältesten der Erde. Die nacho-dagestanische oder nordostkaukasische Sprachgruppe, zu der sowjetische Wissenschaftler sie ordnen, hat allerdings gewisse Gemeinsamkeiten mit der nordwestkaukasischen Gruppe, welche auch die abchaso-adygische genannt wird. Die Aufspaltung der nordkaukasischen Sprachen liegt etwa 5.000 bis 6.000 Jahre zurück. Lediglich das Inguschische, das sich wahrscheinlich erst im Mittelalter zur eigenen Sprache entwickelt hat, steht dem Tschetschenischen so nahe, dass es von manchen Linguisten auch heute noch als eine Dialektform eingestuft wird. Beide Idiome sind so eng miteinander verwandt, dass eine Verständigung leicht ist; gelegentlich werden beide Sprachen gleichzeitig benutzt, indem ein Tschetschene einen Inguschen auf Tschetschenisch anspricht, dieser auf Inguschisch antwortet usw.[4] Die gesamte nordkaukasische Sprachfamilie ist mit keiner anderen erkennbar verwandt.

Eine Schriftsprache zu entwickeln ist seit 1860 mehrfach versucht worden, doch erst in den dreißiger Jahren wurde sie endgültig kodifiziert. Bis zur Mitte der zwanziger Jahre wurde das arabische Alphabet verwendet, 1928 für zehn Jahre das lateinische und seit 1938 ein eigens modifiziertes kyrillisches (russisches) Alphabet eingeführt. Bis dahin wurde ausschließlich in arabischer Sprache geschrieben; das Arabische war auch eine von zwei regionalen Verkehrssprachen (die andere war das Kumykische, das wegen der frühen Bekehrung der Kumyken zum Islam besonders angesehen war und im Flachland – besonders auf Märkten – verbreitet war). Im 19. Jahrhundert hat das Russische die Funktion der Verkehrssprache übernommen und beide andere aus dieser Rolle vollkommen verdrängt. Obwohl die Kenntnis des Lesens und Schreibens nur auf eine schmale (vorwiegend geistliche) Elite beschränkt war, waren die meisten Angehörigen der nordkaukasischen Bergvölker zwei- oder mehrsprachig.

Anlässlich der Volkszählung von 1989 bezeichneten 98,0% der damals 958.309 Tschetschenen in der gesamten UdSSR das Tschetschenische als ihre Muttersprache; 1,3% nannten das Russische an dieser Stelle; als Zweitsprache benutzten genau 74% das Russische.[5] Die Muttersprache war 1958 in den ersten vier Schuljahren Unterrichtssprache, 1972 jedoch nur noch in der Vorschule, immerhin konnten in den ersten zehn Schulklassen russischsprachiger Lehranstalten freiwillige Tschetschenisch-Kurse belegt werden. Die Universität und die Erdölhochschule in Grosny bedienten sich ausschließlich des Russischen, das auch in Rundfunk und Fernsehen weit überwog. Die tschetschenisch-sprachige Buchproduktion war bis zum Untergang der UdSSR gering, waren 1940 noch 154 Titel mit einer Auflage von 673.000 publiziert worden, so waren es 1979 nur noch 299.000 Exemplare von 53 Titeln und 1983 noch weniger: 35 Titel, insgesamt 147.000 Exemplare. Für die meisten Tschetschenen war bis in die jüngste Gegenwart Alphabetisierung gleichbedeutend mit Erlernen der russischen Sprache.

Clans und Großclans

Bis in die unmittelbare Gegenwart wird die Gesellschaft der Tschetschenen durch die Zugehörigkeit zu Clans (*teips*) von durchaus unterschiedlicher Größe geprägt. Es soll etwa 150 bis 170 *teips* geben[6], die sich in der Größe erheblich voneinander unterscheiden. In den Bergen sind die Clans stärker als in den Städten oder im Flachland.[7] Mit diesen ausschließlich auf Verwandtschaft beruhenden Clans sind islamische Bruderschaften eng verbunden, was wiederum die Rolle der *teips* in der tschetschenischen Gesellschaft gefestigt und vertieft hat. „Clanstruktur und Islam sind die beiden Schlüssel zum Verständnis der tschetschenischen Geschichte des kombinierten bewaffneten und gewaltlosen Widerstands der Tschetschenen gegen die Russen.“[8] Politische Loyalitäten, offizielle und inoffizielle wirtschaftliche Beziehungen (besonders die Schattenwirtschaft), doch auch kriminelle Verbindungen lassen sich in den meisten Fällen auf Clan-Beziehungen zurückführen, obwohl die Sowjetmacht während einiger Jahrzehnte alles unternommen hat, diese Bindungen aufzubrechen oder ganz aufzulösen.

Die Clan-Ordnung hat der tschetschenischen Gesellschaft ein hohes Maß an Gleichheit und Flexibilität aufgeprägt. Die einzelnen *teips* waren stets außergewöhnlich unabhängig voneinander. Neun Clans bzw. Clan-Verbände haben traditionell besonders hohes Ansehen und entsprechenden Einfluss: Benoi, Zontaroi, Dyschni, Kurtschalej, Aleroj, Belgetoj, Arsenoj, Schatoj und Belchoj.[9] Andere Autoren rechnen noch rund ein Dutzend weiterer Clans zu dieser herausgehobenen Gruppe. Eine Aristokratie hat sich aber ebensowenig herausgebildet wie eine hierarchische Ordnung unter den einzelnen Clans. Deren Beziehungen untereinander waren (und sind noch) vom Islam und von einem für islamische Gesellschaften außerordentlich liberalen und egalitären Gewohnheitsrecht (*adat*) bestimmt, dessen erste Gründe bis weit vor die Islamisierung und die davorliegende – oberflächliche und kurzfristige – Christianisierung zurück reichen. Blutrache als Rechtsnorm war bis zum Ende des 20. Jahrhunderts noch verbreitet; sie ist im Gegensatz zu vielen Vorurteilen von genauen gewohnheitsrechtlichen Normen bestimmt, wird also keineswegs im Affekt, regellos und automatisch ausgeübt. Das Leben der einzelnen *teips* wird von den gewählten „Ältesten“ (*achsak*; darin steckt das türkische

Wort *aksakal* = Weißbart) geregelt. Die „Ältesten" regelten wiederum in einer Versammlung von Gleichberechtigten gemeinsame Fragen und sprachen konsensual Recht bei Streitigkeiten zwischen den Clans. Eine übergeordnete Instanz bestand in Zeiten äußeren Friedens nicht; bei die gesamte Gemeinschaft der Tschetschenen betreffenden Gefahren von außen wurden die Rivalitäten der *teips* und die Fragmentation der Gesellschaft jedoch umgehend – im Konsensprinzip – aufgehoben. Dann unterstellten sich die waffenfähigen Tschetschenen dem unbedingten Kommando eines Heerführers – für die Zeit des Konflikts und nicht darüber hinaus. Vertreter der *teips* trafen gelegentlich zu „Landesräten" (*Mechk chell*) zusammen, die sozusagen in letzter Instanz das Gewohnheitsrecht auslegten, ähnliche Ratsversammlungen gab es für jeweils mehrere Dörfer und Gemeinden.[10] Eine höhere Ebene gesellschaftlicher oder quasi staatlicher Organisation hat sich in Tschetschenien nicht herausgebildet. Die Existenz der „Landesräte" darzustellen als „Reflex einer modernen Staatskonzeption, in welcher die Anwendung legitimer Gewalt in der Gesellschaft eine geringere Rolle spielen sollte und moralische Normen und Zusammenarbeit die beherrschende Rollen spielen sollten"[11], die vorkoloniale Ordnung der Tschetschenen also als zivilgesellschaftliches Vorläufersystem einer ausgebauten demokratischen Verfassungstheorie anzusehen, ist eine idealisierende, ziemlich utopische (oder besser „arkadisch", d.h. von einem früheren Goldenen Zeitalter ausgehend), aber keine realistische Auffassung.

Bis in die dreißiger Jahre des 20. Jahrhunderts, d.h. bis zur Zwangskollektivierung durch die Sowjetunion, bestand die weitgehend egalitäre Gesellschaftsordnung der Tschetschenen kaum gestört weiter. Sie baute auf festen Familien- und Clan-Strukturen auf, die durch Loyalität und starkes Ehrgefühl, Gewohnheitsrecht und Bindung an islamische Bruderschaften zusammengehalten wurden; Respekt galt den Älteren, die durchweg die Führungsrollen einnahmen. Die Verwandtschafts- und Clanbeziehungen waren zwar patriarchalisch, aber die Frauen waren gesellschaftlich und beruflich gleichgestellt und finanziell unabhängig. Untereinander waren die Familien und die Clans durch genau definierte verwandtschaftliche Beziehungen verflochten, doch entstand daraus keine Hierarchie. Die größeren Clan-Bündnisse waren demgemäß sehr dauerhaft; im Allgemeinen deckten sie sich mit den größeren Dialektgruppen. In Kriegszeiten waren die einzelnen Clans zu gegenseitigem Beistand verpflichtet. Ein die Regionen übergreifender staatlicher Zusammenhang hat sich daraus jedoch bis ins 20. Jahrhundert nicht entwickelt. Noch im gesellschaftlichen Verhalten nach dem Abkommen von Chasawjurt (1997) und in den Rivalitäten zwischen den verschiedenen von der russischen Regierung eingesetzten Vertretern in der Zivilverwaltung der besetzten Gebiete lässt sich ein Widerschein dieses Phänomens erkennen.

Im Bergland waren die Tschetschenen bis in die Gegenwart fast ausschließlich Schafzüchter. Seit der Migration in die tiefer gelegenen Ebenen sind die dort lebenden Tschetschenen Getreidebauern. Eine feudale Besitzstruktur haben sie auch dort nicht ausgebildet. Das Land war gemeinschaftlicher Besitz der einzelnen Clans. Diese waren ursprünglich in der zerklüfteten und in kleine Parzellen geteilten Berglandschaft entstanden; die traditionelle gesellschaftliche Organisation wurde aber auch im Flachland beibehalten. Zwischen beiden Gruppen entstand ein soziales Gefälle: Die Landwirtschaft der Ebenen brachte einen Getreide-Überschuss hervor, die einzelnen Clans und Familien waren nach den ersten russischen Beobachtungen wohlhabend. Hingegen waren die Bergbewohner nicht in der Lage, ausreichend Nahrungsmittel zu erzeugen, und handelten Getreide gegen Tierprodukte wie Fleisch, Wolle und Hühnereier ein. Handelsbeziehungen bestanden sowohl im Gebirge als auch im Flachland zwischen den einzelnen Dörfern, die wiederum meist durch familiäre Zusammenhänge charakterisiert waren. Die autonomen Gebiete bzw. Provinzen der Tschetschenen, der Inguschen usw. sind erst in der Zeit der Sowjetunion entstanden. Im tschetschenischen und inguschischen Siedlungsgebiet oder in seiner unmittelbaren Nähe gibt es nur zwei eigentliche Städte: Grosny mit (bis 1995) etwa 400.000 und Wladikawkas mit rund 300.000 Einwohnern. Beide sind aus russischen Festungen entstanden und wiesen bzw. weisen eine vorwiegend russische Bevölkerung auf.

Religion

Die Tschetschenen sind zwischen dem Ende des 17. und dem 19. Jahrhundert allmählich zum Islam übergetreten und sind der hanefitischen Rechtsschule innerhalb der Sunna zugehörig. Das Bekenntnis zum Islam ist – auch als Element einer Abgrenzung zur russischen Bevölkerung – zu einem konstitutiven Element der tschetschenischen Kultur und ethnischen Identität geworden. Aber im Gegensatz zur gängigen Meinung – und zur russischen Propaganda – ist die islamische Religion nur ein Element unter vielen.

Die Tschetschenen hatten vor der Revolution von 1917, wahrscheinlich noch zwei Jahrzehnte länger, „multiple Identitäten", wie der US-Soziologe Edward W. Walker[12] es auf den Begriff bringt. Sie bestanden aus einer Vielzahl von Schichten und Traditionen:

- Zugehörigkeit zum Islam;
- Bekenntnis zu einem spezifischen Sufi-Orden (Mitglied der Nakschbandije oder der Qadirije waren, wie weiter unten ausgeführt wird, fast alle erwachsenen Tschetschenen und Inguschen);
- Zugehörigkeit zur nordkaukasischen Bevölkerung;
- Zugehörigkeit zur tschetscheno-inguschischen Sprach- und Kulturgemeinschaft;
- Mitgliedschaft in einem bestimmten Clan (*teip*) und Einordnung in diesen Clan nach dem Grad der Verwandtschaft;

- Wohnsitz im Bergland oder in der Ebene;
- städtisches oder – fast immer – ländliches Umfeld;
- Identifikation mit einer bestimmten Familie in einem bestimmten Dorf oder einer Talschaft, die gemeinsames Siedlungsgebiet eines *teip* ist;
- Klassenzugehörigkeit, die aber erst in der Sowjetgesellschaft als Kategorie von Staats wegen eingeführt wurde.
- Das Bürgerbewusstsein (Angehöriger der Sowjetunion) war eines der schwächsten Identifikationselemente; es war ausgeprägter bei den besser gebildeten Stadtbewohnern in der Ebene und in gewissen Berufsschichten, etwa im Staatsdienst oder im Militär.
- Als Unterkategorie käme noch das Bewusstsein eines Staatsbürgers der Russischen Sozialistischen Föderativen Sowjetrepublik in Frage, doch das wurde, wenn überhaupt eine bewusstseinsmäßige Bindung an eine staatliche Struktur vorhanden war, überlagert durch das Bewusstsein der Staatsbürgerschaft in der Tschetscheno-Inguschetischen Autonomen Sozialistischen Sowjetrepublik (ASSR).

Das islamische Bekenntnis war keineswegs fundamentalistisch; und es ist nicht so lange in Nordkaukasien verbreitet, wie sowohl dortige als auch russische und andere Autoren jetzt meist darstellen. Die Islamisierung im 18. und 19. Jahrhundert fällt in die Zeit der ersten ernsthaften russischen Expansion, sie ist wahrscheinlich eine direkte Reaktion darauf. Eine vergleichbare Entwicklung könnte das Vordringen einer wesentlich radikaleren Variante des Islam zu Beginn des 21. Jahrhunderts sein, des „Wahhabismus“. Dieses Phänomen wird weiter unten dargestellt.

Die Expansion eines christlichen Staates in Nordkaukasien im 18. und 19. Jahrhundert war beim Übergang der Bevölkerungen im östlichen Teil Nordkaukasiens ein Katalysator – und mehr. Der Islam wurde zum Symbol des Widerstands und der Abwehr, er war das verbindende Element im Bewusstsein der Völker, die eine staatliche Einheit, ein eigentliches Nationalgefühl (noch) nicht entwickelt hatten. (Im westlichen Teil Nordkaukasiens blieben die meisten Osseten und viele Kabardiner Christen, im Süden der Bergkette die Abchasen ebenfalls; die engeren Verbindungen nach Georgien, einem der ältesten christlichen Staaten der Erde, mögen dazu beigetragen haben). Wichtig ist in diesem Zusammenhang der Weg, auf dem der Islam zu den Tschetschenen gekommen ist. Die Bekehrung ging zunächst vom benachbarten Dagestan aus und war weitgehend das Werk von kumykischen und vor allem awarischen Sufi-Bruderschaften[13] („Derwischorden“). Daraus entwickelte sich eine besondere Form der Religiosität, die in der Gesellschaft auf spezifische Weise verwurzelt, in der Auslegung der Lehre aber gemäßigt war und große Teile des vorislamischen Gewohnheitsrechtes (*adat*) integrierte. Das *adat* hatte stets eine wesentlich höhere Bedeutung als die *scharia,* das kodifizierte islamische Recht. Der Alltag war nicht von der Religion durchgeformt, weder unter der Sowjetherrschaft, die gewiss die Religionen allgemein zu einem ideologischen Kampfziel erkoren hatte und dabei zuletzt in den sechziger bis achtziger Jahren auch recht erfolgreich war, noch vorher. Die meisten Tschetschenen trinken Alkohol, rauchen und essen Schweinefleisch. Dass Frauen – wie in vielen islamischen Ländern – verschleiert gehen und vom Arbeitsleben ausgeschlossen sind, ist in Tschetschenien geradezu undenkbar.

Staatsislam

Vom staatlich konzessionierten und kontrollierten „offiziellen" Islam der UdSSR unterschied sich die Volksreligion der Tschetschenen sehr deutlich. Der Kontrolle durch offizielle Instanzen entzog sie sich; auf die in religiösen Dingen maßgebenden Personen, deren Wirken und Einfluss noch zu schildern ist, hatten die mit Moskauer Billigung arbeitenden Institutionen praktisch keinen Einfluss.

Vier „geistliche Direktorate" (Muftiate) bestanden bis 1991 in der Sowjetunion, und zwar

1. in Taschkent für Mittelasien,
2. in Ufa für Baschkirien, Tatarien und das Ural-Wolga-Gebiet,
3. in Baku für die schiitischen Gläubigen vor allem in Aserbaidschan und
4. zuerst in Bujnaksk, dann in Machatschkala, der Hauptstadt Dagestans, für die Sunniten im Kaukasusgebiet.

Im Unterschied etwa zum Osmanischen Reich, in dem der Mufti von Istanbul als Scheich al-Islam die höchste Autorität in Religionsdingen war und durch grundsätzliche Richtersprüche (Fatwa) auch Rechtsfragen unabhängig von staatlichen Institutionen entscheiden konnte, waren die vier Muftis in der Sowjetunion strikt an politische Weisungen gebunden und stellten weniger eine religiöse Instanz dar als eine staatliche Aufsichtsbehörde. Von der Rechtsprechung waren sie ausdrücklich ausgeschlossen.

Das Taschkenter Direktorat verwaltete in den zentralasiatischen Republiken die größte islamische Gruppe, und der dortige Mufti galt als der inoffizielle „islamische Gesandte" der UdSSR;[14] er war der höchstrangige Gesprächspartner der Sowjetregierung in Fragen des Islam, zugleich deren verantwortliche Aufsichtsinstanz und der offizielle Verbindungsmann der Sowjetunion zur islamischen Welt. Auch die beiden einzigen Islam-Hochschulen der Sowjetunion unterstanden ihm. Es waren die Medressen Mir Arab in Buchara und Barak Khan in Taschkent; die letztere war die ranghöhere. Beide zusammen bildeten jährlich rund 50 islamische Geistliche aus.[15] Das Muftiat von Ufa war für die Sunniten im europäischen Teil Russlands und in Sibirien zuständig; ihm waren vor allem auch die Tataren zugeordnet, die zahlenmäßig größte Minorität Russlands, die zudem nicht nur im wolgatatarischen Kerngebiet um Kasan, sondern auch in starker territorialer Streuung in der gesamten Union lebte. Dass das Muftiat im baschkirischen Ufa statt in Kasan eingerichtet wurde, war Ursache mancher Kritik. (Mittlerweile, seit 1993, besteht in Kasan ein tatarisches Muftiat).

Das Muftiat von Baku war die oberste Instanz für die schiitischen Gläubigen vor allem in Aserbaidschan, jedoch auch für die sunnitischen Gläubigen im Südkaukasus. Seine eigene Bedeutung geht aus dem Umstand hervor, dass der größere Teil des aserbaidschanischen Volkes in Iran lebt – Aserbaidschan ist seit rund 180 Jahren ein geteiltes Land – und dass von der geistlichen Verwaltung in Baku aus die offiziellen Kontakte zu den schiitischen Geistlichen in Iran liefen. Diese spielten eine wichtige Rolle als – allerdings erzkonservative, aber volkstümliche – Opposition gegen den Pahlevi-Schah bis zu dessen Sturz (1979), was für die Moskauer Iranpolitik nicht unwichtig war. Nach der Islamischen Revolution in Iran kam dem Bakuer Muftiat andererseits die defensive Aufgabe zu, eine denkbare Ausbreitung der schiitischen Umsturzbewegung auf die südlichen Sowjetrepubliken abzuwehren.

Gegenüber diesen drei geistlichen Verwaltungen schien die für den Nordkaukasus nicht ganz so bedeutend. Sie war zuerst in Bujnaksk, dann – bis jetzt – in der dagestanischen Hauptstadt Machatschkala angesiedelt. Zu ihrem Verwaltungsbereich gehörten allein in Dagestan über vierzig verschiedene Völker, von denen nicht weniger als 14 durch die Eingruppierung ihrer Sprachen als „Hauptsprachen“ der Republik über die anderen hinausgehoben wurden; außerdem waren Tschetschenen, Inguschen, Tscherkessen und zahlreiche andere nordkaukasische Völker dem Muftiat von Bujnaksk bzw. Machatschkala zugeordnet. Dieses Geistliche Direktorat durfte seit 1978 eigene Außenbeziehungen unterhalten; seine Arbeitssprache war Arabisch.

Volksislam

Die staatlich organisierte Form des Islam konnte sich in der Sowjetzeit nie nachhaltig gegen den „Volksislam“ durchsetzen. Die Tschetschenen und Inguschen sind seit dem 17. Jahrhundert durch wandernde Lehrer (Scheichs) bekehrt worden, die im Volk oftmals als Wundertäter verehrt wurden. Diese bauten streng durchorganisierte Anhängerschaften von Schülern (Müriden) auf, gestützt auf Clans und verbunden durch eine Art Loyalitätseide. Die Lehrer-Schüler-Beziehungen (oder Scheich-Mürid-Beziehungen) waren intensiv. Eingeweihte wurden in die Nachbarorte ausgesandt, um ihrerseits Anhänger zu gewinnen. So entstand ein clanübergreifendes Netz von Beziehungen. In vielen Fällen schufen solche Müriden sich eigene Netze von Anhängern und Abhängigkeiten. Gerade unter den Bewohnern des Berglands, in dem die Clan-Strukturen länger intakt geblieben sind als in den Städten und in den kompakten Agro-Siedlungen, passte sich der sufische Islam eng an den dörflichen Individualismus, die Gleichheit, die traditionelle Lebensweise an.[16] Der althergebrachte Respekt vor den Älteren und die Ablehnung hierarchischer Ordnungen erleichterte diese innige Verbindung zwischen dem gar nicht orthodoxen, volkstümlichen Sufi-Islam und den Clans, die in gut zwei Jahrhunderten ganz spezifische Formen angenommen hat.

Eine sowjetische Untersuchung ergab 1975, dass rund 300.000 Tschetschenen zu Sufi-Bruderschaften gehörten – fünf Jahre zuvor war die Gesamtzahl aller Tschetschenen in der Sowjetunion mit 612.674 angegeben worden. Der Anteil der Moslems dürfte sich danach noch wesentlich erhöht haben; dennoch geht die Annahme fehl, die Tschetschenen (und die Inguschen) seien besonders fanatische Gläubige. Zahlreiche Berichte gerade aus der Zeit der Konfrontation mit Russland nach dem Zerfall der Sowjetunion belegen, dass zwar religiös begründete Traditionen etwa ebenso viele Aspekte des Alltagslebens bestimmten, wie es in nominell christlichen Ländern auch der Fall ist, dass aber deren Ausweitung im Sinne Strenggläubiger selbst von aktiven Widerstandskämpfern strikt abgelehnt wurde und von *intensiver, fundamentalistischer* Religiosität nirgends die Rede sein konnte.

Auch der Hinweis auf die Tätigkeit zweier sufischer Orden, der Nakschbandije und der Qadirije, und ihre Verzahnung mit dem hundertfünfzigjährigen Widerstand der Bergvölker im Nordkaukasus beweist nicht die (sowjetische und russische) These vom primär religiös begründeten Konflikt. Die Sufi-Orden haben sich nämlich durchaus nicht einheitlich, sozusagen strategisch, verhalten. In der liberalen Modernisierungsbewegung der Wolgatataren seit dem Anfang des 19. Jahrhunderts, dem Jadidismus, haben Nakschbandije-Angehörige eine durchaus fördernde und engagierte Rolle gespielt, als Bestandteile des islamischen Sektors der Gesellschaft. In anderen Regionen wurden sie ohne weiteres Teil des religiösen Establishments und in diesem Sinne staatstragend – dort, wo der islamische Charakter der Gesellschaft gefestigt war. Im Nordkaukasus, ebenso im zentralasiatischen Fergana-Tal und in Turkmenien, wurden sie zu Führern des bereits vorhandenen Widerstands gegen die russische Kolonisierung.[17] Das Verbindende dieser auf den ersten Blick widersprüchlichen Verhaltensweisen ist die Integration in die Gesellschaft und die sie bestimmenden Kräfte.

Die Isolation Nordkaukasiens von der islamischen Außenwelt und der Einfluss der Persönlichkeiten, die den Islam in die Region gebracht haben, hat noch weitere Besonderheiten erzeugt. Tschetschenen und Inguschen verehrten – wie erwähnt – individuelle religiöse Lehrer, erhoben sie in einen Rang, der dem der Heiligen im Christentum nahekommt, und pilgerten zu deren Grabstätten, richteten Gebete an sie (und nicht an Gott direkt), verehrten auch besondere Felsformationen und Bäume. Die Stellvertreterfunktion örtlicher Stätten für Menschen, denen die Pilgerfahrt nach Mekka nicht möglich war (und ist), wurde in der Sowjetzeit wegen der politischen Isolation von den alten Zentren des Islams besonders ausgeprägt: Grabmäler berühmter Scheichs wurden bis in die unmittelbare Gegenwart als Heiligtümer (*Masar*) verehrt. Manche Beobachter haben dies mit dem in Nordafrika verbreiteten „maraboutisme“ verglichen (*marabout* entspricht dem Begriff Heiligengrab). Solange in der Sowjetzeit die Hadsch nach Mekka verboten war, konnte die Pilgerfahrt zu einem bedeutenden Masar als Ersatz für sie gelten. Eine ähnliche Entwicklung ist auch in anderen Teilen der UdSSR eingetreten.

Auf die Mehrheit der tschetschenischen Gläubigen hat das für sie zuständige Muftiat – alles in allem – nur geringen unmittelbaren Einfluss ausgeübt. Das liegt einerseits an der Geschichte der Repression, die in anderem Zusammenhang dargestellt wird: Die staatlichen Einrichtungen wurden als fremde, zuweilen gegnerische Institutionen abgelehnt. Entscheidend ist aber vor allem die Verbreitung der Sufi-Orden unter den Tschetschenen seit der Bekehrung – etwa gleichzeitig mit dem ersten Vordringen der russischen Staatsmacht in das Gebiet nördlich des Kaukasus.

Bruderschaften: Nakschbandije, Qadirije

Seit dem Beginn der Islamisierung des Nordkaukasus sind sufische Orden[18] oder Bruderschaften (eigentlich *tariqat*, „Weg“, nämlich zu Gott) dort die eigentlichen Träger der Religion. Seit dem 17. Jahrhundert ist in Nordkaukasien der Nakschbandije-Orden vorherrschend; von ihm ist die Islamisierung großenteils getragen worden. Der Widerstand gegen die russische Eroberung im 19. Jahrhundert und die Führerrolle von Angehörigen dieser *tariqat* festigte den Einfluss der Nakschbandije ganz erheblich. Daneben spielt die Qadirije eine große Rolle.

Nirgendwo sonst ist der Einfluss der Orden auf das alltägliche Leben, das religiöse Denken und die allgemeine Bewusstseinsbildung so stark wie in dieser Region, und in keiner anderen Weltregion ist die religiöse Struktur – von Hierarchie zu sprechen verbietet sich eigentlich, eine starre Befehlskette und Durchorganisation nach Rängen ist etwas anderes als das allerdings umfassende und rigide Geflecht persönlicher Beziehungen – so sehr mit der gesellschaftlichen Struktur verflochten wie hier, und wie besonders unter den Inguschen und Tschetschenen, ohne dass, um es zu wiederholen, daraus der Schluss auf irgendeine Art Fundamentalismus gezogen werden könnte. Einige Hinweise verdeutlichen dies.

Die Mitglieder des Ordens werden Müriden genannt. Darin schwingt die Bedeutung „Schüler“ ebenso mit wie die Bedeutung „Eingeweihter“, die spezifische religiös-soziale Bedeutung des Wortes ist damit aber nicht erschöpft. Russische Beobachter, die während der Expansion des Imperiums auf das Phänomen der Sufi-Bruderschaften stießen und nach einer Erklärung für den Widerstand insbesondere zur Zeit Schamils suchten, prägten den Begriff „Müriden-Aufstand“, wodurch dem Wort auch noch eine militante, gar militärische Bedeutung beigelegt wurde.

Für die Personen an der Spitze der Bruderschaften gibt es verschiedene Bezeichnungen, die das Ansehen und die Bedeutung der jeweiligen Person differenzieren, sich inhaltlich jedoch überschneiden und in Zentralasien – woher die meisten Bruderschaften ursprünglich stammen – durchaus andere Bedeutung haben konnten und heute noch haben als in Nordkaukasien; auch dort gibt es erhebliche regionale Unterscheidungen. Das Oberhaupt einer solchen Bruderschaft wird allgemein *Scheich* (Schaich) genannt; meist bezeichnet es den Träger des höchsten Ansehens und – im religiösen Sinne – der höchsten hierarchischen Stufe. Doch auch bedeutenden Organisatoren des Widerstands wurde der Titel Scheich gegeben. Andere, eher auf den (geistlichen) Lehrer hindeutende, Bezeichnungen sind in hierarchischer Bedeutungsabstufung *Mürschid* und *Ischan.*

Diese Bezeichnungen wurden – und werden – in der russischen Darstellung der Ereignisse oft unkritisch übernommen. Vermittelt über solche Berichte aus vermeintlich erster Hand gelangen sie auch in die Terminologie anderer Autoren. Der militärische Widerstand Scheich Schamils wird häufig als „Müriden-Aufstand" bezeichnet; eine um die Wende vom 19. ins 20. Jahrhundert im zentralasiatischen Fergana-Tal ausgebreitete Bewegung verarmter turksprachiger Bauern und Händler, an deren Spitze nun keineswegs ein bedeutender geistlicher Lehrer stand, heißt in der Regel „Ischan-Aufstand" oder sogar „Bewegung der Ischane".

Für die ersten Gründer von Bruderschaften, jedoch auch für bedeutende geistige Führer, Autoren und Organisatoren wird der Titel *Sufi* oftmals verwendet. Er verweist auf die Sammelbezeichnung für die äußerst vielgestaltige mystische Richtung im Islam, den Sufismus (*tasawwuf*). Auch dieses Wort, das sich womöglich aus einer Äußerlichkeit – dem einfachen Wollmantel, den angeblich die ersten bedeutenden Mystiker getragen haben sollen – herleitet, umfasst eine Vielzahl von Bedeutungen. Der Sufismus hat weder ein festgeschriebenes Glaubensbekenntnis noch eine oder mehrere verbindliche Orthodoxien. Die Traditionen und Praktiken der Anhänger seiner verschiedenen Richtungen unterscheiden sich ganz erheblich voneinander. Die wichtigste Gemeinsamkeit stellt der Glaube der meisten Sufis an eine besondere Verbindung zu Gott dar; oft steht die persönliche Gotteserkenntnis im Zentrum der Selbsterfahrung einer Bruderschaft. Viele Sufis gehen von einer geistigen Einheit mit Gott und der Fähigkeit einer unmittelbaren Erkenntnis der göttlichen Wahrheit aus. Die Anhänger der verschiedenen Bruderschaften erkennen die geistige Autorität ihrer Lehrer und deren Bund mit Gott in der Meditation an und setzen voraus, dass es in jeder Generation einen „vollkommenen Meister" gibt, von dessen Anwesenheit das Weiterbestehen der Welt abhängt. Nur in diesem Sinne – dem der Konzentration und Reduktion auf die Grundlage der religiösen Erfahrung und damit jeweils persönlich auf die Fundamentalia der Offenbarung des Propheten Mohammed – ist die Bezeichnung „Fundamentalisten" gerechtfertigt; ein militanter oder missionarischer Charakter haftet ihr primär nicht an.

Wohl aber ist im späten Osmanischen Reich die Nakschbandije politisch äußerst einflussreich geworden, und zwar unter dem Schutz Sultan Abdulhamits (1878-1908).[19] Dabei war die enge Verzahnung der Bruderschaft mit den (Dorf-) Gemeinschaften, wie sie auch in Tschetschenien entstand, die Voraussetzung, auf der sich der Einfluss der Scheichs schließlich aufbaute. Abdulhamit hatte hieraus einen „Osmanischen Islam“ als definierendes Element des Staates entwickeln wollen. Am Zusammenbruch des Osmanischen Reiches und der Entstehung des türkischen Nationalstaates war die Nakschbandije-Bruderschaft stark beteiligt. Mit den „Kemalisten“ hatte sie die Einschätzung des Westens gemeinsam: Er galt als imperialistisch. Den Unabhängigkeitskrieg der Türkei (1919 bis 1922) unterstützte die Nakschbandije als „heiligen Krieg“ (*jihad*), was jedoch den säkularen und laizistischen Orientierungen Kemals letztlich zuwiderlief.

In Russland bzw. der Sowjetunion veränderten sich die gegenseitigen Einschätzungen von Staat und *tariqat* in ähnlicher Weise. Das wird weiter unten im Zusammenhang mit der Geschichte des Widerstands behandelt.

Die Einschränkungen des islamischen Gesetzes (Scharia) gelten in vielen Bruderschaften lediglich für die Nichteingeweihten; die höhere Erkenntnis der Lehrer hebt die allgemeinen Vorschriften für diese auf, womit unter anderem die Anordnungen militärischer Führer in den gegenwärtigen Tschetschenien-Kriegen ideologisch begründet werden. Doch auch die ideologisch und historisch ganz anders gearteten Führungsstrukturen des Wahhabismus begründen die Sonderstellung von Führern auf ihre Art ideologisch.

In Tschetschenien, und auch unter den übrigen islamischen Völkern des Nordkaukasus, ist die Bruderschaft (der Orden) Nakschbandije von jeher am stärksten verbreitet. Der Gründer des Ordens, Sufi Baha'addin Nakschband, starb im Jahre 1389 – dem Jahr der türkisch-serbischen Schlacht auf dem Amselfeld.[20] Von ihm leiten seine Anhänger eine „Goldene Kette“ von Scheichs bis in die unmittelbare Gegenwart ab. In Kaukasien – und ebenso in Fergana und weiten Teilen Zentralasiens, die staatlich nur locker organisiert waren – entwickelte sich die Bruderschaft etwas anders als in anderen Regionen und außerhalb Russlands. Sie war weniger esoterisch, vielmehr Teil der Gesellschaft.

Da eine tschetschenische Staatlichkeit nicht bestand, die Gesellschaft vielmehr in Clans und Clanverbänden organisiert war, die ihrerseits seit der im 17. Jahrhundert einsetzenden Islamisierung mit religiösen Strukturen verbunden waren, war die Entwicklung von Führerpersönlichkeiten aus dem islamisch-sufischen Milieu geradezu zwangsläufig. Scheich Mansur Uschurma, der sich seit 1785 als Imam der kaukasischen Bergvölker bezeichnete, stand in dieser Tradition. Ob er bereits der Nakschbandije-Bruderschaft angehörte, ist ungewiss; diese sufisch-mystische Vereinigung fasste im ersten Viertel des 19. Jahrhunderts Fuß in Tschetschenien und gewann bald über die Hälfte der

Bevölkerung für sich. Zu den Besonderheiten dieses Ordens gehören der Verzicht auf laute – gar ekstatische – Anrufungsformen (*zikr*, die der Konzentration und der mystischen Versenkung dienen; Tanz und bestimmte Atemtechniken gehören bei verschiedenen Orden auf jeweils eigene Art dazu), das Recht jedes Zugehörigen, alle religiösen Dienstleistungen dann wahrzunehmen, wenn kein berufener Lehrer vorhanden ist, und die Öffnung der Mitgliedschaft für Frauen. Das vom Koran und den Hadith – den überlieferten und bezeugten Äußerungen und Entscheidungen des Propheten Mohammed – abgeleitete Recht, die Scharia, wurde von den islamischen Bergvölkern allgemein übernommen, aber älteres Gewohnheitsrecht (Adat) blieb gerade bei den Tschetschenen vorherrschend, und zwar bis in die unmittelbare Neuzeit. Dem kam wiederum das Prinzip der Nakschbandije entgegen, die keine dogmatische Enge vertritt, Fanatismus und Radikalismus („Fundamentalismus") ablehnt und daher andere Bekenntnisse eher assimiliert als verdrängt. Die Offenheit der von ihr verbreiteten Lehre passte sehr gut zu dem wenig doktrinären, eher lax verstandenen Islam auch der jüngeren tschetschenischen Generationen nach der Rückkehr aus Verbannung.

Diese Bruderschaft war zugleich elitär – weil die mystische Gotteserkenntnis individualisierte – und populär – weil sie auf den vorhandenen gesellschaftlichen Strukturen aufbaute und sich diesen rasch und ohne Probleme anzupassen verstand. Ihre Popularität leitet sich aus der nicht auf den Nordkaukasus beschränkten, sondern auch in Turkestan bewiesenen Führerschaft im Widerstand gegen das russische Vordringen ab. Die weite Verzweigung der Bruderschaft, die Folge ihrer nicht hierarchischen Struktur, der unmittelbaren Lehrer-Schüler-Beziehungen, machte sie von Anfang an auch für den Staatsapparat unerreichbar.

Während der ersten ernsthaften und übergreifenden Widerstandsbewegung gegen Russland, ab Mitte des 19. Jahrhunderts, gewann eine zweite *tariqat* rasch an Einfluss, die Qadirije. Diese Bruderschaft ist im 12. Jahrhundert in Bagdad von Abd al-Qadir Gilani gegründet worden. Im Nordkaukasus wurde sie von Kunta Hadschi populär gemacht, der 1867 in einem russischen Straflager in Sibirien starb. Die Qadirije passte sich den Gegebenheiten der russischen und später der Sowjetgesellschaft ebenfalls elastisch an, ließ Frauen Mitglieder werden und baute ihre Netzwerke ebenfalls parallel zu den bestehenden Stammesstrukturen auf. Sie ließ Dinge zu, welche die Nakschbandije ausdrücklich abgelehnt oder verboten hatte: die laute statt der schweigenden Anrufungsformel (*zikr*), ekstatische Tänze, Gesang und Musik. Kunta Hadschi vertrat den „Nichtwiderstand", er rief dazu auf, die (weltliche) Herrschaft der Ungläubigen hinzunehmen und war damit gerade in den Gebieten erfolgreich, in denen der Widerstand unter Schamil zu besonders heftiger Repression geführt hatte – bei den Tschetschenen, den Awaren und einigen anderen nord-dagestanischen Ethnien. Es wäre aber irrig, die Qadirije (in

Nordkaukasien „Kunta Hadschis Weg" genannt) als quietistisch oder pazifistisch einzuschätzen; sie hatte sich lediglich anderen Formen des Widerstands zugewandt und war an späteren Aufständen ebenso führend beteiligt wie die Nakschbandije.

In dem halben Jahrhundert vor der Revolution dürfte praktisch die gesamte erwachsene Bevölkerung Tschetscheniens und Inguschetiens einer der beiden *tariqats* angehört haben; auch in Dagestan war ein erheblicher Teil der Einwohner an Bruderschaften gebunden, hier fast ausschließlich an die Nakschbandije. Nach der Niederschlagung des letzten Aufstands (1877), den Ischane und Scheichs der beiden Orden geführt hatten, änderte sich deren Rolle jedoch grundlegend. Die aktiven Widerstandsführer wurden aus dem Kaukasus verbannt, die Bruderschaften lösten sich vom staatlichen geduldeten Islam und bestanden im Untergrund weiter. Die personalisierten Bindungen der Mitglieder verstärkten sich, der mystische Charakter, der allen Sufi-Richtungen eigen ist, prägte sich stärker aus. Die islamische Kultur in anderen Teilen Russlands entwickelte sich ziemlich genau entgegengesetzt. Unter dem Einfluss Mardschanis in Kasan und Gaspir Alis auf der Krim bildete sich die Bewegung des Jadidismus heraus, die eine liberale und teilweise eine radikale Erneuerung des Islam anstrebte. Sie öffnete die religiösen Schulen und Hochschulen den modernen Wissenschaften und vor allem einer neuzeitlichen Pädagogik mit Erfolg. Unter den Wolgatataren und den Krimtataren sowie in größeren Teilen Dagestans setzte sich diese modernisierende Richtung rasch durch, schließlich auch in bestimmten Gebieten Mittelasiens, und drängte sowohl den konservativen Weg der von Russland noch nicht ganz unterworfenen zentralasiatischen Despotien als auch die Lehren einer älteren Generation und ebenso den Einfluss der Bruderschaften zurück. In Nordkaukasien hingegen ging der Volks-Islam ganz in den Bruderschaften auf. Häufige Kampagnen in der Sowjetzeit lassen erkennen, dass auch viele Mitglieder der betont atheistischen Kommunistischen Partei ihre Verbindungen zur Religion und zu den Bruderschaften aufrecht erhielten; der Anteil der Kommunisten an der Gesamtbevölkerung lag in Tschetschenien allerdings stets sehr weit unter dem Unionsdurchschnitt. Bennigsen[21] zitiert eine 1925 von einem russischen Beobachter gemachte Bemerkung: „Die Sufi-Eingeweihten behaupten, ‚Kommunisten' zu sein, und sie nennen sich nicht ganz ohne Grund ‚Kommunisten'. Ihre Doktrin hat gewiss einige kommunistische Züge, aber das sind solche eines primitiven, religiösen, asketischen Kommunismus, welcher den frühchristlichen Gemeinden vergleichbar ist." In diesen Jahren waren nach vielen übereinstimmenden sowjetischen Zeugnissen viele Parteimitglieder „*Zikristen*" (ein damaliges Modewort), also Angehörige der *tariqats,* und selbst führende Parteifunktionäre sympathisierten mit den Sufi-Orden.

Während der anderthalb Jahrzehnte in der Verbannung (s.u.) stellte die Bruderschaften das stärkste Bindeglied der überlebenden Tschetschenen dar. Für die Deportierten waren sie das letzte verbliebene Element der nationalen Identität. Ihr fortbestehender und durch den Zwang der Verhältnisse noch verstärkter Zusammenhalt wurde im Verbannungsgebiet zum Sinnbild ihrer nationalen Identität.

Zudem konnten die Müriden die Bedürfnisse der kasachischen, usbekischen und turkmenischen Gläubigen erfüllen: Da nach 1930 die Moscheen meist geschlossen oder zerstört worden waren und Prediger (Mullahs) die ländliche Bevölkerung nicht mehr erreichten, füllten die Mitglieder der Bruderschaften diese Lücke, wozu sich vor allem die Nakschbandije wegen ihrer spezifischen Ordensregeln und die Qadirije wegen ihrer Untergrund-Organisation als befähigt erwiesen. Außerdem förderte die Exilsituation das Zusammengehen beider *tariqats*, die schließlich nach der Rehabilitierung der deportierten Völker ein gut organisiertes Netz von Sufi-Verbindungen unter den Usbeken, Kasachen und auch anderen in Zentralasien eingesessenen Völkern hinterließen. Dies entzog sich nicht allein der staatlichen Kontrolle – für die KPdSU und die sowjetischen Behörden ein unerträglicher Zustand –, sondern auch dem Einfluss und der Aufsicht der offiziellen Muftiate. Die Polemiken, die bis zum Untergang der Sowjetmacht in Zentralasien ständig gegen den „parallelen Islam" geführt wurden, und eine unübersehbare Reihe von Prozessen gegen „islamische Kriminelle" haben diesen Hintergrund. In Polemiken und Prozessen tauchte denn auch seit den fünfziger Jahren ein erhebliche Teil des Katalogs von Vorwürfen auf, der seit 1991 unter Vermeidung der sowjetischen terminologischen Eigenarten, aber inhaltlich sonst unverändert auf die Tschetschenen pauschal angewandt wird: „Dissidenten" und „Reaktionäre", „Banditismus", „Terrorismus", „bewaffnete Rebellion", „extremer Fanatismus", „hartnäckige Gegnerschaft gegen den [sowjetischen] Staat", „Separatismus", „Wirtschaftssabotage" und „Verbreitung religiösen Aberglaubens" werden da amalgamiert. Dem von manchen westlichen Populisten in Umlauf gebrachten inhaltlich unscharfen, doch scharf abwertend gemeinten Begriff „Fundamentalisten" entsprach bis in die neunziger Jahre im russischen polemischen Sprachgebrauch der „Sufismus" (oder der „parallele Islam"). Erst seit wenigen Jahren ist der Kampfbegriff „Wahhabismus" dazu gekommen. (Wahhabismus und Sufismus als tatsächliche Bewegungen haben nicht sehr viele Gemeinsamkeiten; dass sie in der russischen Presse manchmal völlig unterschiedslos verwendet werden, enthüllt die polemischen Zwecke). Richtig ist aber ohne Zweifel, dass die autonomistischen und separatistischen Gruppen in Tschetschenien außer der sprachlichen und im weiteren Sinn historischen vor allem religiöse Gemeinsamkeiten empfinden.

Wahhabiten und „Wahhabiten"

Die wahhabitische Richtung im Islam geht auf Muhammad Ibn Abd-al Wahhab zurück, der 1703 oder 1704 im arabischen Ort Derija geboren ist und sich 1744 mit dem Clan der Sa'ud verband. Seit der Eroberung der Arabischen Halbinsel durch diesen Clan ist die wahhabitische Lehre offizielle Staatsdoktrin Saudi-Arabiens.

Abd-al Wahhab hatte beabsichtigt, den Islam auf nur zwei Grundlagen zurückzuführen: die im Koran durch den Propheten festgehaltene Offenbarung und die von Mohammed in anderem Kontext hinterlassenen Urteile, Weisungen, Gespräche, Taten und Wertungen, die *hadith.* Koran und *hadith* stellen zusammen die Sunna dar, die allgemein akzeptierte Überlieferung des Islam.[22] Abd-al Wahhab war zudem Anhänger der hanbalitischen Rechtsschule des Islam, der konservativsten aller vier Schulen. Die Verehrung von Heiligen lehnte er strikt ab; Opfergaben, Bittgebete, Gelübde an den Schreinen früherer Heiliger untersagt der Wahhabismus radikal. Gott durfte mit nichts „vermengt" werden. Dementsprechend waren auch Wahrsagerei, Zauberei, Glücksspiel und anderes untersagt.

Da Abd-al Wahhab und seine Anhänger lediglich den Koran, die *hadith* und die vier Rechtsschulen in ihrer ursprünglichen Form anerkannten, blieb seiner Lehre jede Anpassung an die internationalen technischen, kulturellen, wirtschaftlichen und zivilisatorischen Entwicklungen verschlossen. Das Pendant zur Überlieferung (Sunna), die Erneuerung (Buda), wurde und wird vom Wahhabismus äußerst restriktiv gehandhabt. Das betrifft die „richtige Einstellung" zu allen Dingen, die nicht in den *hadith* oder im Koran erwähnt werden: moderne Kommunikationsmittel wie Rundfunk, Fernsehen, Film; nach 700 erfundene, entdeckte oder eingeführte Lebens- und Genussmittel (Tabak, Drogen); Eisenbahn und Auto als Transportmittel; erst nach allgemeiner Übereinkunft der Religionsgelehrten (die aber in Arabien alle der konservativen hanbalitischen Richtung angehören) sind Vorschriften möglich, die dann für die gesamte Gesellschaft verbindlich sind.

Der Wahhabismus strebt also die Reduktion der Religion – die zugleich Regelwerk für das gesamte öffentliche und private Leben ist, also das gesellschaftliche Verhalten bis ins Einzelne regelt – auf die erwähnten Grundlagen an und muss insofern als fundamentalistisch bezeichnet werden. Den für das nordkaukasische Sufitum charakteristischen Besonderheiten steht der Wahhabismus diametral gegenüber, „die Wahhabiten verurteilen genau das, was den Tschetschenen heilig ist".[23] Sie haben aber erstaunlich raschen Erfolg in sozial instabil gewordenen Gebieten, wo die politische, wirtschaftliche und gesellschaftliche Ordnung zusammengebrochen ist und Alternativen zu den überaus einfachen Losungen der Wahhabiten praktisch nicht (mehr) vorhanden sind, durch das Scheitern der mit ihnen verbundenen Ordnungen abgenutzt sind. Interessant ist in diesem Zusammenhang die seit Sommer 2000 in Usbekistan organisierte Kampagne zugunsten der Nakschbandije, die ausdrücklich mit dem Ziel begründet wurde, dem Wahhabismus (auch dem nur so genannten) eine im Volk traditionell verwurzelte islamische Gegenkraft entgegenzusetzen und die Nakschbandije möglicherweise zur Quasi-Staatsreligion zu erheben.[24]

Es gibt dennoch alternative Wege: zum Beispiel die stetige Angleichung der religiösen Vorschriften an neue Entwicklungen, wie sie die jadidistische Richtung seit dem tatarischen Reformer Mardschani Mitte des 19. Jahrhunderts forderte, welche den Islam vor der Erstarrung im Formalismus zu bewahren, in seinen Fundamenten also überlebensfähig erhalten wollte.

Das Wort „Wahhabismus“, wie es gegenwärtig in Russland und anderen GUS-Staaten gebraucht wird, bezieht sich jedoch nicht allein – und meist überhaupt nicht – auf diese islamische Richtung, sondern ist zum Kampfbegriff gegen alle Spielarten des Islam geworden, die in irgendeiner Weise als politisch oder religiös „militant“ bewertet werden können.[25] Es entspricht im politischen und propagandistischen Sprachgebrauch dem „Fundamentalismus“-Begriff westlicher Medien. Freilich ist der Wahhabismus aber in Nordkaukasien präsent. Seit 1994 taucht er im Zusammenhang mit Entwicklungen in Nordkaukasien auf, zuerst wohl in Dagestan. „Dort sind ethnoreligiöse Konflikte Teil einer umfassenden Krise geworden, die das Vielvölkergebilde am Kaspischen Meer als das derzeit schwächste Glied der Russischen Föderation und den nächsten ‚heißen Flecken‘ im Kaukasus erscheinen läßt. Die Destabilisierung Dagestans vollzieht sich in der unmittelbaren Nachbarschaft der von Russland abtrünnigen ‚Tschetschenischen Republik Itschkerien‘ zu einem Zeitpunkt, an dem diese Attribute des ‚islamischen Staats‘ zur Demonstration ihrer Unabhängigkeit benutzt.“[26]

Gesellschaftlich ausgestoßene Gruppen halten sich hier an *jede* Richtung, die radikale Besserung verspricht und die letztlich, da Reformen ausbleiben, allein auf Gewalt setzen; in Tschetschenien wendet sich ein Großteil der jungen Generation nicht allein von den staatstragenden Ideologien und Ideen – ob Kommunismus und danach Demokratie – und von den staatlich kontrollierten weltlichen und religiösen Institutionen ab, sondern auch von dem bisherigen „parallelen“ Islam, der Volksreligion, die in ihrer Wahrnehmung ebenfalls versagt hat. Die Sozialisation dieser Gruppen kann – ähnlich wie in Libanon die ganzer Generationen über noch wesentlich längere Zeit – als eine Sozialisation mit der Waffe verstanden werden, eine Identifikation mit den Inhabern der bewaffneten Gewalt, sofern sie nur antistaatlich ist. Mit religiösen Definitionselementen hat das gar nichts mehr zu tun; die sind, wenn vorhanden, allenfalls aufgesetzt oder von *warlords* instrumentell genutzt worden. Den „Terrorismus“ als gesellschaftliche Erscheinung haben nicht die islamischen Prediger geschaffen, sondern radikale Freischärler auf dem Hintergrund allgemeinen gesellschaftlichen Zerfalls. Der Volksislam und der offizielle Islam sind beide jedoch nicht zerstörende, sondern auf verschiedene Weise gesellschaftlich integrierende Kräfte.

Außer im Fall einiger Bergsiedlungen, in denen sich tatsächlich radikal-islamische Gemeinden wahhabitischer Richtung herausgebildet haben, handelte es sich jedoch auch hier im Wesentlichen um eine eher sozial bedingte Protestbewegung, die sich sowohl gegen das Sowjetsystem als auch gegen die „gewendete" Nomenklatura mit ihren neuen Machtbeziehungen als auch – drittens – gegen die älteren islamischen Richtungen wandte. Den staatstragenden, von den Muftiaten vertretenen „offiziellen" Islam lehnten die meist jugendlichen und sozial perspektivlosen Träger dieser Protestbewegung schon wegen seiner bekannten Verquickung mit den sowjetischen und postsowjetischen Machteliten ab. Der „Volksislam" der Sufi-Tradition ist diesen Trägern nicht kämpferisch genug, zu individualistisch und abgehoben. Von ihm haben sie jedoch das organisatorische Prinzip der Bindung an einzelne Führerpersönlichkeiten übernommen, das ohnehin oft mit den fortbestehenden Clanstrukturen übereinstimmt.

In sehr vielen Fällen dürfte sich die Radikalisierung, die sich in einer Hinwendung zu einer kämpferischen, militanten Variante des Islam äußert, auch auf einen Konflikt zwischen den Generationen zurückführen lassen, von denen die ältere zwar nicht viel zu verlieren, die jüngere aber gar nichts zu erwarten hat, wenn die allgemeinen gesellschaftlichen Verhältnisse unverändert bleiben. Die historisch selektive Darstellung des antirussischen und antisowjetischen Widerstandes lässt diesen als einen (auch) religiösen Krieg erscheinen, so dass die Rechtfertigung der gegenwärtigen Kriege als „heilig" einige Attraktion erhält.

Doch nur ein extremistischer Flügel des tschetschenischen Widerstandes hat sich diese Interpretation des Krieges zu eigen gemacht, freilich mit besonderer Radikalität. Es handelt sich um die Koalition des von der Arabischen Halbinsel stammenden Militärführers Chattab und – seit dem Beginn des zweiten Tschetschenienkrieges – des zeitweiligen Regierungschefs und Verteidigungsministers der „Republik Itschkeria", Schamil Bassajew. Beide warben seit Herbst 1999 in zahlreichen Publikationen im Internet für den „Dschihad in Tschetschenien" als Teil eines umfassenden Religionskrieges. Nach der von dieser Richtung verbreiteten Selbstdarstellung kann ihrer Charakterisierung als Wahhabiten kaum widersprochen werden, wobei offen bleiben muss, ob die Inhalte der genannten Veröffentlichungen dem Bewusstsein der Mehrheit ihrer Anhänger (wiederum wohl einer Minderheit innerhalb der tschetschenischen Militanten) tatsächlich entspricht. Als Zentren dieser Bewegung sind – wie Uwe Halbach näher dargestellt hat – die Stadt Astrachan an der Wolgamündung und die dagestanische Republikhauptstadt Machatschkala bekannt geworden.

Manche sowjetische Autoren haben schon in den achtziger Jahren den organisierten und staatlich konzessionierten und kontrollierten Islam dem „parallelen Islam“ oder „Volksislam“ gegenübergestellt und eine Konkurrenzbeziehung dargestellt. Das trifft nur auf den ersten Blick durchaus zu. Doch die damit verbundene Erläuterung geht in die Irre, der „parallele Islam“ sei grundsätzlich und durchweg radikal, fundamentalistisch und terroristisch. Die am Ende der neunziger Jahre allgemein verbreitete propagandistische Linie, die den „parallelen Islam“ und den mit ihm nicht kompatiblen „Wahhabismus“ und beide mit dem (undifferenziert so bezeichneten) Terrorismus gleichsetzt, knüpft in durchaus polemischer Absicht daran an. Aber die Radikalisierung perspektivloser Jugendlicher ist nicht in erster Linie auf religiöse Einflüsterungen zurückzuführen, sondern auf materielle Not und das politische Versagen der staatlichen und quasi-staatlichen Organisationen in der Sozialpolitik, in Nordkaukasien in sehr hohem Maße auch auf die Folgen des ersten Tschetschenien-Krieges und die Zerstörung der Lebensgrundlagen der Bevölkerung.

Die Radikalisierung

In Tschetschenien hat die Radikalisierung der jüngeren Generation erst nach dem ersten Krieg (Herbst 1996) in großem Umfang eingesetzt. Laut Usmanow[27] ist erst nach Dschochar Dudajews Tod, im August 1996, erstmals ein Wahhabit aus Dagestan nach Tschetschenien eingeladen worden, und zwar durch Selimchan Jandarbijew, der offenbar in den Nachfolge-Auseinandersetzungen eine ideologische Rechtfertigung suchte. Es waren unterdessen auch mehrere Clans zur internen Opposition übergetreten, denen unter anderem islamische Kämpfer aus arabischen Staaten, viele davon mit „Afghanistan-Erfahrung“, neue Identifikationsmöglichkeiten anboten. Diese Kämpfer sprachen besonders die jüngste Generation an, die mehrfach desillusioniert war: Das Sowjetsystem war zusammengebrochen und hatte seine Utopie, die sozialistische Modernisierung der Region, nicht eingelöst; die darauf folgende Ordnung, die sich als nationale Alternative anbot, hatte keinen definierten gesellschaftlichen Inhalt; der in Russland mittlerweile einsetzende neue Kapitalismus war mit den „Schocktherapien“, der raschen und schamlosen Bereicherung einzelner Personen aus der alten Nomenklatura oder einer neuen Spekulantenschicht (zusammenfassend: den „neuen Russen“) wieder ein großmachtrussisches System; die als Botschafter eines einfachen, fundamentalen, oft tatsächlich auch wahhabitischen Islam auftretenden kämpfenden Prediger (oder predigenden Kämpfer) stellten sich als Träger einer religiös definierten, jedoch nicht anderen als ideologischen Botschaft und zugleich als Militante dar, „die etwas tun“. Sie stifteten eine neue Identität, weil sie mit den Niederlagen und dem Versagen der älteren Generationen, ihren Fehlern und Verbrechen sowie ihren Ideologien nicht belastet waren. Zuspruch fanden sie außer bei der enttäuschten jungen Generation schließlich auch bei kleineren Clans, die dem Konkurrenzkampf mit anderen *teips* und mit den sich herausbildenden neuen Machtstrukturen nicht gewachsen waren, und bei jenen, die aus der Berufung auf den „Müridenkrieg“ mehr als nur eine Kampflosung des Widerstands herauslesen wollten.

Nach dem Tod des ersten Präsidenten, Dschochar Dudajew, setzte der Bassajew-Flügel, offenbar noch ohne die Assistenz größerer auswärtiger militanter Kräfte, schrittweise die Islamisierung der Republik durch. Treibende Kraft dieser Entwicklung waren augenscheinlich Schamil Bassajew und die mit ihm verbündeten „Kommandanten“, *warlords,* die sich der Aufsicht durch den Präsidenten Aslan Maschadow entzogen, sich auch von dem örtlichen Muftiat trennten und dabei radikalisierten. Die Einführung von Schariat-Gerichten (1997) – eine Maßnahme, zu der sich die Maschadow-Regierung als Konzession gegenüber den „Kommandanten“ veranlasst sah, um wenigstens den äußeren Schein einer nationalen Einheit zu wahren – war der wichtigste Anhaltspunkt dafür. Doch intendiert waren vier andere Dinge: erstens die historisierende Verbindung mit dem Widerstandskrieg des Imams Schamil, dem „Müridenkrieg“; Schamil aber war nun gerade nicht Wahhabit, sondern gehörte zum Nakschbandije-Orden, also einer sufisch-mystischen Tradition an; zweitens die Rückkehr zu den Rechtsnormen der vorkolonialen Zeit, zu denen indes auch das (mit der strengen Auslegung der Schariat nicht immer vereinbare) Gewohnheitsrecht (Adat) der Tschetschenen und anderer nordkaukasischer Völker gehörte; drittens die als unwiderruflich gekennzeichnete Abgrenzung vom russischen Rechtssystem und seiner Staatsordnung; viertens die daraus sich ergebende Festigung einer unwiderruflichen staatlichen Unabhängigkeit.

Der seit 1998 entstehenden Koalition von Bassajew mit Chattab und anderen aus der islamischen Welt hinzugekommenen Militanten ist es indes bald gelungen, der Einführung des islamischen Rechtes einen „wahhabitischen“ Inhalt zu geben – mit den Einschränkungen, die im tschetschenischen Kontext zu gelten haben. Da die Koalition, im Gegensatz zu Präsident Maschadow und seiner Regierung, zudem über schlagkräftige paramilitärische Einheiten verfügte, konnte sie das Gros des *militanten* Widerstandes unter ihre Kontrolle bringen; was sich nach dem tatsächlichen Ausbruch des zweiten Tschetschenienkrieges noch beschleunigte. Doch dies bedeutet keineswegs eine erfolgreiche Missionierung des Volkes durch Wahhabiten, sondern lediglich eine Machtverschiebung in der Kommando-Ordnung der militärischen, paramilitärischen und der bandenmäßig organisierten Kämpfer – ohne dass die Kämpfer selbst zu radikalen Moslems geworden wären. Die wahhabitischen Parolen blieben Mittel der Propaganda und der Disziplinierung; sie haben noch in der Mitte des Jahres 2000 wenig Deckung mit den religiösen Überzeugungen selbst der Kämpfer, geschweige der nicht kämpfenden Bevölkerung.

Widerstand

Die nordkaukasischen Völker haben gemeinsam das russische Vordringen in ihre Siedlungsgebiete erlebt. Dies und die religiöse Gemeinsamkeit führte zwei aus der Region stammende Autoren, die fünf Jahre nach dem Zerfall der Sowjetunion schrieben, zu dem Schluss: „Trotz der Existenz unterschiedlicher Sprachen und Dialekte sind die nordkaukasischen Bergvölker essentiell ein einziges Volk verwandter Stämme, die eine gemeinsame Kultur und Geschichte haben."[28] 1992 wurde beispielsweise fast ein Viertel des inguschischen Volkes zu Flüchtlingen, nachdem russische Truppen in den Streit um einen Bezirk am Rande von Wladikawkas intervenierten. Der Prigorodnyj-Bezirk hatte vor 1944 zur Tschetscheno-Inguschischen ASSR gehört und war – nach der Auflösung der ASSR und der Deportation aller Tschetschenen und Inguschen – der Nordossetischen ASSR zugeteilt worden. Nach der Rehabilitierung unter Nikita S. Chruschtschow suchten die vertriebenen Inguschen sich dort wieder anzusiedeln. Die Region war aber mittlerweile von Osseten und Russen bewohnt. Der Eingriff der russischen Armee endete mit einer massiven ethnischen Vertreibung der Inguschen; er führte nicht zu einem Zusammengehen der Inguschen mit den Tschetschenen. Vielmehr löste sich im selben Jahr die inguschische Republik von der tschetschenischen ab.

Von einer Gemeinschaft des Handelns der nordkaukasischen Bergvölker kann überhaupt nur in wenigen Abschnitten der Entwicklung ernsthaft gesprochen werden. Unterschiede und Gegensätze zwischen den Bergvölkern sind immer wieder aufgetreten, und die fremden Eroberer haben sich dies immer wieder zunutze gemacht. Die Zeiten des gemeinsamen Widerstands gegen die russische Expansion und unter der Sowjetmacht machen zusammengenommen höchstens fünfzig Jahre im Lauf von fast 400 Jahren aus.

Erste Expansion des Zarenreichs

Erste Vorstöße in die Region unternahm Zar Iwan IV. („der Schreckliche") nach der Unterwerfung der tatarischen Khanate von Kasan (1552) und Astrachan (1556). Er ging auch eine dynastische Ehe mit der tscherkessischen Prinzessin Maria Temrukowna Tscherkesskaja ein (1561), doch folgte daraus keine staatliche Verbindung. Fünfzig Jahre danach unternahm Zar Boris Godunow einige Vorstöße ins Kaukasus-Vorland, doch nach 1606 unterblieben für mehr als 150 Jahre weitere russische Vorstöße.

Russische Kundschafter hatten 1587 eine erste Ansiedlung von Tschetschenen an der Sunsha festgestellt, welche das Kaukasus-Vorland und die heutigen Städte Grosny und Gudermes durchfließt; bis dahin hatte das gesamte Volk ausschließlich im Bergland gelebt. An eben diesem Fluss stieß die russische Expansion in das Kaukasus-Vorland unter Katharina der Großen 1785 auf den ersten umfassend organisierten Widerstand: Eine russische Armee wurde an der Sunsha von einem Heer unter dem Tschetschenen Scheich Mansur Uschurma vernichtend geschlagen.[29] Scheich Mansur war der erste geistige und politische Führer, dem es gelang, die tschetschenischen Clans, die meisten nordkaukasischen Bergvölker und eine große Zahl dagestanischer Stämme und Verbände zu einer proto-staatlichen Einheit zusammenzuführen.

Peter I. unternahm in seinen letzten Lebensjahren, 1722 und 1723, zwei Sommerfeldzüge an der Westküste des Kaspischen Meers, brachte auch dessen persische Südküste – für zehn Jahre – unter Russlands Kontrolle, scheiterte aber bereits beim ersten Feldzug mit dem Versuch, das nordöstliche Vorland des Kaukasus zu unterwerfen.[30] Ernsthaft unternahm dann nach 1782 der Feldherr Katharinas II., Alexander Suworow, Feldzüge gegen das Osmanische Reich; mit der Eroberung des Kaukasus wurde der 25jährige Günstling der siebzigjährigen Kaiserin, Graf Platon Subow, beauftragt. Dagegen formierte sich erstmals ein den ganzen Nordkaukasus und Dagestan umfassender militärischer Widerstand. Scheich Mansur nahm 1785 den Titel „Imam der kaukasischen Bergvölker" an, der von Tschetschenen, Inguschen, Osseten, Tscherkessen, Kabardinern und einem großen Teil der dagestanischen Völker und Stämme anerkannt wurde.

Der bedeutende rumänische Historiker Nicolae Jorga[31] schildert die Wirkung dieses Aufstandes auf das Osmanische Reich, das noch unter den Nachwirkungen seiner Niederlage gegen Russland und dem als schmachvoll empfundenen Vertrag von Kütschük Kainardschi litt:

„Ende 1785 erschien im Kaukasus, bei den Abkasen, ein religiöser Schwärmer nogaischer Abkunft, von dem man sich wunderbare Abenteuer erzählte, die er im Osten und Westen, hier sich für einen Christen ausgebend, bestanden haben sollte; es war dies Imam-Mansur, der sich die im Volke fortlebenden Prophezeiungen zunutze machte und den heiligen Krieg für Wiedererweckung der mohammedanischen ruhmvollen Vergangenheit mit fesselnder Beredsamkeit predigte. Von den Türken verlangte er die Vertreibung der Russen aus dem von ihnen frevelhaft besetzten islamitischen Gebiete nicht; er forderte nur den Lenker der Osmanen auf, sein Volk in allem zufriedenzustellen und nach dem ewigen Gesetz des Korans über dasselbe zu regieren. Den Russen gelang es nicht, Imam-Mansur zu schlagen, so daß dieser nach mehreren bedeutenden Erfolgen auf der Insel Taman überwintern konnte, wo sich zahlreiche Tataren, Abkasen, Tscherkessen, von denen einige das ihnen aufgedrängte Christentum ableugneten, um ihn scharten. ... In Konstantinopel hatten die politischen Blätter des Westens immer mehr eifrige und auch kritische Leser gefunden, ... und über die Erfolge Imam-Mansurs, über die schmachvollen Verluste der Russen war man genau unterrichtet und freute sich, daß dieser von den Kanzeln der Stambuler Moscheen herab öffentlich als Betrüger verschriene Held der mosleminischen Reaktion den zügellosen ‚Moskows' so empfindliche Schlappen beibringen konnte."

Scheich Mansur scheint nach seinem militärischen Sieg an der Sunsha (1785) einem Frieden mit St. Petersburg, der die Errichtung eines islamischen Staates im Nordkaukasus und dessen Unabhängigkeit besiegelt hätte, nicht abgeneigt gewesen zu sein; doch trachtete das Osmanische Reich gleichfalls nach Unterwerfung der Region, was die russische Regierung nicht zulassen konnte und wollte. Scheich Mansur wurde 1791 bei Tatar Tub gefangen genommen und starb 1793 in russischer Gefangenschaft auf einer Insel im Weißen Meer. Es ist ungewiss, ob er der Nakschbandije angehört hat; er hat jedenfalls nicht den Orden im Nordkaukasus eingeführt, dies schreibt die offizielle Darstellung der Nakschbandije[32] dem nach Scheich Dija al-Din Chalid al-Schachrasuri (1776-1827) benannten Zweig der Nakschbandije zu. Einer seiner Schüler, Ismail al-Kudumri, habe nach etwa 1815 im dagestanischen Khanat Schirwan mit der bekehrenden Tätigkeit begonnen. Die Bekehrung Tausender Tschetschenen wird dem Mullah Muhammad Jaraghi zugeschrieben, der mit Gewissheit zur Nakschbandije gehört hat. Einer seiner Schüler war der Aware Gazi Mollah, der ab 1827 von dem Ort Gimri aus zu wirken begann.

Dass der Widerstand gegen die Expansion Russlands von religiösen Führern organisiert wurde, darf jedoch nicht zu dem Schluss führen, es habe sich von Anfang an und ausschließlich um einen Religionskrieg gehandelt. Die Konfrontation zwischen den im Nordkaukasus ansässigen Völkern und dem Russischen Reich muss vielmehr im Zusammenhang mit der russischen Expansion gesehen werden; dass der Widerstand sich in religiösen Formen artikulierte, ist Ergebnis der gesellschaftlichen Verhältnisse, der Abwesenheit staatlicher Ordnungen und eines entwickelten nationalen Bewusstseins.

Die russische Expansion unter Peter I. hatte den Nordkaukasus nicht berührt. Die russische Armee eroberte, dem Westufer des Kaspischen Meers folgend, Derbent (1722) und Baku (1723). Beide Eroberungen wurden 1735 an Persien abgetreten. 1770 überschritten russische Truppen „entsprechend der slawophilen Lehre, Gott habe dem russischen Volk die Rolle eines Völkerbefreiers und Kulturbringers zugewiesen"[33], erstmals den Kaukasus und nahmen Kutaissi in der Rion-Ebene im westlichen Georgien ein. Vier Jahre darauf gewann Russland durch den Vertrag von Kütschük Kainardschi mit der Türkei die Kuban-Terek-Grenzlinie, die alsbald befestigt wurde. Eine kaukasische Statthalterschaft wurde 1785 am Nordhang eingerichtet; sie bestand aus den damaligen Verwaltungsbezirken Jekaterinograd, Kisljar, Mosdok, Alexandrow und Stawropol. Der Terek wurde dabei noch nicht wieder überschritten; Russland drang wieder an den Küsten des Kaspischen und des Schwarzen Meeres vor. Am Westufer des Kaspischen Meeres eroberte Russland 1796 Derbent und Baku nochmals (und nun dauerhaft) sowie das rund vierzig Kilometer im Binnenland, vor den äußersten Ausläufern des Kaukasus, liegende Kuba. Im Westen, nunmehr südlich des Kaukasus, wurde Georgien 1801 annektiert, dessen (Teil-) König Georg III. sich schon 1783 unter russischen Schutz (gegen Persien und das Osmanische Reich) gestellt hatte. Ossetien (1802), Mingrelien (1804) und Imeretien (1810) – weitere Teile des heutigen Georgien – wurden anschließend unterworfen, was das nominell die Herrschaft beanspruchende Persische Reich nicht verhindern konnte; es erkannte im Gulistan-Vertrag vom 24. Oktober 1813 auch die russische Herrschaft über die Khanate Karabach, Gjandscha, Schirwan, Talyscha sowie Baku, Kuba und Derbent – alle im heutigen Aserbaidschan – an. Etwas später (1828) gewann Russland auch die Khanate Eriwan und Nachitschewan; seitdem ist der Aras der Grenzfluss zwischen Russland (Sowjetunion) und Persien (Iran). Aus den Khanaten Eriwan und Nachitschewan sowie 1828/29 dem Osmanischen Reich abgenommenen Gebieten bildete Moskau danach die Provinz Armenien; die Verwaltungsgrenzen südlich des Kaukasus standen damit einigermaßen fest.

Doch im Gebirgsland, besonders an dessen nördlicher Abdachung, bestanden nach wie vor große zusammenhängende Gebiete außerhalb jeglicher russischer Kontrolle, jedoch von russischem Territorium umgeben. Nur auf dem Wege über die Westküste des Kaspischen Meeres sowie über die schon im Altertum gebahnte Kaukasische Heerstraße (zwischen dem heutigen Wladikawkas und Tiflis) bestanden gangbare Verbindungen. Der Weg wurde von russischen Ingenieuren im 19. Jahrhundert zu einer in der warmen Jahreszeit ständig benutzbaren Verbindung ausgebaut. Damit war faktisch eine Trennung des Nordwest-Kaukasus – damit der tscherkessischen Gebiete – vom Nordostkaukasus – Tschetschenien und Dagestan – erreicht. Und gegenüber Persien und dem Osmanischen Reich hatte Russland sich eine militärisch wichtige Nachschubstraße gesichert, die ihrerseits die Herrschaft über Südkaukasien absicherte.

Russische Festungen: Grosny

Das Russische Reich hatte sich seit den neunziger Jahren des 18. Jahrhunderts kaum mehr mit nordkaukasischen Fragen befassen können, da die Folgen der französischen Revolution und der Napoleonischen Kriege es voll in Anspruch nahmen. Es hatte zwar Georgien und Armenien sowie das heutige Aserbaidschan und Teile Dagestans annektiert. Der Nordhang des Kaukasus südlich der bereits befestigten Terek-Linie kam erst mehr als 50 Jahre später als Transkaukasien (Südkaukasien) fest unter russische Herrschaft. 1818 gründete General Jermolow, zwei Jahre nach seiner Berufung zum Oberbefehlshaber, eine Festung südlich des Terek an der Sunsha und gab ihr den Namen Grosny. Es ist dasselbe Wort, das als Beiname Iwans IV. mit

„schrecklich“ übersetzt wird, hier wäre es genauer mit „Drohende Stadt“ wiederzugeben. (Jermolow sagte 1816, der Schrecken, den sein Name verbreite, schütze Russlands Grenzen zuverlässiger als eine Kette von Festungen. Für diesen General wurde 1949 ein Denkmal in Grosny errichtet mit der Inschrift: „Es gibt unter der Sonne kein schändlicheres und hinterlistigeres Volk als dieses“ – eine Provokation vor dem Hintergrund der Vertreibung). Ähnlich programmatische Bedeutung hat der Name der schon 1784 weiter westlich angelegten Festung Wladikawkas („Beherrsche den Kaukasus“). Grosny war Stützpunkt der russischen Armee gegen die permanenten Angriffe kleinerer tschetschenischer Trupps und wurde allein durch seine Existenz von den Bergbewohnern als Provokation empfunden. Auch in Mosdok und Chasawjurt – südlich des Terek, aber im Flachland des nördlichen Dagestan – entstanden in dieser Zeit russische Stützpunkte. Die Ebene nördlich des Terek wurde allmählich russischen Kolonisten zugänglich gemacht.

Dorthin waren jedoch seit etwa 300 Jahren allmählich tschetschenische Gruppen und Clans von den Bergregionen her eingewandert. Sie sahen sich nun von den russischen Neusiedlern bedrängt. Die Ansiedlung russischer Bauern und Kosaken in den Ebenen zwischen Schwarzem und Kaspischem Meer haben alle russische Regierungen betrieben, seit der Wert der Region als landwirtschaftliches Entwicklungsgebiet und mögliche Kornkammer erkannt worden war. Der Zustrom der russischen Neusiedler führte sofort zu anhaltenden Konflikten mit den Tschetschenen; es war ein Interessenkonflikt mit wirtschaftlichem Hintergrund, den die Bergvölker auch als solchen verstanden.

Ihren Unmut organisierte seit 1827 Gazi Mollah (Gazi Mohammed), zunächst als radikaler Prediger, der mit dem Eintreten für einen gereinigten Islam dem Widerstand eine moralische Legitimation zu geben bestrebt war. Er forderte die Aufgabe des Gewohnheitsrechts (des Adat), denn so lange es in Kraft sei, sei der Islam nicht vollständig übernommen; als einziges Recht habe die Scharia zu gelten, die Rechtsauslegung, die allein auf dem Koran und den Hadith, den kanonisierten Überlieferungen Mohammeds, fußt. Nach zwei Jahren leitete er die radikale Predigt in politische Aktion über. Von Gimri aus wurden zunächst einheimische Dörfer durch pure Einschüchterung gewaltlos unterworfen. Dann begann er russische Stützpunkte zu überfallen, wobei er sich auf die noch im Flachland ansässige Bevölkerung stützen konnte. In den Wäldern erwiesen sich die islamischen Kämpfer als den russischen regulären Truppen überlegen. Doch Gimri eroberten sie 1832 zurück, wobei Gazi Mollah ums Leben kam. Mit seinen militärischen Aktionen ging er erstmals über den traditionellen Verhaltensrahmen der Tschetschenen und Inguschen hinaus, die bis dahin „niemals Schlachten geschlagen hatten außer zur Verteidigung“.[34]

Schamils Rebellion

Schamil, ein 1796 geborener Aware aus dem südlichen Dagestan, Schüler Jaraghis und von Gazi Mollah in den Nakschbandije-Orden eingeführt, hatte an der Verteidigung von Gimri teilgenommen und war dabei verwundet worden. Er hatte vorher auf der Pilgerfahrt nach Mekka 1828 den algerischen Widerstandsführer Abdel Kader kennengelernt und sich von ihm in die Grundzüge des Guerillakampfes einweisen lassen. Binnen fünf Jahren baute er nicht nur eine sechs- bis zehntausend Mann starke Partisanenarmee auf, es gelang ihm auch 1840, während die russischen Armeen einen Volksaufstand der Tscherkessen am nordwestlichen Kaukasus niederwarfen, am nordöstlichen Kaukasus einen auf das religiöse Gesetz der Scharia gegründeten Staat auszurufen, das „Imamat Schamils". Es behauptete sich rund dreißig Jahre lang gegen alle Versuche russischer Generäle und ihrer Armeen, die Gebirgsregionen des heutigen Tschetschenien und Dagestan zu befrieden.

Die fortdauernden Auseinandersetzungen zwischen dem Russischen und dem Osmanischen Reich verhinderten in dieser Zeit einen größeren Krieg Russlands gegen das Imamat. Während des Krimkriegs (1853-1856) unternahm andererseits auch Schamil keine größeren Aktionen, sondern konzentrierte sich auf den Ausbau des Imamats in Dagestan, Tschetschenien und Inguschetien. Danach aber unterwarf Russland in einem dreijährigen Feldzug mit am Ende über 300.000 aktiven Soldaten das Imamat. Tscherkessen, Awaren und andere Bergvölker, die bisher am „Heiligen Krieg" teilgenommen oder wenigstens mit ihm sympathisiert hatten, beteiligten sich in dieser Phase nicht mehr an den Kämpfen. Schamil zog sich zuletzt nach Wedeno und schließlich mit noch 7.000 Mann in das dagestanische Gebirgsdorf Gunib zurück. Der neue Generalgouverneur der Region, Fürst Barjatinskij, zwang ihn dort am 26. September 1859 zur Kapitulation. Schamil wurde ein Zwangsaufenthalt bei Kaluga zugewiesen; ihm wurde eine hohe Rente gewährt;[35] Zar Alexander II., der inzwischen auf Nikolaus I. gefolgt war, ordnete an, Schamil als Person höchste Ehren zu erweisen. Er starb 1871 im russischen Exil.

Die Bevölkerung des Nordkaukasus wurde hingegen nicht geschont. Umgehend leitete Russland vielmehr Zwangsmaßnahmen ein. Aus 44 tschetschenischen Gebirgsdörfern (*auls*) wurde die gesamte Bevölkerung in die Ebene am Terek umgesiedelt, wo sie genauer kontrolliert werden konnte. Die rebellischsten Clans wurden schließlich gezwungen, in das Osmanische Reich auszuwandern, das ihnen auf ausdrücklichen Wunsch der St. Petersburger Regierung Gastfreundschaft gewähren musste. Im Sommer 1864 emigrierte daraufhin rund ein Fünftel der Tschetschenen, 39.000 Personen, unter russischem Druck in die Türkei. Die faktische Verbannung betraf in noch größerem Umfang die Tscherkessen: Mehr als 500.000 von ihnen wanderten unfreiwillig ins Osmanische Reich aus.

Literarische Spuren

In Europa wurde der dreißigjährige Widerstandskampf des Imamats kaum zur Kenntnis genommen, allerdings zeichneten Alexander Puschkin („Der Gefangene des Kaukasus“, 1820/21), Michail Lermontow („Die Tscherkessen“, 1828, und ein weiterer Gedichtzyklus 1840) und Leo Tolstoi – sämtlich Augenzeugen des Widerstandes zu verschiedenen Zeiten – ein durchaus von Sympathie geprägtes Bild der „wilden Gebirgsbewohner“, denen Russland als am Ende doch zivilisatorische Kraft gegenübergestellt wurde. Tolstois heute bekannteste Novelle, „Hadschi Murat“, deren Titelfigur ein zeitweiliger Verbündeter und späterer Gegner Schamils ist, wurde allerdings erst 1912, nach Tolstois Tod, aus seinem Nachlass veröffentlicht. Alexander Bestuschew-Malinskijs im 19. Jahrhundert sehr beliebte Romane (zum Beispiel „Amalet Bek“) spielen zum Teil im Kaukasus, wo der Autor ab 1829 als Soldat stationiert war; er fiel als Offizier 1835 im Kampf gegen die Tscherkessen. Zahlreiche weitere russische Literaten waren in der ersten Hälfte des 19. Jahrhunderts im Kaukasus entweder stationiert oder dorthin verbannt.

Der Georgier Aleksandre Qazbegi (1848-1893) würdigte in mehreren Werken den Widerstand der Bergvölker gegen die ihm verhassten Russen; außerhalb der Grenzen seiner Heimat und der Sowjetunion, in der seine Arbeiten mehrere Auflagen erreichten, blieb er recht unbekannt.

In Deutschland schrieb Friedrich von Bodenstedt (1819-1892) im Jahre 1848 ein Reisebuch über „Die Völker des Kaukasus und ihre Freiheitskämpfe gegen die Russen“, in Frankreich verfasste Joseph-Arthur Comte de Gobineau 1878 „Asiatische Novellen“, die das Leben der kaukasischen Völker ziemlich genau, aber mit romantisch exotisierender Färbung schildern.

Karl Marx wies 1864 in der „Inauguraladresse der Internationalen Arbeiterassoziation“[36] auf das Desinteresse Westeuropas an den Vorgängen in Russland hin: „Der schamlose Beifall, die Scheinsympathie oder idiotische Gleichgültigkeit, womit die höheren Klassen Europas dem Meuchelmord des heroischen Polen und der Erbeutung der Bergveste des Kaukasus durch Russland zusahen; die ungeheueren und ohne Widerstand erlaubten Übergriffe dieser barbarischen Macht“ des Russischen Reichs haben die Arbeiterklassen „die diplomatischen Akte ihrer respektiven Regierungen zu überwachen, ihnen wenn nötig entgegenzuwirken“ gelehrt.

Schamil ist bis in die Gegenwart der Nationalheld der Tschetschenen und der meisten dagestanischen Völker. In den ersten Jahrzehnten nach der Revolution versuchte die Sowjetregierung ihn denn auch in ihre revolutionäre Ahnenreihe aufzunehmen, als Kämpfer gegen ein reaktionäres Regime (was diejenigen der Zaren Alexander I. und Nikolaus I. ja auch waren; Alexander II., der als wesentlich liberaler angesehen war, dekretierte zwei Jahre nach dem Sieg über Schamil die Befreiung der Leibeigenen Russlands). Weniger die

Awaren als die Tschetschenen wurden darüber hinaus als „freies Volk" verklärt; es hatte im Unterschied zu allen anderen nordkaukasischen Regionen bei ihnen keinen privaten Grundbesitz und keine feudalistischen Abhängigkeitsverhältnisse gegeben, was übrigens die Stärke und Ausdauer der Widerstandsbewegung bestimmt hatte. Nach dem Zweiten Weltkrieg, der als „Großer Vaterländischer Krieg", also Befreiungskrieg hauptsächlich der *russischen* Nation, geführt worden war, konnte diese Ikonographie nicht mehr bestehen bleiben. Mehr und mehr wurde ab 1947, spätestens 1950 der Anschluss der „zurückgebliebenen Bergvölker" an das Zarenreich als Anschluss an eine höher entwickelte, nämlich bereits kapitalistische Gesellschaft interpretiert, die russische Kultur wurde demgemäß als die fortschrittlichere dargestellt, Schamil mutierte in der offiziellen Publizistik vom Volkshelden zum Volksfeind. Eine Heroisierung oder auch nur sympathische Darstellung Schamils war allerdings mit der kollektiven Bestrafung und Verbannung der Tschetschenen keineswegs mehr in Einklang zu bringen.

Nach Schamils Niederlage

Der Widerstand der Bergvölker war mit der Niederlage Schamils nicht gebrochen. Schon 1877 flammte in Tschetschenien und der Bergregion Dagestans eine neue Rebellion unter heute noch legendären islamischen Führern wie Ali-Bek Hadschi und Umo Sumsojewskij auf. Nach einem Jahr wurde sie niedergeschlagen, 28 Rädelsführer von Militärgerichten zum Tode verurteilt und hingerichtet. Danach kam es nicht mehr zu größeren Aufständen, andererseits überließ die russische Regierung die Bergregionen weitestgehend sich selbst. Doch auch die Ansiedlung russischer Bauern und – seit der Entdeckung der Erdölfelder von Grosny (s.u.) – Arbeiter in den tiefer gelegenen Teilen des tschetschenischen Siedlungsgebiets ging weiter und wurde im Zusammenhang mit dem Eisenbahnbau parallel zum Kaukasus noch beschleunigt. Das dabei entstandene Konfliktfeld hatte zwar sozialen Inhalt, stellte sich aber als ein ethnisches und religiöses Konfliktfeld dar.

Verhalten im Bürgerkrieg

Nach der Februarrevolution 1917 und unter dem Eindruck der Deklarationen der bürgerlichen Regierung unternahmen die nordkaukasischen Völker einen neuen Versuch, ein eigenes Staatswesen aufzubauen. Im Mai 1917 setzte der Erste Kongreß des Nordkaukasus eine provisorische Regierung für Nordkaukasien ein. Am 11. Mai 1918 erklärte ein Kongress in Batumi (Georgien) ihre vollständige Unabhängigkeit von Russland. Von den Mittelmächten (Deutschland, Österreich-Ungarn und Türkei) wurde die neue Republik am 8. Juni 1918 anerkannt, jedoch sofort von der „Freiwilligenarmee" des Generals Anton I. Denikin angegriffen. Dieser traf in der Kabardei, in Nordossetien, Inguschetien und Tschetschenien auf harten Widerstand und ließ unter anderem die Orte Alkan-Jurt und Gudermes niederbrennen. Im August und September 1919 organisierte Scheich Usun Hadschi von den dagestanischen Bergen aus in Tschetschenien, Ossetien und Kabardien abermals einen (diesmal stärker islamisch geprägten) Staat, das „Nordkaukasische Emirat". Dieses wurde von den Bolschewiki zunächst anerkannt, bald aber an Russland wieder angegliedert. Usun Hadschi wurde zum Mufti der Nordkaukasischen Bergvölker ernannt, starb aber schon drei Monate später. Sein Nachfolger als Widerstandsführer, Said Bek, einigte sich dann mit der Russischen Sozialistischen Föderativen Sowjetrepublik (RSFSR).

Republik(en) der Bergvölker

Noch während der letzten Kämpfe konzedierte in Wladikawkas der Volkskommissar für Nationalitätenfragen, Josef Stalin, die innere Unabhängigkeit und Souveränität der Bergvölker in der am 20. Januar 1920 neu geschaffenen *Gorskaja Sowjetskaja Respublika* (Berg-Sowjetrepublik). Das islamische Recht (Scharia) und das Gewohnheitsrecht (Adat) sollten Grundlage der Rechtsprechung bleiben, Russland werde sich in die inneren Angelegenheiten der neuen Republik – die allerdings Teil Russlands blieb – nicht einmischen, und „von den Zaren geraubte Ländereien" würden den vorherigen Besitzern zurückgegeben. Damit sanktionierten die Vertreter der Sowjetmacht zwar eine spontane und gewaltsame, zuweilen durch terroristische Banden gewaltsam durchgeführte „Landnahme" der Tschetschenen und anderer Bergvölker, doch der Grundsatz der Rückgabe wurde rechtsgültig festgelegt. Auf dieser Grundlage wurde die aus Tschetschenien, Inguschetien, Ossetien, Kabardien, Balkarien und Karatschaj bestehende Bergrepublik proklamiert. Auf Anordnung Stalins und seines Repräsentanten Sergo Ordschonikidse wurden mehrere Kosaken-Stanizen auf dem Territorium der Republik aufgelöst und nach Norden verlagert.[37] Die politische Macht übernahmen junge Intellektuelle der ersten Generation, die noch im Russischen Kaiserreich ausgebildet, an den Hochschulen unter den Einfluss der revolutionären sozialistischen Bewegung gekommen waren und geradezu selbstverständlich den Bolschewiki zuneigten, zumal die „Weißen" unter Denikin großrussische Nationalisten waren und die Bergvölker verachteten. Aber „die Bergvölker bekamen nur die Autonomie zweiter Güte: Innerhalb der Russischen Föderation".

Die Bergrepublik bestand als solche nur zwanzig Monate. Im September 1921 wurde die Autonome Provinz der Kabardiner abgetrennt, danach die Balkaren den Kabardinern angeschlossen, Karatschaier und Tscherkessen ebenfalls mit einer gemeinsamen, aber von der Bergrepublik abgetrennten Autonomen Provinz bedacht, im Dezember 1922 die Autonome Tschetschenen-Provinz gegründet und schließlich für die beiden letzten noch in der Bergrepublik verbliebenen Völker, Osseten und Inguschen, 1924 eine weitere Autonome Provinz gebildet. 1934 wurden die Gebiete der Inguschen und der

Tschetschenen zusammengeschlossen, 1936 drei Provinzen im Status erhöht und zu Autonomen Sowjetrepubliken (ASSR) umgewandelt: Kabardino-Balkarien, Nordossetien und Tschetscheno-Inguschetien. Die tatsächliche Verwaltungszentrale (*krajkom,* Gebiets-Kommissariat) der nordkaukasischen Provinz lag bis 1934 allerdings auf russischem Gebiet in Rostow am Don, danach in Wladikawkas. Die politischen Entscheidungen fielen dort. Und auf dieser Ebene waren die Bergvölker insgesamt kaum mehr vertreten; von 1.310 Verwaltungsangehörigen stammten 1936 nur 17 aus ihren Reihen.

Sowjetische Nationalitätenpolitik

Die Nationalitätenpolitik war in den ersten zwanzig Jahren nach der Oktoberrevolution unter dem Schlagwort *korenisazija* („Einwurzelung") zusammengefasst.[38] Diesem Grundsatz folgend sollten die Verwaltungen aller nichtrussischen Völker – der Minderheiten – von örtlichen Funktionären geleitet werden, und russische Amtsinhaber sollten die örtlichen Sprachen lernen und „Wurzeln (*koren'ja*) schlagen". Ein „Hinweis" Lenins („Nicht unsere Taktiken kopieren, sondern sie den kaukasischen Bedingungen anpassen") wurde in dieser Zeit oft zitiert. Die nach dem 10. Parteitag (1921) von der Kommunistischen Partei betriebene „Neue Wirtschaftspolitik" (NEP) trug überdies dazu bei, unter den kaukasischen Völkern eine für das Sowjetsystem günstige Stimmung zu erzeugen. Auch die forcierte Entwaffnung der Tschetschenen und Inguschen änderte zunächst nichts daran, obwohl die Tscheka auf der Ablieferung einer größeren Zahl Feuerwaffen bestand, als offenkundig vorhanden waren: Jede Familie hatte mindestens ein Gewehr abzuliefern, in vielen Fällen verschafften sich die Bergbewohner die abzuliefernden Waffen, indem sie diese von den Rotarmisten oder sogar Tschekisten kauften.[39]

Exkurs: Von der Tscheka zum FSB

Die *Tschreswytschajnaja Komissija po Borbe s Kontr-revoljuziej i Sabotaschem* (deutsch: „Außerordentliche Kommission für den Kampf gegen Konterrevolution und Sabotage") wurde im Dezember 1917 eingerichtet. Ihr Gründer Felix Dserschinskij (1877-1926) machte sie im Bürgerkrieg bis 1922 zum Kampfmittel gegen den „Weißen Terror" der Gegner der Revolution und darüber hinaus gegen die Opposition überhaupt. Die Tscheka hatte Sondervollmachten, die sie aus der Kontrolle durch Räte und Rechtspflegeorgane herausnahmen, konnte Revolutionstribunale einrichten und vollstreckte die gefällten Urteile meist selbst, und zwar unmittelbar nach der Verkündung; Einspruchsmöglichkeiten gab es in der Regel nicht. Lenin gliederte die Tscheka 1922 in die Staatliche Politische Verwaltung (*Gossudarstwennoje Polititscheskoje Uprawlenije,* GPU) ein; einige ihrer Aufgaben wurden ihr abgenommen und anderen Staatsorganen übertragen. Stalin nutzte die GPU seit 1924 zur Durchsetzung seiner Macht und ließ sie auch gegen Parteimitglieder vorgehen; die Überprüfung der Mitglieder und periodische „Säuberungen" (*tschistka*) der Mitgliedschaft waren schon auf dem 21. Parteitag der KPdSU (1921) beschlossen worden, gleichzeitig mit dem Verbot der „Fraktionsbildung", also des organisierten Zusammenschlusses von Genossen, die der Zentrale bzw. den mit Mehrheit gefassten Beschlüssen widersprachen. Da Stalin als Generalsekretär auch die Besetzung aller entscheidenden – sozusagen hauptberuflichen – Funktionärsposten (Nomenklatura-Posten) überwachte, entwickelte sich die GPU als Zulieferer von „Erkenntnissen" über Abweichler auch innerparteilich zu einem Instrument der Stalin-Fraktion, die sich selbst natürlich nicht als Fraktion bezeichnen ließ. Gegen „Klassenfeinde" und „Volksfeinde" wurden seit Mitte der zwanziger Jahre Urteile in standardisierten Schnellverfahren von Sondergerichten (sogenannter *Troika*) gefällt, die stets aus drei GPU-Bevollmächtigten bestanden. 1934 wurde aus der GPU das Volkskommissariat für innere Angelegenheiten (*Narodnij Komissariat Wnutrennych Djel*, NKWD). Diesem Kommissariat oblag die Massenrepression in den Jahren des „Großen Terrors", die physische Vernichtung der Opposition und sogenannter Volksfeinde sowie die Regie der Zwangsarbeitslager. Es bereitete durch Folter und physischen Druck auch die – meist frei erfundenen – Geständnisse der Angeklagten der Schauprozesse vor. Nach dem ersten NKWD-Chef und Organisator der ersten Repressionswelle, N. I. Jeschow, wird diese Welle des Massenterrors „Jeschowschtschina" genannt. Auf Jeschow folgte nach einer Zwischenphase Lawrentij Berija (1899-1953), der bis zu seinem Sturz (1953 verurteilt und am 23. Dezember 1953 hingerichtet) diese Organisation und ab 1946 das an die Stelle des NKWD getretene Ministerium für Staatssicherheit (*Ministerstwo Gossudarstwennogo Besopasnosti*, MGB) leitete. Ein halbes Jahr nach Stalins Tod wurde 1954 ein Komitee für Staatssicherheit (*Komitet Gossudarstwennogo Besopasnosti*, KGB) eingerichtet, das den Organen der „sozialistischen Rechtspflege" zugeordnet und wenigstens theoretisch juristischer Aufsicht unterworfen war. Es bestand bis zum Ende der Sowjetunion. In Russland hat das Föderale Sicherheitsbüro (FSB) einen großen Teil der aufs Inland bezogenen Aufgaben übernommen. Im KGB und im FSB hat unter anderem der jetzige russische Präsident Wladimir Putin gewirkt, zuletzt – bis zu seiner Berufung in höhere Regierungsämter im Herbst 1999 – an leitender Stelle.

Ruhe und Reformen

Weil die regionale Regierung Beratung für die Landwirtschaft leistete, die NEP außerdem Produktionsanreize gab und außerdem in großem Umfang Schulen und die ersten höheren Bildungseinrichtungen eröffnet wurden, herrschte erstmals seit langer Zeit Frieden in der Region. Das ermöglichte nun eine ganze Reihe wichtiger Reformen. In den Schulen schlug die Ausbreitung der in der gesamten Union betriebenen antireligiösen Propaganda allerdings fehl; lokale Funktionäre konnten sich auf das Fortbestehen der Scharia und des Adat berufen. Zwar war das allgemein geltende Sowjetrecht theoretisch übergeordnet, doch bestanden Scharia-Gerichte noch jahrelang fort. Die sie leitenden Mullahs bezeichneten sie als zivile Schiedsgerichte. Der ideologische Einfluss der Schulen wurde ferner dadurch relativiert, dass das im Winter in den staatlichen (weltlichen) Lehranstalten Vermittelte während des Sommers von den islamischen Schulen entsprechend der Tradition ergänzt und konterkariert wurde. Noch 1931 gab die Statistik an, dass in Tschetscheno-Inguschetien 2.675 Moscheen und arabische Schulen tätig waren (das Arabische war noch immer die Bildungssprache der Bergregionen), 1.250 Mullahs, 34 Scheichs und 250 andere islamische Würdenträger unter den damals knapp 500.000 Tschetschenen und Inguschen wirkten.[40]

In ganz Tschetschenien (ausgenommen die Hauptstadt Grosny) soll es vor der Revolution von 1917 nur drei Schulen gegeben haben. Die Analphabetenrate lag bei über 90%. Für 1939 nannte die Regierungszeitung *Iswestija* folgende Daten: 342 Grund- und Sekundarschulen mit 118.000 Schülerinnen und Schülern; neue Technika und Arbeiteruniversitäten hätten „jährlich Hunderte Ingenieure, Techniker und Lehrer“ hervorgebracht. Allerdings war damit eine Integration in die Sowjetwirtschaft nicht verbunden; in der Erdölindustrie von Grosny wurden Tschetschenen kaum beschäftigt, Wohnungen wurden ihnen nicht zugeteilt, und die höheren Positionen blieben Russen, Ukrainern und anderen Europäern vorbehalten.

Bevor die erheblichen Veränderungen, die in diesem Jahrzehnt vor sich gingen, sich in den einzelnen Dörfern auswirken konnten, die *korenisazija*-Politik ihr eigenes Versprechen also hätte verwirklichen können, wurde sie wieder aufgegeben. Das geschah im Kontext der politischen Entwicklung der gesamten Sowjetunion. Die Fraktionskämpfe in Moskau und der Aufstieg der Stalin-Fraktion an die unumschränkte Macht war, nach der Vernichtung der Links-Opposition in den Jahren zuvor, nun mit einer radikalen Wende gegen die Rechts-Opposition verbunden. Der von Josef Stalin geführte Machtapparat aus Partei- und Staatsbürokratie, die durch das Ämtervergabesystem (Nomenklatura) unter Kontrolle gehalten und dann botmäßig gemacht waren, sowie den Geheimdiensten, die zur Machterhaltung eingesetzt wurden, handelte nicht nach ideologischen Vorgaben, sondern ging sozusagen pragmatisch gegen die verschiedenen Machtkonkurrenten nacheinander vor. Die politische Wende von 1929 richtete sich gegen die Anhänger der NEP nicht aus ideologischen Gründen oder aus Sorge um den Fortbestand der Sowjetmacht, sondern hatte das Ziel, politische Kräfte zu eliminieren, die aufgrund ökonomischer und sozialer Leistungen begannen, sich unter den Bauern und Arbeitern zu verankern und einen großen Teil der Intellektuellenschicht auf ihre Seite zu ziehen, ferner auch diejenigen politischen und sozialen Aufsteiger, die einen Teil ihrer Karriere der eigenen Aktivität gegen die Linksopposition zu verdanken hatten. Deshalb erzeugte die politisch induzierte Wende folgerichtig einen ökonomischen Kurswechsel: Mitsamt der zum gefährlichen Gegner aufgeblasenen, jedoch grundsätzlich einflusslosen „NEP-Bourgeoisie" wurden diejenigen Machtkonkurrenten ausgeschaltet (und später liquidiert), die sich der NEP-Politik gewidmet hatten. Die ideologische Begründung der Kollektivierung, die von der Stalin-Fraktion (der Machtzentrale) vorgebracht war, hatte fast ausschließlich instrumentale Bedeutung in dem skizzierten Machtkampf.

Der NKWD-Terror

Mit dem Beginn der Kollektivierung brach im Kaukasus die bis dahin von der Sowjetmacht betriebene Politik der *korenisazija* in sich zusammen. Im Herbst 1929 verkündete die Moskauer Führung, zuerst im Nordkaukasus solle die Landwirtschaft kollektiviert und das Kulakentum als Klasse liquidiert werden. Dabei hatte das Augenmerk wohl vor allem den Ebenen zwischen dem Schwarzen Meer und der Nogaier Steppe gegolten; aber die damals in Rostow am Don ansässige Regionalleitung machte klar, dass auch die (autonomen) Gebiete der nationalen Minderheiten unter diese Entscheidung fielen. Vertreter des *krajkom* und der GPU begannen, als „Kulaken" (besitzende Bauern) bezeichnete Personen zu verhaften und mit ihren Familien zu deportieren, beschlagnahmten landwirtschaftliches Gerät, Vieh und Saatgut und bestimmten, welche Flächen an die Kollektivwirtschaften (Kolchosen) zu übergeben seien. Das löste gewaltsame Proteste aus. Die Aufständischen stürmten Ortsverwaltungen und Parteibüros, verbrannten die Steuerunterlagen und andere amtliche Dokumente und nahmen die Parteivertreter und GPU-Funktionäre fest, die sie erwischen konnten. Brennpunkte dieses Aufstandes waren Schali, Goiti und Benoi; dort wurde eine provisorische Regierung ausgerufen. Sie verlangte die sofortige Rücknahme aller Maßnahmen und das Ende der „Einmischung regionaler und zentraler Behörden in die inneren Angelegenheiten der Tschetschenischen Autonomen Region".[41] Eine hochrangige Moskauer Verhandlungsdelegation, der unter anderem Vizeregierungschef Ryskulow angehörte, brachte zwar einen Kompromiss zustande, doch lösten weitere Übergriffe der GPU einen neuen umfassenden Aufstand aus, der sich auf Teile Dagestans, Ossetiens, Kabardiens, Balkariens und von Karatschaj ausdehnte und seit Dezember 1929 als „Heiliger Krieg" geführt wurde. Nach schweren Kämpfen schlugen Rote Armee, Spezialeinheiten der GPU und Grenztruppen den Aufstand schließlich 1932 nieder. Rund 35.000 Personen – aus dem gesamten Aufstandsgebiet – wurden bis 1935 von Sondergerichten der GPU („Troika") abgeurteilt, viele wurden erschossen, doch ist offenbar die genaue Zahl nicht mehr zu ermitteln.

Die beiden Autoren Avtorkhanov – ein emigrierter tschetschenischer Wissenschaftler – und Kolganov, die ihre Darstellung der Geschichte vor dem ersten Tschetschenien-Krieg publiziert haben, unterscheiden zwischen den Maßnahmen der Sowjetregierung und dem Terror der GPU bzw. des NKWD und machen letztere Institution faktisch für die gesamte Repression bis 1944 verantwortlich. Sie lassen den aus Georgien stammenden Revolutionär und Stalin-Vertrauten Sergo Ordschonikidse (nach dem etwa zehn Jahre lang die nordossetische Hauptstadt Wladikawkas benannt war), der sich während der ersten Phase des russischen Bürgerkriegs im Nordkaukasus aufgehalten hatte, beinahe als Schutzpatron der Bergvölker erscheinen und differenzieren damit indirekt auch die Rolle Stalins wenigstens bis 1937. Die Einrichtung der Autonomen Republik der Tschetschenen und Inguschen im Januar 1934 wird von ihnen positiv bewertet; die Mehrheit der Bevölkerung, vor allem die durchweg erst nach der Revolution ausgebildeten Intellektuellen, hätten damit Hoffnungen auf das Ende der „NKWD-Despotie" verbunden. Die Unterscheidung zwischen der Sowjetregierung und dem als Instrument des „Roten Terrors" geschaffenen Repressionsapparat ist angesichts der Tatsache, dass beide Institutionen von der Führung der Kommunistischen Partei als Machtzentrale geleitet wurden, nicht unbedingt als realistisch anzusehen. Sie gibt jedoch eine in den dreißiger Jahren in der ganzen Sowjetunion verbreitete Auffassung zutreffend wieder.

Das NKWD war für die Blitzaktion vom 31. Juli und 1. August 1937 verantwortlich, bei der in ganz Tschetscheno-Inguschetien fast 14.000 angebliche Konterrevolutionäre – rund drei Prozent der Gesamtbevölkerung – festgenommen und administrativ verurteilt wurden. Die „allgemeine Operation zur Ausmerzung antisowjetischer Elemente" war Teil der allgemeinen „Säuberung" auf dem Höhepunkt der stalinistischen Massenverfolgung, die der aus Georgien stammende Lawrentij Berija leitete – über den übrigens zahlreiche Kommunisten aus dem Kaukasus mehr wussten, als für sie gut war.

Wie überall hatte auch in Tschetschenien das NKWD schon lange vorher Listen der zu liquidierenden Personen zusammengestellt. Lastwagen transportierten etwas mehr als tausend „hartnäckige Konterrevolutionäre" ins innere NKWD-Gefängnis von Grosny, 4.000 weitere ins äußere NKWD-Gefängnis – beide waren unvorstellbar überfüllt –, 5.000 Gefangene wurden in der Hauptgarage der Ölgesellschaft Grosneft interniert, 3.000 im „Stalinklub" und noch 300 bei der Miliz der ASSR. Die Gesamtzahl der in dieser einen Nacht Verhafteten entspricht drei Prozent der gesamten Bevölkerung Tschetscheniens. Auch jetzt saßen wieder „Troikas" des NKWD zu Gericht, es folgten Massenerschießungen. „Weil die Todesurteile der Troika nicht in der vorgegebenen Zeit vollstreckt werden konnten, wurde für die Vernichtung großer Gruppen eigens eine ‚Exekutionshalle' errichtet. Sie stand am Nordende des NKWD-Gebäudes an der Sunsha. Die Tschekisten nannten sie ‚Übergaberäume'. Die Übergabehalle bestand aus Eisenbeton und war hermetisch von der Außenwelt abgeriegelt. Schussanlagen wurden von außen in die Wände und die Decke eingelassen. Die Leichen wurden im Schutz der Dunkelheit mit Lastwagen zu einem Massengrab in einem Wald am Fuß der Gorjatschewodskaja-Berge geschafft", berichten Avtorkhanov und Kolganov.[42]

Die Massenrepression führte den Partisanentrupps neue Mitglieder zu. Schließlich wurde, nach fortdauernden Verhaftungen, im November 1938 das sogenannte „bürgerlich-nationalistische Zentrum von Tschetschenien und Inguschetien" abgeurteilt – faktisch die gesamte politische Führung, soweit sie nicht aus anderen Republiken stammte. Die Anklagepunkte entsprachen dem während der Großen Säuberung in der Sowjetunion Üblichen: Konterrevolution, Trotzkismus, Bucharinismus, antisowjetischer Terrorismus, Landesverrat, Spionage, Sabotage. Spezifisch war die Anschuldigung, die 137 Beschuldigten hätten im Bund mit Gleichgesinnten in den anderen nordkaukasischen ASSRs die Errichtung einer nordkaukasischen Republik „unter dem Schutz Englands und der Türkei" beabsichtigt. Von den 137 Beschuldigten waren acht vor 1921 in die Partei eingetreten, aber 129 erst zu einer Zeit, in der Stalin bereits Generalsekretär war, davon 90 sogar erst nach 1927, als die innerparteiliche Opposition bereits mundtot gemacht worden war; 117 waren jünger als 40 und 82 jünger als 30 Jahre, hatten demnach ihre politische (und allgemeine) Erziehung nach der Revolution durchlaufen; und über die Hälfte der Jüngeren hatten die Moskauer Kommunistische Universität der Werktätigen des Ostens absolviert, in der vor allem die „Generallinie" gelehrt wurde.

Fast alle unterschrieben nach dreijähriger „Prozessvorbereitung" unter Folter schließlich Geständnisse; 17 Beschuldigte überlebten dies nicht. Doch vor Gericht widerriefen alle mit einer Ausnahme ihre Geständnisse; über die Parteilosen unter den Angeklagten wurde kein Urteil gesprochen; die sogenannte terroristische Gruppe unter ihnen wurde vom Sondergericht freigesprochen; aber linientreue einheimische Führungskader gab es in Tschetschenien fortan nicht mehr. Das Konzept der *korenisazija* war auch in dieser Hinsicht gescheitert, die Entfremdung zwischen dem sowjetischen Staat und dem tschetschenischen Volk – wie auch den meisten anderen Völkern im Gebiet der einstigen Nordkaukasischen Republik – war erheblich gewachsen. Die Sowjetmacht selber hatte die gesellschaftlich prägenden Kräfte vernichtet, auf die allein sie sich hätte stützen können; wobei gewiss die Tatsache eine Rolle spielte, dass die ausführenden Organe den Traditionen der Region fremd gegenüber standen, doch konnte das „monolithische" System des Stalinismus ohnehin keine eigenständige und somit abweichende Entwicklung dulden, war vielmehr seit dem Großen Terror auf die Aufspürung aller denkbaren (und oft eben *nur* denkbaren) Abweichungen und ihre Liquidierung eingestellt.

Statt als Träger einer sozialistischen Zukunftsgesellschaft erschien die Staatsmacht den Bergvölkern nur mehr als Erbe der zaristischen Kolonialpolitiker. Die aus anderen Teilen der Sowjetunion in den Kaukasus entsandten Funktionäre hatten nur geringe Kenntnisse der regionalen Traditionen und sahen sie durchweg als Überbleibsel der „Feudalgesellschaft" an – unter diesem Namen wurde zusammengefasst, was „rückständig" oder wenigstens vorkapitalistisch war – , welche ausgemerzt werden mussten. Für die Abwendung der jüngeren, nach der Revolution erzogenen, sowjetisch sozialisierten und ersten im europäischen Sinne gebildeten Generation von den sowjetischen Institutionen hatten sie erst recht kein Verständnis. Aber diese Abwendung war tatsächlich geschehen und wurde von zwei diametral entgegengesetzten Standpunkten auch als Faktum akzeptiert. Die stalinistischen Funktionäre glaubten den Beweis dafür in den angeblichen Verschwörungen zu finden; die junge tschetschenische Intelligenz sah in der mit den angeblichen Verschwörungen begründeten Repression hingegen die Unmöglichkeit erwiesen, sich mit dem Sowjetsystem zu arrangieren. Sie begann erstmals in der Geschichte, sich nicht mehr nach Clan-Zugehörigkeit, sondern national zu definieren.

Widerstand von 1931 bis 1941

In den Bergen hatte der bewaffnete Widerstand ohnehin nie ganz aufgehört. Im Januar 1940 weitete er sich abermals zu einem umfassenden Aufstand aus.

Einer der Führer dieser Rebellion war der Schriftsteller Hassan Israilow. Er ist prototypisch für die zuerst von der Sowjetmacht geförderte und für politische Aufgaben ausersehene, dann von ihr abgestoßene und vernichtete Generation. Er war 1910 in Naschchoi geboren, hatte 1929 die Mittelschule (faktisch das Gymnasium) in Rostow am Don absolviert und war im selben Jahr in die Kommunistische Partei eingetreten. Er begann für die Moskauer *Krestjanskaja gaseta* zu schreiben, eine Tageszeitung, welche die Landbevölkerung für den Sozialismus gewinnen sollte und selbstverständlich die Kollektivierungspolitik Stalins ohne viel Federlesens unterstützte. Israilow machte indessen die Kollektivierungspolitik im Kaukasus zum Gegenstand scharfer Kritik: Er bezichtigte lokale Funktionäre des Machtmissbrauchs, der Bestechlichkeit und der Ausplünderung der regionalen Ressourcen. Damit zog er auf dem Höhepunkt der Kollektivierungswelle, um die Jahreswende 1930/31, den Zorn des Apparats auf sich: Er wurde zu zehn Jahren Haft verurteilt, wegen angeblicher konterrevolutionärer Verleumdungen und vermeintlicher „Zusammenarbeit mit einer Bande". Die meisten seiner Vorwürfe gegen örtliche Apparatschiki erwiesen sich aber als richtig, so dass Israilow 1934 aus der Haft entlassen und wieder in die KPdSU aufgenommen wurde. Er konnte sogar zwei in der Gefängnishaft geschriebene Bücher durch einen offiziellen Verlag herausbringen lassen. Dem jetzt 24 Jahre alten Israilow wurde schließlich ein Studium an der Moskauer „Kommunistischen Universität der Werktätigen des Ostens" ermöglicht.

Erst als Student begann Hassan Israilow sich politisch zu betätigen; vorher hatte er sich außer für landwirtschaftliche Fachfragen hauptsächlich für Dichtung und Prosaliteratur interessiert. Gemeinsam mit anderen tschetschenischen Studenten verlangte er in einem Brief an die zuständigen Parteidienststellen, den Ersten Sekretär des KP-Regionalkomitees in Grosny, Jegorow, und den regionalen Volkskommissar für innere Angelegenheiten (also Kommandeur der NKWD-Einheiten), Rajew, aus ihren Ämtern zu entfernen. Der Brief wurde von Moskau aus dem tschetschenischen KP-Büro in Grosny zugeleitet, also ausgerechnet an Jegorow und Rajew übergeben, die sofort die Verhaftung der Unterzeichner veranlassten. Doch Anfang 1939 fielen die beiden Funktionäre ihrerseits in Ungnade: sie wurden in der letzten Phase der Großen Säuberung als „Volksfeinde" verhaftet und Israilow zum zweiten Mal aus der Haft befreit. Der neue Parteichef, Bykow, schlug ihm im Januar auch vor, nochmals die Wiederaufnahme in die Partei zu beantragen. Israilow antwortete mit einer Kampfansage:

„Seit zwanzig Jahren kämpfen die sowjetischen Behörden nun gegen mein Volk, das sie eine Gruppe nach der anderen zerstören wollen: Erst die Kulaken, dann die Mullahs und ‚Banditen', dann die bürgerlichen Nationalisten. Ich bin mir jetzt sicher, dass das wirkliche Ziel dieses Krieges die Auslöschung unserer Nation insgesamt ist. Deshalb habe ich mich entschlossen, die Führung meines Volkes im Kampf für seine Befreiung zu übernehmen."[43] Der Kaukasus werde im Laufe des Freiheitskampfes „zu einem zweiten Finnland werden" und ein Beispiel für andere unterdrückte Völker sein. Israilow spielte hier auf den sowjetisch-finnischen „Winterkrieg" an, den die Sowjetunion am 30. November 1939 begonnen hatte, wonach sie am finnischen Widerstand zunächst scheiterte. Als der Winterkrieg mit der Eroberung von Wyborg (Viipuri) – keine 50 Kilometer von Leningrad entfernt – durch die Sowjetarmee am 11. Februar 1940 endete, hatte Israilow sich bereits in die kaukasischen Berge abgesetzt und eine „provisorische volksrevolutionäre Regierung von Tschetscheno-Inguschetien" gebildet. Nach dem Friedensschluss im Winterkrieg verlor er offenbar einen großen Teil seines Anhangs in den Gebieten von Galantschosch, Sajasan, Tschaberlo und Schatoi, und die von ihm erhoffte Unterstützung durch andere nordkaukasische Völker blieb aus – bis zum Überfall des Deutschen Reichs auf die Sowjetunion am 22. Juni 1941.

Deutscher Angriff und Kollaborationsvorwurf

Im Februar 1942 schloss sich Mairbek Scheripow den Bewegung Israilows an; die Wehrmacht hatte Taganrog am Asowschen Meer, nahe der Donmündung, erreicht und war noch 500 Kilometer von tschetschenischem Gebiet entfernt. Der sowjetischen Führung war das Interesse des Deutschen Reichs an den Erdölfeldern von Grosny und Baku[44] ebensowenig wie den kaukasischen Aufständischen entgangen. Am 1. Juni 1942, gelegentlich einer Oberbefehlshaber-Besprechung im Bereich der Heeresgruppe Süd in Poltawa, erklärte Hitler: „Wenn ich das Öl von Maikop und Grozny nicht bekomme, dann muß ich diesen Krieg liquidieren."[45]

Im August und September erreichte die deutsche Wehrmacht Nordkaukasien; die zur Russischen Föderation gehörenden Gebiete Krasnodar und Stawropol sowie die Territorien der Adyger, der Karatschaier und Tscherkessen, der Kabardiner und Balkaren sowie der Nordosseten (letzteres teilweise) wurden besetzt. In Tscherkessk, der Hauptstadt der Karatschai-Tscherkessischen ASSR, hatte sich noch vor der Eroberung durch die Wehrmacht ein „Karatschaier Nationalkomitee" gebildet, auf dessen Führer, der Bauer Kadi Bairamukow (Bairakumow?), von den NS-Behörden ein Teil der Verwaltungsfunktionen, „eine teilweise echte Autorität", übertragen wurde.[46] In der ASSR hatte es, wenngleich nicht so ausgedehnt und anhaltend wie in Tschetschenien, ständige Aufstandsversuche und Rebellionen gegen die Sowjetmacht gegeben, auch sie durch den Widerstand gegen Kollektivierung und Aufhebung der traditionellen islamischen Rechts- und Lebensformen motiviert. Die eindringende Wehrmacht stieß hier auf einen „wärmeren Empfang als in den meisten anderen Regionen".[47] In Kabardino-Balkarien – der ostwärts ans Gebiet der Karatschaier anschließenden Region – bestand unter der deutschen Besatzung gleichfalls eine Lokalregierung für fünfundsechzig Tage, offenbar aber weniger erfolgreich als die karatschaiische; indes wurden auch hier unter Kontrolle der deutschen Besatzung die Ortsältesten nunmehr gewählt statt von übergeordneten Machtträgern eingesetzt. Das islamische Opferfest (Kurban) wurde am 18. Dezember 1942 in Naltschik unter anderem mit deutschen Festansprachen und Geschenke-Austausch begangen. Die Moscheen – und auch die Kirchen – der besetzten Gebiete wurden sofort wieder geöffnet, soweit der bauliche Zustand das zuließ. Die Auflösung der Kolchosen und sogar die teilweise Privatisierung des Viehbestandes wurde von den deutschen Besatzungsdienststellen zugesagt. Doch setzte die Besatzungsmacht alle aus den anderen eroberten Gebieten bekannten Zwangs- und Repressionsmaßnahmen ein, sobald sie auf Ablehnung und Widerstand stieß.

Insgesamt dauerte die deutsche Militärherrschaft in Nordkaukasien nicht lange genug, um größere Auswirkungen auf die politische und soziale Entwicklung zu haben; sie dauerte auch nicht lange genug, um Desillusionierung, Widerstand und bewaffnete Gegenwehr wie etwa in der Ukraine und in Bjelorussland hervorzurufen und zu ermöglichen. „Für eine gründliche Enttäuschung war nicht genug Zeit."[48] Für den tschetschenischen Kontext ist schließlich von Bedeutung, dass deutsche Truppen nirgends tschetschenisches Territorium erreicht haben und lediglich im inguschischen Teil der ASSR für einige Tage die Siedlung Malkobeg besetzt hielten. Es hat demgemäß zu keiner Zeit eine mit der deutschen Besatzungs- und Eroberer-Armee kollaborierende territoriale Gewalt unter den Tschetschenen gegeben. Dies ist um so bemerkenswerter, als während des gesamten deutschen Vorstoßes in den Nordkaukasus die sowjetische Luftwaffe tschetschenische Widerstandsstellen unablässig weiter bombardierte und im Sommer 1942 beispielsweise die Auls Shato, Istumkale und Galanchosch (die Heimat des Aufstandsführers Mairbek Scheripow) vernichtete.

Es steht außer Zweifel, dass einige der tschetschenischen Widerstandsführer Kontakt zu den deutschen Truppen suchten. Die Aufständischen waren andererseits offensichtlich über die brutalen repressiven Methoden der deutschen Besatzung zumal in der Ukraine informiert, wie Avtorchanov und Kolganov unter Bezug auf einen im Juni 1942 geschriebenen „Aufruf an das tschetschenisch-inguschische Volk“ belegen. Die kaukasischen Völker würden die Deutschen nur unter einer Bedingung als Gäste empfangen: dass sie die kaukasische Unabhängigkeit allgemein und die Unabhängigkeit Tschetscheno-Inguschetiens besonders anerkennen. In einer weiteren Erklärung, auf Ende 1942 datiert, soll das Nordkaukasische Nationalkomitee dem Berliner Ostministerium den Protest mitgeteilt haben, „wenn die Befreiung des Kaukasus nur den Austausch eines Kolonisierers durch den anderen bedeutet, dann würden die Kaukasier dies als eine neue Stufe im nationalen Befreiungskrieg betrachten“.

Bei der Bewertung der Situation in Tschetschenien während der Jahre 1942 und 1943 sollte außerdem nicht die militärische Tradition von Tschetschenen in Russland und der Sowjetunion übersehen werden. Vor der Revolution von 1917 hatte es für Tschetschenen keine Wehrpflicht gegeben, aber in der kaiserlich-russischen Armee standen einzelne Tschetschenen, und mehrere stiegen in höhere Ränge auf, beispielsweise der Artilleriegeneral Erichsan Alijew, der von 1901 bis 1905 das Westsibirische Korps kommandierte und schließlich im Russisch-Japanischen Krieg das Kommando über die gesamten gegen Japan eingesetzten Landstreitkräfte führte. Im Ersten Weltkrieg kämpfte ein tschetschenisches Regiment in den Ostkarpaten innerhalb der „Wilden Division“ unter dem Kommando von Erzherzog Michail Alexandrowitsch; diese Division gehörte im Juli 1917, während des Putschversuchs des Generals Kornilow gegen die revolutionäre (noch nicht bolschewistische) Regierung in Petrograd, zu Kornilows zuverlässigsten Einheiten. Wie erwähnt, bekämpften tschetschenische Verbände andererseits im Verlauf des Bürgerkriegs den „weißen“ General Denikin gemeinsam mit der Roten Armee.

Nach dem deutschen Überfall (1941) wurde die Bildung ethnisch tschetschenischer Einheiten in der sowjetischen Armee nicht zugelassen. Tschetschenische Wehrpflichtige wurden auf die russischen Einheiten verteilt, was zu zweierlei Problemen führte: Die Rekruten sprachen in der Regel kein Russisch, und sie lehnten den Verzehr von Schweinefleisch ab – dies war die einzige religiös motivierte Abwehrhaltung dieser Soldatengeneration, war aber auch Auslöser einer massenhaften Desertion aus der Sowjetarmee in den ersten Kriegsmonaten. Noch im ersten Kriegsjahr wurden – wiederum im Widerspruch zu dem bisherigen summarischen Verfahren – zwei tschetschenische Freiwilligendivisionen aufgestellt und der von Marschall Budjonny befehligten Südwestfront zugeteilt; bei einer Inspektionsreise soll er an diese Verbände unter direktem Bezug auf Schamil an den Patriotismus der nordkaukasischen Soldaten appelliert haben. Doch wurden selbst diese tschetschenischen und inguschischen Einheiten weder formell in die Sowjetarmee eingegliedert noch – außer durch Lieferungen der eigenen ASSR-Regierung – mit Uniformen versehen oder modern bewaffnet. Im weiteren Kriegsverlauf wurden dennoch tschetschenische Soldaten und Offiziere häufig ausgezeichnet. Am 5. Oktober 1942 wurden zum Beispiel 44 Tschetschenen mit hohen Kriegsauszeichnungen dekoriert.

Auf diesem Hintergrund wirken die ab 1943 von Stalin bzw. der KPdSU erhobenen Kollaborationsvorwürfe gegen das tschetschenische Volk alles andere als überzeugend. Frauen, Kinder, unter dem Sowjetsystem Erzogene – wenngleich der Anteil der KP-Mitglieder stets unter dem sowjetischen Durchschnitt blieb, hat es doch wahrscheinlich mehr tschetschenische Kommunisten und „Angepasste" gegeben als aktive Widerstandskämpfer – und die alte Generation insgesamt haben sicher nicht mit den Eroberern gemeinsame Sache gemacht. Trotz der regierungsamtlichen Begründung lässt sich aus den Erklärungen des aktiven Widerstandes von 1942 der pauschale Vorwurf der „Zusammenarbeit mit dem faschistischen Aggressor" keineswegs bündig ableiten.

Dennoch wurden sämtliche Tschetschenen und Inguschen 1943 unterschiedslos aus ihrer Heimat ausgewiesen und nach Zentralasien (hauptsächlich Usbekistan und Kasachstan) deportiert. Dem lag ein Ukas der Sowjetregierung zugrunde, in dem es heißt: „Von deutschen Agenten aufgewiegelt, traten viele Tschetschenen und Inguschen freiwillig in von Deutschen organisierte Formationen ein und erhoben sich im Bunde mit den deutschen Streitkräften gegen die Rote Armee. Auf deutschen Befehl bildeten sie Banden, um die Sowjetregierung von hinten anzugreifen. Ein großer Teil der Bevölkerung der Tschetscheno-Inguschischen Republik leistete diesen Vaterlandsverrätern keinerlei Widerstand. Aus diesem Grund wird die Tschetscheno-Inguschische Republik liquidiert und ihre Bevölkerung deportiert."[49]

Deportation

Die Sowjetregierung belegte noch weitere nordkaukasische Völker mit dem Urteil der Deportation: die Kabardiner, die Balkaren und die Karatschaier. Auch zahlreiche Tscherkessen, Dagestaner und Osseten wurden deportiert. Von den Karatschaiern kamen unmittelbar durch die Deportation rund 30%, von den Kabardinern 26,5% allein während der Massentransporte in die Deportationsgebiete ums Leben; ähnlich hoch war die Todesrate unter den Tschetschenen. Ein Vergleich der Volkszählungen von 1939 und 1959 weist einen Rückgang der Tschetschenen um 22% auf; die Angaben der einzelnen Befragten waren für die ethnische Zuordnung in der Regel maßgebend. Es hätte nun die Vermutung nahe gelegen, dass die Verbannten – um wenigstens einem Teil der Diskriminierung zu entgehen – sich nach Möglichkeit zu einer anderen Volkszugehörigkeit (wenngleich wohl nicht der russischen) bekannt haben. Doch genau das haben die verbannten Tschetschenen nicht getan. Da sie sich gerade in den Verbannungsorten zu ihrer Ethnie bekannten und überdies (nach dem Urteil des Alexander Solschenizyn) als einzige „unbeugsam" blieben, kann das statistische Defizit – der Rückgang um 22% – nicht mit einem opportunistischen Verschweigen der ethnischen Zugehörigkeit erklärt werden, und es lässt zweitens Rückschlüsse auf eine Todesrate von mehr als einem Drittel zu, die in vielen Darstellungen genannt wird. Nach manchen Darstellungen lag sie sogar über 50%.

Die Vertreibung führten 19.000 Soldaten der Truppen des Innenministeriums durch. Die zu Deportierenden wurden in 194 Güterzügen und 12.525 Viehwaggons abtransportiert.[50] Tschetschenische Angehörige der Sowjetarmee und der Sowjetflotte wurden darüber hinaus nach truppeninternen „Säuberungsaktionen" in die Verbannung geschickt, „darunter hochdekorierte Helden des Krieges. Es gab davon nicht wenige unter den Tschetschenen, Inguschen und Tscherkessen".[51] Die Waggons mit den Deportierten waren nicht geheizt; allein die tiefen Frosttemperaturen kosteten viele Menschen das Leben. In den überfüllten Wagen brachen epidemieartig Seuchen (Typhus, Tuberkulose) aus. Medizinische Versorgung gab es in keinem Fall. Die Bevölkerung entlang der Bahnlinien, auf denen die Deportierten transportiert wurden, wurde von jeglichem Versuch der Hilfeleistung abgehalten. Dazu dienten auch Inschriften auf den Waggons wie „Banditen", „Volksfeinde" oder gar „Menschenfresser".

Über den Akt der Deportation aus Grosny berichtete ein Student als Augenzeuge: „Ende 1943 gab es in der Stadt Gerüchte über die geplante Deportation der Tschetschenen und Inguschen, aber sie wurden nur flüsternd weitergegeben. In der zweiten Januarhälfte und der ersten Februarhälfte begannen Sonderabteilungen des NKWD in amerikanischen Studebaker-Lastwagen zu erscheinen. Die Zeitungen veröffentlichten einen Aufruf an die Bevölkerung: ‚lasst uns unsere Brücken und Straßen beispielhaft ausbauen!' und ‚Lasst uns unsere geliebte und teure Rote Armee bei ihren Manövern in den Bergen unterstützen!' So besetzte die Armee die Berge. Jedes *aul* bekam seine eigene Garnison.

Dann kam der Tag der Roten Armee, der 23. Februar 1944. Am Abend entzündeten die roten Soldaten lodernde Feuer auf den Dorfplätzen, es wurde gesungen und getanzt. Die arglosen Dorfbewohner kamen heran und beobachteten die Festlichkeiten. Als alle beisammen waren, wurden alle Männer festgenommen. Einige Tschetschenen hatten Waffen bei sich, und es kam zu Schießereien. Aber der Widerstand wurde rasch erstickt. Die Männer wurden in Scheunen eingesperrt, und dann begann die Suche nach allen, die nicht ausgegangen waren. Die ganze Operation dauerte kaum zwei bis drei Stunden. Frauen wurden nicht festgenommen, ihnen wurde vielmehr befohlen, ihre Sachen zu packen und sich darauf vorzubereiten, am nächsten Tag mit den Kindern abzureisen.

Zur gleichen Zeit wurden in Grosny die Studenten und Hausfrauen mobilisiert. Am Abend des 23. Februar kam der Institutsdirektor [des Petroleuminstituts] ins Studentenheim und befahl uns, uns am nächsten Morgen um sechs Uhr nahe dem Institutsgebäude zu sammeln. Wir sollten Unterwäsche zum Wechseln und Nahrungsmittel für drei Tage mitnehmen. Auch die Studenten des Pädagogischen Instituts erschienen. Als wir uns nahe dem Institut versammelt hatten, erkannten wir zahlreiche Studebakers, halb mit Rotarmisten besetzt. Dann wurden wir nach einem sorgfältig ausgearbeiteten Plan in Gruppen von zwanzig bis dreißig Mann auf die *auls* verteilt. Als wir dort ankamen, überraschte uns die Stille. Eine halbe Stunde darauf wurden die Lastwagen mit den am Vortag festgenommen Männern sowie den Frauen und Kindern vollgestopft. Alle wurden zu Güterzügen nach Grosny transportiert. Alle Tschetschenen und Inguschen wurden ausnahmslos weggeführt. Die Dagestaner blieben zurück; in unserem *aul* gab es sechs oder sieben.

Die Aufgabe der Studenten war nun, die Felder bis zur Ankunft von Einwanderern aus den Gebieten Orel und Kursk zu bearbeiten. Wir mussten das Vieh füttern und versorgen, das Getreide lagern, die Vorräte überwachen und so weiter. In den Berg-*auls* war es etwas anders: Nachdem das Vieh evakuiert worden war, wurden die *auls* niedergebrannt, damit die ‚Banditen' keine Subsistenzmittel hatten. Tagelang konnte man die Bergdörfer brennen sehen. Gleichzeitig wurde denjenigen, die in die Berge geflohen waren, eine Amnestie versprochen, falls sie freiwillig zurückkehrten. Einige kamen auch, aber sie wurden ebenfalls deportiert.«[52]

Andere Augenzeugen berichten von Massenerschießungen; deportiert seien in diesen Fällen nur Frauen, Kinder und jene Männer, deren Loyalität zum Sowjetstaat von den NKWD-Offizieren nicht angezweifelt wurde; und nur Frauen hätten einiges Handgepäck mitnehmen dürfen. Es steht außer Zweifel, dass die Zwangsmaßnahmen – wie schon die Säuberungen vorher – die intellektuelle Elite dieses Kaukasusvolkes und seiner Nachbarn besonders hart trafen und sie weitgehend auslöschten.

Wirkung der Deportation (Identität, Widerstand)

Die Deportation nach Zentralasien hat nicht allein traumatische Wirkungen auf die betroffenen Generationen und deren Nachkommen gehabt, deren Zuversicht in die Möglichkeit einer gleichberechtigten Zusammenarbeit mit Russland oder mit russischen Funktionsträgern nun vollends zerschlagen wurde, sofern sie noch bestanden hatte. Als Orientierungspunkte und Bindeglieder der atomisierten tschetschenischen Gesellschaft erwiesen sich nun die Bruderschaften, und besonders nun die Nakschbandije und die Qadirije, die im Volksislam der zentralasiatischen Turkvölker stärker als andere Strömungen verankert waren: Das Grabmal Nakschbands bei Buchara ist einer der Wallfahrtsorte, die von Gläubigen besucht wurden, denen die Pilgerreise nach Mekka verwehrt war.

Die Deportation der Tschetschenen und Inguschen nach Usbekistan und Kasachstan hat dort zur neuen Ausbreitung der Bruderschaften und des Sufismus entscheidend beigetragen, zumal Nakschbandis stellvertretend für islamische Geistliche auftreten konnten, die entweder wegen ihrer Bindung an den Staatsislam der Muftiate beargwöhnt wurden oder die es – wie oben bereits ausgeführt – gar nicht gab.

Unter den verbannten Völkern fielen dem gleichfalls 1945 nach Zentralasien deportierten Alexander Solschenizyn die Tschetschenen durch ihre Unbeugsamkeit auf. „Nur eine Nation weigerte sich, die Psychologie der Unterwerfung zu akzeptieren", schrieb er (hier zitiert nach Avtorkhanov/Kolganov). Nur die Tschetschenen, und zwar nicht Einzelpersonen, sondern alle, hätten sich beispielsweise im Lager Dscheskasgan an einem Aufstand beteiligt und die Folgen auf sich genommen. Keiner habe jemals den Behörden dienen oder gefallen wollen. Sie seien stolz und sogar feindselig gegen die Bewacher aufgetreten. Kriminelle Handlungen anderer Deportierter hätten sie verachtet, Vieh hätten sie gestohlen und nur Rebellen hätten sie respektiert. Solschenizyn fiel auf, dass „alle sie fürchteten und niemand sie daran hinderte, so zu leben, wie sie es wollten". Nicht einmal Stalin hätte sie zu Gehorsam zwingen können. Dem Marxismus-Leninismus, der ihnen dreißig Jahre lang eingebläut worden sei, hätten sie nur in einem einzigen Sinne angehangen: „Expropriation der Expropriateure", in diesem Fall: „Ausplünderung der Ausplünderer", merkt Solschenizyn sarkastisch an.

In der *Komsomolskaja Prawda* schilderte der Wirtschaftswissenschafter Ruslan Chasbulatow, der später als Vorsitzender des Obersten Sowjets der Russischen Republik zum Gegenspieler Präsident Boris Jelzins wurde, das Leben in der Verbannung:

„Ich habe meine Kindheit im äußersten Norden von Kasachstan verbracht, in einem kleinen Dorf namens Poludino, wohin die Tschetschenen im Februar 1944 als ‚besondere Emigranten' gebracht wurden. Das Dorf war multinational. Außer meiner Mutter, zwei älteren Brüdern und meiner Schwester gab es nur wenige aus unserem Dorf, mit denen wir verwandt waren, dann einige dreißig Wolgadeutsche, koreanische und tatarische Familien. Die Mehrheit waren Russen. Dort lebten wir zehn Jahre lang, und ich kann mich an keinen einzigen nationalen Konflikt in dieser Zeit erinnern, trotz der Tatsache, dass wir Deportierte waren. Weshalb erlitten wir in diesem abgelegenen Dorf nicht dieselbe Gewalt wie durch den Staat? Urteilen Sie selbst: Seit ich fünf oder sechs Jahre alt war, versuchte ich meiner Mutter und meiner Familie zu helfen, wie die anderen Jungen. Meine Mutter arbeitete als Melkerin in einer Kolchose. Und ich – ich tat, was ich konnte, wie die anderen: Ich holte Wasser aus dem Brunnen, tränkte das Vieh, säuberte den Kuhstall im Winter, kümmerte mich um die Kälber bei vierzig Grad minus und so weiter. Alle im Dorf saßen im selben Boot – alle gleich arm – und hatten kaum genug Brot zu essen. Die Löhne waren bemerkenswert niedrig.“[53]

Chasbulatow erinnerte sich auch an seine erste Lehrerin: „Vera Wladimirowna ging jeden Tag fünf Kilometer zu Fuß zu unserem Haus. Warum tat sie das für einen Sohn einer ‚kriminellen Familie‘, wenn sie es so leicht hätte vermeiden können? Wenn ich mich an sie erinnere, erkenne ich, dass sie uns eine Lektion in Internationalismus und Freundlichkeit gab. Meine Erinnerung an Vorgesetzte ist mit zwei Feldwebeln und dem Kolchosvorsitzenden verbunden. Die schikanierten meine Mutter nicht. Im Gegenteil, sie machten ihr Mut und sagten, sie sei die beste Melkerin. Das war alles natürlich die Gleichheit unter Bettlern, aber es reichte aus, um nationale Konflikte zu vermeiden.“

Die Rehabilitierung

In seiner Geheimrede auf dem 20. Parteitag der KPdSU rehabilitierte Parteichef Nikita S. Chruschtschow (1894-1971) am 25. Februar 1956 die Tschetschenen und die anderen deportierten Völker. Der entsprechende Passus lautet:

„Genossen! Lassen Sie mich noch einige andere Dinge erörtern. Mit Recht wird die Sowjetunion als mustergültiger Vielvölkerstaat angesehen, weil wir in der Praxis die Gleichheit aller in unserem großen Vaterlande freundschaftlich zusammenlebenden Völker sichergestellt haben.

Um so ungeheuerlicher sind die Taten, die auf Veranlassung Stalins begangen wurden und schwere Verstöße gegen die fundamentalen leninistischen Grundsätze der Nationalitätenpolitik des Sowjetstaates darstellen, Wir meinen die Massendeportationen ganzer Völkerschaften mit samt allen Kommunisten und Komsomolzen, ohne jede Ausnahme. Diese Deportationen waren durch keinerlei militärische Überlegungen diktiert.

So wurde bereits gegen Ende des Jahres 1943, als sich im großen vaterländischen Kriege durch die Durchbrüche unserer Armee an den Fronten das

Blatt zugunsten der Sowjetunion wendete, ein Beschluß über die Deportation sämtlicher Karatschajer aus ihrer angestammten Heimat gefaßt und durchgeführt. Im gleichen Zeitraum, Ende Dezember 1943, ereilte die gesamte Bevölkerung der Autonomen Kalmückenrepublik dasselbe Schicksal. Im März 1944 wurden sämtliche Tschetschenen und Inguschen deportiert, und die Autonome Republik der Tschetschenen und Inguschen wurde aufgelöst. Im April 1944 wurden alle Balkaren aus dem Gebiet der Autonomen Republik der Kabardiner und Balkaren in entlegene Gebiete verschleppt, und die autonome Republik selbst wurde in Autonome Kabardinische Republik umgetauft. Die Ukrainer entgingen diesem Schicksal lediglich deshalb, weil sie zu zahlreich sind und kein Raum vorhanden war, wohin man sie hätte deportieren können. Sonst hätte er auch sie deportiert. *(Gelächter und Heiterkeit im Saal)*

Kein Marxist-Leninist und überhaupt kein vernünftiger Mensch kann verstehen, wie es möglich ist, ganze Völker samt Frauen und Kindern, alten Leuten, Kommunisten und Komsomolzen für feindliche Handlungen verantwortlich zu machen, Massenrepressalien gegen sie anzuwenden und sie wegen der Schädlingsarbeit einzelner oder kleinerer Gruppen der Not und dem Elend auszusetzen."[54]

Für die Rehabilitierung hatte sich unter anderem das einflussreiche Politbüro-Mitglied Anastas Mikojan (1865-1978) eingesetzt. Mikojan, ein Armenier, war ebenso wie Chruschtschow Teil des Stalinschen Machtapparats, unter anderem seit 1937 ein stellvertretender Vorsitzender des Rates der Volkskommissare oder später des Ministerrats. Chruschtschow war während des Krieges politisch für die Südfront verantwortlich. Beide haben, soweit bekannt, weder 1943 noch in den darauf folgenden zehn Jahren, in denen Stalin bis zu seinem Tode Partei und Staat führte, gegen die Massenrepression Einspruch erhoben. Aber Mikojan, mittlerweile Erster Stellvertretender Ministerpräsident, äußerte als erster Redner auf dem 20. Parteitag in einer öffentlichen Sitzung Kritik an Stalins System, ohne allerdings die ethnische Repression zu erwähnen. Chruschtschow hielt seine bald berühmt gewordene Rede in einer internen Sitzung. Der Text wurde in Parteiversammlungen später verlesen und auch den Führungen der „Bruderparteien" zugänglich gemacht. Veröffentlicht wurde er zuerst im Westen, und zwar am 4. Juni 1956 durch das US-Außenministerium.

Für die Tschetschenen und Inguschen hatte die Rehabilitierung, die nach der Veröffentlichung im Ausland nicht mehr aufgehalten werden konnte, die Folge, dass am 9. Januar die ASSR der Tschetschenen und Inguschen wieder hergestellt wurde. Die Deportierten und ihre Nachkommen durften heimkehren. Doch ein Maß an Diskriminierung blieb bestehen, und zwar bis in die letzten Jahre der Sowjetunion. Der Präsident der Tschetscheno-Inguschischen ASSR und gleichzeitige Vorsitzende des Präsidiums des Obersten Sowjets dieser Republik, Bokow, schrieb noch 1988 in der theoretischen Parteizeitschrift *Komunist,* der „Große Vaterländische Krieg" sei zwar „eine schwere Prüfung für alle Nationen der UdSSR" gewesen, doch „es wurde auch das wahre Gesicht der antisowjetischen Elemente entlarvt". In Tschetschenien „waren Verräter und Feinde der Sowjetmacht aktiv. Sie bildeten Terroristenbanden, begingen Sabotageakte und ermordeten Sowjet- und Parteiaktivisten. Ihre schmutzigen Verbrechen gehören zu den Ursachen der Tragödie, welche die Tschetschenen und Inguschen befiel, die Massenvertreibung aus ihrem Heimatland."[55] In einem Kommentar griff die regionale Parteizeitung *Grosnenskij Rabotschi* noch am 26. Januar 1988 den „Dolchstoß"-Vorwurf auf.

Die Rückkehr der Deportierten war nicht problemlos. Außer im Bergland waren die Wohnungen von neu Angesiedelten belegt. Die Grenzen der ASSR entsprachen nicht genau denen der 1943 aufgelösten ASSR: Im Gebiet Wladikawkas und an der Grenze mit Dagestan hatte es einige Veränderungen gegeben, wodurch früher inguschische bzw. tschetschenische Siedlungen an Nord-Ossetien bzw. Dagestan übergegangen waren, so der lange Zeit umstrittene ursprünglich inguschische Bezirk Prigorodnyj.

Es mangelte auch an Arbeitsplätzen. Im Bergland fanden viele Jugendliche keine Arbeit mehr. Die Tierproduktion konnte ihnen keine zusätzlichen Arbeitsplätze mehr verschaffen. 1990 wurde die Zahl der Arbeitslosen in den gebirgigen Südregionen der ASSR auf rund 30% geschätzt. Erst die in der Verbannung aufgewachsene Generation – die Jahrgänge ab 1943 – hatte Aussichten auf höhere Bildung oder technische Ausbildung, aber sie wuchs erst Ende der sechziger Jahre ins Berufsleben hinein und fand die interessanten Posten längst besetzt. Andererseits ist eine Reihe tschetschenischer Wissenschaftler, Offiziere und Politiker aus dieser Generation seit dem Zerfall der Sowjetunion zu politischen Handlungsträgern geworden.

In die Erdölindustrie wurde hingegen kräftig investiert. In diesem Sektor wurden Tschetschenen und Inguschen kaum beschäftigt. Vor allem die qualifizierten Positionen wurden in der Regel von Russen oder Ukrainern besetzt. Das ist zum Teil darauf zurückzuführen, dass Tschetschenen während des Jahrzehnts der Verbannung keine Chance hatten, höhere Qualifikationen zu erwerben.

Anmerkungen

1. Zahlen im folgenden nach Simonsen, *Chechnya.* Vgl. Akiner, *Islamic Peoples*..., S. 175. – Bibliographische Angaben zu den in den Fußnoten zitierten Texten stehen im bibliographischen Anhang.

2. Vgl. Akiner S. 175, Nichols S. 2 sowie Kolarz S. 214 ff.

3. Nichols, *Who are the Chechen?*

4. Nichols, a.a.O.

5. In deutscher Sprache veröffentlicht in: *Freundschaft,* Alma Ata, Nr. 58 (6168), 27.3. 1990, gleichzeitig in den wichtigsten überregionalen Zeitungen der damaligen Sowjetunion in russischer Sprache.

6. Simonsen a.a.O. Vgl. allgemein auch den Pax-Christi-Report: Smeets/Wesselink, *Chechnya*; Walker, *Islam in Chechnya*; Krech, *Der russische Krieg*...; Ostrogorsky, *Der tschetschenische Knoten*...;

7. Smets/Wesselink a.a.O.

8. Lionu, *A short introduction*...; vgl. Usmanow, *The fate of Democracy*...

9. Smets/Wesselink a.a.O.

10. Usmanow a.a.O.

11. Usmanow a.a.O.

12. Walker a.a.O.

13. Vgl. Simon S. 415; Damrel a.a.O.; vgl. unten S. XXX

14. Vgl. Akiner S. 35.

15. Carrère d'Encausse S. 245.

16. Walker a.a.O.

17. Bennigsen S. 2.

18. Keine Mönchsorden analog den christlichen Traditionen, sondern „Ordnungen“, die von geistlichen Führern geleitet werden; das Wort entspricht wie auch die Bezeichnung „Bruderschaft“ nur ungefähr den tatsächlichen Verhältnissen.

19. Atasoy a.a.O.

20. Endreß S. 221. Vgl. Bennigsen S. 2 ff.

21. Bennigsen S. 26.

22. Vgl. Sharif S. 34 ff.

23. Vgl. Lionu a.a.O.

24. Paul Goble: *Fighting Fundamentalism with Sufism,* RFE/RL Newsline 12.9. 2000

25. Vgl. Rotar a.a.O.

26. Vgl. Halbach (1998).

27. Usmanow a.a.O.

28. Avtorkhanov/Kolganov, *The Chechens and the Ingush during the Soviet*...

29. Vgl. Damrel, *The Religious Roots of Conflict,* in: Religious Studies News, Vol. 10 No.3 (Sept. 1995), S. 10; vgl. auch http://www.amina.com/article/relig_root.html

30. Vgl. Gitermann, *Geschichte Rußlands*, II, S. 101.

31. Jorga, *Geschichte des Osmanischen Reiches*, V, S. 40 ff.

32. http://www.naqshbandi.net

33. Donnert, *Das russische Zarenreich*, S. 321

34. Nichols a.a.O.

35. Ostrogorski S. 22.

36. *MEW*, Bd. 16, S. 13.

37. Vgl. Avtorkhanov/Kolganov a.a.O.

38 .Grundlegendes hierzu bei Simon; vgl. ferner Carrère d'Encausse; Kolarz; Stölting.

39. Avtorkhanov/Kolganov a.a.O.

40. Kolarz S.221.

41. Avtorkhanov/Kolganov a.a.O.

42. Avtorkhanov/Kolganov a.a.O.

43. Vgl. Avtorkhanov/Kolganov a.a.O.

44. Dallin S. 239

45. Der Nürnberger Prozeß: Sechsundfünfzigster Tag. Montag, 11. Februar 1946, S. 68.

46. Dallin a.a.O.

47. Dallin a.a.O.

48. Dallin a.a.O.

49. Rückübersetzt aus Avtorkhanov/Kolganov a.a.O.

50. Avtorkhanov/Kolganov a.a.O.

51. Avtorkhanov/Kolganov a.a.O.

52. Zitiert bei Avtorkhanov/Kolganov a.a.O.

53. *Komsomolskaja Prawda* 17.6.1988

54. Zitiert nach Chruschtschow S. 565.

55. Zitiert bei Avtorkhanov/Kolganov a.a.O.

3. Erdöl und Erdgas

Altes Fördergebiet

Das nordöstliche Kaukasus-Vorland mit Aserbaidschan ist das klassische Erdölland. Bei Baku tritt das Naphtha seit langer Zeit aus der Erde. Marco Polo deutete vor über sechshundert Jahren an, dass ölhaltiger Sand von dort gehandelt werde, und er war nicht der erste. In der Neuzeit war – und blieb – Aserbaidschan wegen seiner Ölvorkommen Gegenstand politischer Konflikte. Zwischen Persien, dem Osmanischen Reich und Russland seit Peter dem Großen war die Region um Baku umstritten. Peter der Große suchte schon um 1725 Rohöl aus Baku nach Russland zu bekommen. Allerdings spielte Erdöl noch keine Rolle als Energierohstoff.

Das Gebiet von Grosny deckt sich ungefähr mit dem Kaukasus-Vorland Tschetscheniens. Es hängt mit den Lagerstätten in der Kuban-Niederung zusammen, die sich bis zum Schwarzen Meer hinziehen, und andererseits nord- und nordostwärts offenbar in weitem Bogen mit dem „zweiten Baku“, an der Wolga oberhalb Wolgograd, in Tatarstan und Baschkortostan und an der Kama. Nicht auf der gesamten Fläche wird Erdöl gefördert; die Produktionsgebiete sind von einander getrennt. Mit den Vorkommen der Apscheron-Halbinsel (Baku) ist Grosny offenbar geologisch nicht verbunden. Die aserbaidschanischen Vorkommen stehen aber im Zusammenhang mit den reichen kasachischen und turkmenischen Feldern an der gegenüberliegenden Küste des Kaspischen Meeres.

Die Bedeutung Bakus ist allgemein bekannt. Grosny ist, was oft übersehen wird, ebenfalls eine sehr bedeutende Ölförderstätte. In Baku wurden Anfang der siebziger Jahre des 19. Jahrhunderts die ersten kommerziellen Förderanlagen errichtet, in Grosny erst 1893; aber schon sechzig Jahre lang war dort aus flachen Brunnen Öl gefördert worden.[1] Der Eisenbahnbau zwischen Baku und Batumi, der die Lager- und Förderstätten am Kaspischen Meer mit dem Hafen (und später den Raffinerien) am Schwarzen Meer verband, führte nach 1883 zu einem gewaltigen Boom auf der Apscheron-Halbinsel. Dort lagen die Quellen nahe beieinander; die Förderung war sehr viel billiger als die auf den weit von einander entfernten Feldern von Pennsylvania (USA).[2] Das Kapital für den Bahnbau stellte Baron Alphonse de Rothschild zur Verfügung, dessen Bank sich zugleich Verkaufsrechte für über Batumi ausgeführte Ölprodukte und Rohöl sicherte.

Die erste Fahrt eines Öltankers durch den Suezkanal, der Konzern-Machtkampf zwischen Esso und Shell, das ökologische Problem der Durchfahrt gefährlicher Fracht durch eine Millionenstadt und schließlich der noch heute bestehende Name einer der größten Welt-Ölgesellschaften hängen mit dem kaukasischen Erdöl zusammen. In Batumi erkannte der Londoner Kaufmann Marcus Samuel zuerst die Möglichkeit, größere Erdölmenge mit Tankschiffen weltweit zu transportieren, und ließ im August 1892 in West Hartlepool den ersten explosionssicheren und hochseetüchtigen Tanker – die „Murex", 4.000 Tonnen Tragfähigkeit – vom Stapel laufen. Dessen erste Fahrt ging vom Schwarzen Meer aus durch den Bosporus, mitten durch Istanbul, die Dardanellen, den Suezkanal und das Rote Meer bis Singapur.[3] Sein Reedereiunternehmen hieß Shell. Diese Firma wurde 1906 von der Ölgesellschaft Royal Dutch übernommen. Deren Chef, Henri Deterding, wollte die in Schwierigkeiten geratene Shell um keinen Preis der Standard Oil in die Hände fallen lassen und fügte deren Namen den der eigenen Firma zu.

Von 1898 bis 1902 lag das Fördergebiet Baku-Grosny an der Weltspitze. Erst nach 1902, als die neu erschlossenen texanischen Ölquellen zu sprudeln begannen, überflügelten die USA das Zarenreich wieder.

Das sogenannte Alte Feld von Grosny (Starogrosnenski rajon), nordwestlich der Stadt gelegen, wurde seit 1893 ausgebeutet, das neue Feld (Nowogrosnenski rajon) seit 1913. Der Anteil dieser beiden Felder Grosnys an der russischen Förderung erreichte vor der Revolution 18%. Im halben Jahrzehnt der Revolution und des Bürgerkriegs brach die Förderung völlig zusammen, wie auch in Baku. Die ausländischen Investoren, in Baku vor allem die Gebrüder Ludwig, Robert und Alfred Nobel sowie Henri Deterding, der auch an den Feldern von Grosny beteiligt war, wurden durch Dekret der Sowjetregierung am 1. Juni 1918 entschädigungslos enteignet. Die Erdölindustrie ging in Staatseigentum über. Die Staatsmacht aber setzte sich, wie oben dargestellt, erst 1921 wieder durch (bis 1920 hatte Großbritannien Baku besetzt und die Rechte Deterdings wieder hergestellt); die von den internationalen Konzernen Royal Dutch Shell (Deterding), den Standard-Oil-Nachfolgern und wenigen anderen beherrschte Ölwirtschaft erwirkte einen Boykott gegen „Russenöl". Die Nobel-Anteile, die nur durch die Aussicht auf die Herstellung vorrevolutionärer Verhältnisse materiellen Wert hatten, wurden mehrheitlich von Standard Oil, der Rest von Anglo-Iranian aufgekauft. Deterding hatte sich unterdessen die ausländischen Aktien der betreffenden Fördergebiete beschafft. Das Interesse der amerikanischen und britischen Ölkonzerne bestimmte zu großen Teilen die Politik der Regierungen in Washington und London gegenüber der Sowjetunion. Dennoch konnte die UdSSR nach der fünfjährigen Wiederaufbauphase rund 11% ihrer Exporterlöse durch Rohöl erzielen (1913 nur 3,7%).[4] Zugleich mit dem Wiederaufbau wurde ein umfassendes Modernisierungsprogramm durchgeführt, allein 1924/25 flossen 27,7% aller Industrieinvestitionen in die Ölwirtschaft.

Die Sowjetunion erlebte zwar nicht die Massen-Motorisierung wie die USA, Kanada, Großbritannien, Frankreich und (mit Verzögerung) Deutschland, doch wuchs der Kraftwagenpark zwischen 1928 und 1933 um das Sechsfache (auf 118.000 Fahrzeuge) und der Bestand an Traktoren in der Landwirtschaft von 1924 bis 1934 um fast das Hundertfache (auf 210.000). Gleichzeitig wurde die Sowjetarmee modernisiert. Sie verlangte eine bessere Versorgung mit Treibstoff und Flugbenzin. Die Zahl der Panzer stieg von 1930 bis 1939 auf das 43fache (21.000 Stück), die Luftwaffe verfügte 1941 über 8.000 Maschinen, und die Hochseeflotte sowie der U-Boot-Bestand waren in ähnlichem Tempo aufgestockt worden.[5] Das zog einen raschen weiteren Ausbau der vorhandenen Förderstätten nach sich – und besonders die Erschließung weiter im Hinterland liegender Felder, zwischen Wolga und Ural sowie am Nord- und Ostufer des Kaspischen Meeres. Doch auch die bekannten alten Förderstätten wurden modernisiert.

Ab 1927 wurden die Ölfelder von Baku und Grosny mit den Raffineriezentren am Schwarzen Meer verbunden, Baku mit Batumi in Georgien (eine Pipeline bestand schon vor dem Ersten Weltkrieg; sie wurde von der staatlichen Transkaukasusbahn betrieben) und Grosny über Maikop mit Tuapse im Gebiet Krasnodar. Von dieser Pipeline wurde später ein Zweig über Krasnodar nach Noworossijsk gelegt. Im selben Jahr wurde neunzig Kilometer nordwestlich von Grosny das Feld von Malgobek angebohrt. Ab 1934 wurde es fündig. Dazwischen liegt das ebenfalls 1927 erschlossene und ab 1936 erhebliche Mengen fördernde Gebiet Gora Gorskaja. Die Funde werteten die Bedeutung des Gebiets stark auf. 1932 förderte Grosny ein Drittel der sowjetischen Ölproduktion;[6] Baku war noch wichtigster Förderort, das „zweite Baku“ an der Wolga und vor dem Ural war noch nicht erschlossen, die Lagerstätten in Sibirien und in Zentralasien noch nicht bekannt. 1931 wurden in den zu Grosny gehörenden Fördergebieten acht Millionen Tonnen, 1933 noch 4,84 Millionen Tonnen gefördert, 1938 nur mehr 2,66 Millionen Tonnen. Im Alten und Neuen Feld waren die ältesten bekannten Vorkommen mittlerweile erschöpft. Doch schon Mitte 1940 waren hier in tieferen Schichten – bis 2.500 m unter der Erdoberfläche – neue reiche Lagerstätten entdeckt worden. Das wirkte sich auf die Planzahlen aus: Die letzte vor dem Überfall des Deutschen Reichs auf die Sowjetunion festgelegte Planzahl sah für 1942 eine Förderung von wieder 4,1 Millionen Tonnen oder 8,6% der gesamten sowjetischen Produktion vor.[7] Eine fast gleiche Größenordnung hatten – auch in den Planvorhaben – die Ölfelder von Maikop. (Zum Vergleich: Deutschland in den durch Annexion von Österreich und Sudetenland ausgeweiteten Grenzen von 1938 verbrauchte 6,9 Millionen Tonnen jährlich und hatte Kriegsreserven von 8 Millionen Tonnen angelegt).

Der Besitz der Ölfelder von Grosny und Baku wurde von Hitler in einem Tischgespräch als hohes Kriegsziel eingeschätzt. Grosny und Maikop hätten zusammen mit rund fünf Millionen Tonnen die Hälfte des deutschen Kriegsbedarfs aufgebracht, Baku mit rund 25 Millionen Tonnen entscheidend mehr. Nach einer alliierten Einschätzung, die Mejcher[8] zitiert, ergibt sich ein weiterer Zusammenhang: Die Hauptmenge des innersowjetischen Öltransports wurde 1937 mit Kesselwaggons (41,2%) und Tankschiffen (44,1%) bewältigt. Pipelines bewegten nur 14,7% des Rohöls. Eine dauerhafte Unterbrechung der entscheidenden Wolga-Schiffsroute hätte für die Sowjetarmee nicht allein den Ausfall der Förderung von Baku bewirkt, sondern das Kriegsgebiet auch von den Ölfeldern im Ural-Emba-Gebiet, Transkaspien und Turkestan abgeschnitten. Den Angreifern wären außer den Ölquellen von Maikop und Grosny die dortigen Raffineriekapazitäten zugefallen, und sie hätten bei einer dauerhaften Besetzung des Gebiets zwischen Stalingrad und Machatschkala auch die Kontrolle über das Baku-Produkt erobert. Ein früher Befehl Adolf Hitlers an die Militärführung vom 21. August 1941 lautet: „Ich stimme mit den Vorschlägen des Heeres vom 18. August nicht überein. Nicht die Einnahme Moskaus vor dem Hereinbrechen des Winters ist von vordringlicher Wichtigkeit, sondern die Besetzung der Krim und des Industrie- und Kohlezentrums im Donezbecken, außerdem ein Abschneiden der Russen von den Zufahrtsstraßen der kaukasischen Ölfelder.“[9] Eine „Technische Brigade Erdöl“ bereitete sich zur Übernahme der Anlagen vor.

Doch lediglich das Kuban-Schwarzmeer-Gebiet, das 1938 etwa die Bedeutung des Grosny-Gebiets erreicht hatte, kam für kurze Zeit unter deutsche Herrschaft. Die Förderanlagen waren vorher unbrauchbar gemacht worden. Da Grosny von der deutschen Wehrmacht während des Krieges nicht erreicht – aber bombardiert – wurde und nur das Ölfeld von Malgobek im Norden der jetzigen inguschischen Republik besetzt war, konnte die Förderung fast ohne Unterbrechung fortgesetzt werden. Unmittelbar nach Kriegsende wurden weitere Vorkommen erbohrt, zum Beispiel Ady Jurt und Taschkala. Nach einem kurzen Produktionsanstieg fiel die Förderung jedoch allmählich ab und erreichte 1990, im letzten Jahr der Sowjetunion, nur mehr rund 1,45 Millionen Tonnen. Immer noch kam Tschetschenien für 40 bis 50% des in Nordkaukasien geförderten Erdöls auf, mit zuletzt wieder steigendem Anteil, weil die Produktion im Kuban-Schwarzmeer-Gebiet noch rascher zurückging als die von Grosny.

Bis zum Beginn des ersten Tschetschenienkriegs sank die tschetschenische Förderung dann rapide ab, und zwar 1994 unter die 500.000-Tonnen-Grenze.[10] Nach Ermittlungen des Moskauer Brennstoff- und Energieministeriums waren 1994 nur rund 100 von 1.500 Förderanlagen in der Region in Betrieb. Außerdem sind vermutlich nennenswerte Fördermengen in der Statistik nicht enthalten, weil manche Clans begannen, auf eigene Rechnung und abseits des organisierten Wirtschaftslebens Öl zu fördern bzw. abzuzweigen, bevor es statistisch erfasst werden konnte. Die nachgewiesenen Reserven würden, bei ungestörter Förderung auf dem Niveau von 1990, rund 15 Jahre lang genutzt werden können. Es werden von Optimisten immerhin 60 Milliarden Tonnen fossiler Brennstoffe unter dem Boden der Region vermutet; was von diesem Bodenschatz zu heben ist, bleibt ungewiss.

Perspektiven der Erdölförderung

Wieviel Aufwand getrieben werden muss, um die in beiden Tschetschenienkriegen zerstörten Anlagen wieder betriebsbereit zu machen, ist nicht zu ermitteln. Der Kapitalbedarf dürfte jedenfalls die Möglichkeiten Tschetscheniens weit übersteigen, wovon sich die Unabhängigkeit anstrebenden Politiker kaum und die Feldkommandanten gar nicht Rechenschaft geben. Internationale Investitionen aber müssen sich internationalem Kosten-Nutzen-Vergleich stellen; auch der dürfte nicht zu Gunsten des Grosny-Gebiets ausfallen. Die meisten Förderanlagen waren nicht sehr ergiebig, weshalb ihre Wiederherstellung in keinem betriebswirtschaftlich interessanten Verhältnis zu der zu erwartenden Förderung steht. Dazu kommt der Zeitfaktor: Je länger die Anlagen still liegen und nicht gewartet werden, desto mehr verfallen sie. In vielen Fällen kann die Reparatur technisch inzwischen unmöglich sein. Die Anlage neuer Förderstätten ist schließlich ebenfalls recht utopisch; denn das Terrain ist bereits weitgehend erschlossen – und mancherorts durch an Raubbau grenzende Praktiken für neue Projekte verdorben. Dazu gehört auch die schwere Belastung der Umwelt durch ausgesickerte Rohöle und Produktionsrückstände der Raffinerien, ein in der ganzen ehemaligen Sowjetunion vorhandenes Relikt der „Tonnenideologie", des Strebens nach Erfüllung und Übererfüllung mehr oder weniger abstrakter Planziele, buchstäblich ohne Rücksicht auf Verluste (und Qualität) sowie stets zu Lasten der Umwelt – obwohl sowjetische Fachleute, wie der britische Sachkenner J. E. Hartshorn zustimmend zitiert, Anfang der sechziger Jahre betonten, dass „die Ölfelder in der UdSSR ... nicht jahrelang unter dem Problem des ‚Überbohrens' gelitten [haben], das trotz aller Regulierungsmaßnahmen immer noch die amerikanischen Ölfelder schädigt".[11] Hartshorn ergänzte damals: „Die sowjetischen Ölleute haben ein strenges Augenmerk auf das, was nach westlichen Begriffen als Grundsätze für ‚ökonomische Conservation' angesehen wird." Das galt allerdings seit Ende der siebziger Jahre nicht mehr. Innovationen unterblieben, an den Förder- und Transportanlagen wurden nur die notwendigsten Reparaturen vorgenommen, und mit der Erschließung neuer Regionen zwischen Wolga und Ural (seit den dreißiger Jahren als „Zweites Baku" bekannt), in Westsibirien und Zentralasien ging die relative Vernachlässigung der nordkaukasischen Felder einher.

Dass das Produktionsniveau von 1990 rasch wieder erreicht werden könnte, ist unwahrscheinlich. Anders als im ersten Tschetschenienkrieg sind die Produktionsanlagen im zweiten Krieg, noch gesteigert nach dem Frühjahr

2000, massiv und systematisch zerstört worden. Eine Wiederherstellung macht sehr hohen finanziellen und technischen Aufwand notwendig – und eine sehr gut ausgebildete und hoch motivierte Armee von Spezialisten. Die meisten qualifizierten Arbeitskräfte und Öl-Spezialisten – zu einem sehr hohen Anteil Russen und Ukrainer – sind aber schon seit dem Zerfall der Sowjetunion abgewandert, ihre Rückkehr ist nicht zu erwarten. Bis zum Februar 1997 hatten bereits über 500.000 ethnische Russen Tschetschenien verlassen und sich in Dagestan, Inguschetien, Kabardino-Balkarien sowie den Gebieten Stawropol, Krasnodar, Astrachan und Wolgograd angesiedelt, berichtete Tatjana Regent, die Leiterin der Bundes-Migrationsverwaltung.[12] Eine ausreichende Zahl tschetschenischer Spezialisten gibt es noch nicht, und Zuzug etwa aus Kasachstan, Turkmenistan oder Aserbaidschan ist schon deswegen kaum realisierbar, weil diese jungen Staaten an der Aufrechterhaltung und am Ausbau der eigenen Förderung interessiert sind, gleichfalls den Abzug russischer und ukrainischer Spezialisten ausgleichen müssen und außerdem infolge der Beteiligung westlicher Konzerne an Joint Ventures in der Lage sind, gesicherte und relativ hohe Löhne und Gehälter zu zahlen.

Auf dem Welt-Erdölmarkt wird Tschetschenien angesichts dieser Voraussetzungen auf lange Zeit nicht ins Gewicht fallen. Nur bei einem sehr starken Anstieg der Rohölpreise über eine ausgedehntere Periode könnte Rohöl aus Grosny gewinnbringend verkauft werden. Selbst dann würde es gegenüber der Konkurrenz aus Transkaspien und Russland (geschweige denn den entscheidenden Fördergebieten des Nahen Ostens) prohibitiv niedrige Gewinnmargen bringen. Ob ein eventuell unabhängiger tschetschenischer Staat unter den günstigsten Voraussetzungen allgemeinen Friedens und internationaler Anerkennung (derzeit, im Jahre 2001, völlig utopische Vorstellungen) die erforderliche Kapitalkraft anwerben oder gar selbst aufbringen könnte, ist reine Spekulation. Die Vorstellung, aus Tschetschenien ein „kleines Scheichtum" zu machen, ist völlig irreal. Dennoch hat sich der Staatstrust Rosneft im Februar 2000 die Öl- und Gasvorkommen der Region gesichert[13], schon um einen Rechtstitel gegen etwaige lokale Mitbewerber zu haben, falls es die einmal geben sollte.

Ähnliche Vorbehalte müssen gegen optimistische Voraussagen für ein von Russland dauerhaft „befriedetes" Tschetschenien gemacht werden. Die Raffineriekapazitäten sind für russische Erdöltrusts wie LukOil, das an den Pipeline-Konsortien der Region und am aserbaidschanischen Öl beteiligt ist, gewiss interessant. Ob das auch für die Förderung zutrifft, ist völlig ungewiss. Die Weltmarktpreise und die von vornherein gegebenen Konkurrenzhemmnisse sprechen auch unter dieser Voraussetzung gegen einen Neubeginn. Ob im übrigen stabile politische Verhältnisse unter dieser oder jener Machtkonstellation überhaupt realistisch erscheinen, ist an anderer Stelle erörtert.

Eine größere Rolle als die Förderung spielen auf absehbare Zeit aber zwei andere Erdöl-Branchen: die Verarbeitung und der Transport. Sie sind in größerem Zusammenhang für viele Interessenten eher lockend. Politische Stabilität setzen sie freilich ebenfalls voraus, und seit der Realisierung der Tschetschenien im Norden umgehenden Parallel-Pipeline sinkt die Bedeutung Grosnys auch auf diesem Gebiet.

Grosnys Raffinerien

Seit dem Beginn der industriellen Förderung wird Rohöl in Grosny auch verarbeitet. Bereits vor der Revolution entwickelte sich die Stadt zu einem der bedeutendsten Raffineriestandorte Russlands. Ende der dreißiger Jahre stand Grosnys Raffineriekapazität an zweiter Stelle hinter der von Baku. Weil aber die örtliche Förderung hinter den Erwartungen zurückblieb, die Raffinerien also Überkapazitäten hatten, wurde seit den dreißiger Jahren durch eine 155 Kilometer lange Pipeline von Machatschkala weiteres Rohöl in die tschetschenische Hauptstadt gepumpt. Diese Ölleitung war andererseits die Voraussetzung für den Ausbau der Raffinerieanlagen von Grosny, das um 1940 nach Baku der wichtigste Standort für die Ölverarbeitung geworden war.

Die Bedeutung Grosnys wuchs weiter in den Nachkriegsjahrzehnten. Grosny lieferte 1990 praktisch das gesamte Paraffin, das in der Sowjetunion erzeugt wurde, und einen sehr erheblichen Anteil an Flugzeugbenzin und Schmiermitteln.[14] Dem zweiten Krieg sind seit Anfang 2000 allerdings die Verarbeitungsanlagen großenteils zum Opfer gefallen.

Pipelines in Tschetschenien

Seit Mitte der zwanziger Jahre ist Grosny ein Knotenpunkt der Pipelines, die von Baku und – in neuer Zeit – von Kasachstan zu den Schwarzmeerhäfen Tuapse und Noworossijsk führen. Eine Erdgas-Pipeline besteht – oder bestand? – nach Tiflis. Die Regierung Maschadow hatte die Absicht verkündet, außerdem eine Öl-Pipeline nach Georgien einzurichten, um damit von der russischen Verbindung unabhängig und außenpolitisch freier zu werden. Dies ist bisher ein unrealistisches Vorhaben.

Die existierende nördliche Ölleitung führt, nachdem sie die Grenze zwischen Aserbaidschan und Dagestan überquert hat, ausschließlich über russisches Staatsgebiet. Damit kann Russland sowohl den Rohöldurchlass kontrollieren als auch Transitgebühren erheben. Allerdings durchquert diese Ölleitung eine Reihe von unruhigen „Föderationssubjekten“, deren Führungen nach Unabhängigkeit streben oder größere Souveränität bei weiterer Zugehörigkeit zu Russland verlangen oder auf Grund innerer Konflikte innenpolitisch angeschlagen sind: Karatschai-Tscherkessien, Kabardino-Balkarien, Nordossetien und vor allem auf 153 Kilometern Länge Inguschetien und Tschetschenien.[15] Alternative Routen, wie diejenige von Baku nach Batumi, berühren das russische Territorium nicht. Die ältere südliche Pipeline führt durch Georgien und berührt oder durchzieht dort fast alle Konfliktzonen: Südossetien, Mingrelien und Adscharien (mit der Metropole Batumi). In Aserbaidschan selbst ist Gändscha (Gjandscha, früher Kirowabad) ein notorisches Unruhegebiet; von hier sind einige der für das Regime von Baku gefährlichsten Rebellionen ausgegangen.

Beide Pipelinesysteme enden in Schwarzmeerhäfen. Jede Steigerung des Transportaufkommens bedingt eine Vermehrung der Durchfahrten durch den Bosporus und die Millionenstadt Istanbul. Die Passage durch den Bosporus ist schon für kleinere Fahrzeuge nicht ganz einfach zu bewältigen. Das Gefährdungspotenzial ist der türkischen Regierung bewusst; mehr noch den informierten Bürgern der Marmara-Region – einem Fünftel der türkischen Bevölkerung.

Das Transportproblem nimmt in der Tat dramatische Züge an. Die türkischen Meerengen (Bosporus und Dardanellen) sind seit den Pariser Vorortverträgen, die den Ersten Weltkrieg beendeten, internationale Waserstraßen (seit 1841 hatte der sogenannte Dardanellenvertrag schon die Freiheit der Schiffahrt garantiert). Der Vertrag von Lausanne (24.7. 1923) legte fest, dass die Türkei keine Beschränkungen gegen die Schiffahrt aufbauen und keine Festungswerke an den Meerengen unterhalten dürfe. Im Vertrag von Montreux über die „Dardanellen-Meerengenfrage“ (20. Juli 1936) wurde die Souveränität der Türkei über die Meerengen wiederhergestellt.[16] Die Türkei vermochte „die Remilitarisierung der Dardanellen und die Aufhebung der internationalen Kontrolle durchzusetzen“. Damals passierten jährlich rund 700 Schiffe jährlich die Meerengen. Am Ende des 20. Jahrhunderts war diese Zahl auf über 50.000 gestiegen, und neu waren seit den siebziger Jahren Tanker mit großer Tonnage hinzugekommen: Aus Kostengründen werden gegenüber relativ kleinen Frachtschiffen, die noch einigermaßen sicher durch den windungsreichen Bosporus fahren, beim weltweiten Öltransport Großtanker bevorzugt, die mit gleicher Besatzungsstärke ein Vielfaches der Mengen transportieren können. Sie sind schwerer zu manövrieren und können im Havariefall extrem hohe Schäden verursachen. Die Durchfahrt von 100.000-Tonnen-Tankern durch den engen und windungsreichen Bosporus bedingt dessen Sperrung für alle anderen Wasserfahrzeuge. Der Ausbau der russischen Erdölanlagen in Noworossijsk und der georgischen in Supsa erfordert, wenn nicht andere Wege geschaffen werden, eine Vervielfachung der Tankerfahrten durch die Meerengen.

Diese Hinweise werden von türkischen Stellen, die an anderen Öl-Wegen interessiert sind, beileibe nicht nur aus verhandlungstaktischen Gründen vorgebracht. Sie deuten auf den Wert der Kontrolle über die Erdöl-Transportwege im Kampf um den Einfluss in Asien hin, der gelegentlich als das „Neue Große Spiel“[17] bezeichnet wird.

Seit dem Beginn der russisch-tschetschenischen Konflikts, also seit der Auflösung der Sowjetunion, ist die Ölleitung Baku-Grosny-Noworossijsk ein Gegenstand politischer Auseinandersetzungen und zugleich Kampfmittel. Zwischen dem ersten militärischen Eingreifen Russlands (1991), das eher demonstrativen Charakter hatte, und dem Beginn des ersten Tschetschenienkrieges hatte sich die von Dschochar Dudajew gebildete Regierung in Grosny der Pipeline bedient. Aus ihr zapften einzelne Kommandanten und wohl auch die tschetschenische Regierung Ölmengen ab, die für den Export bestimmt waren, und verkauften sie auf eigene Rechnung; ebenso beuteten Tschetschenen die noch funktionierenden Ölförderanlagen aus. Wahrscheinlich sind außerdem Öllieferungen, die die tschetschenische Regierung als eigene deklariert hatte, die aber aus nicht tschetschenischen Quellen stammten, gelegentlich von russischen Häfen aus verschifft worden. Das wurde in der ersten Zeit nach der Auflösung der Sowjetunion von Russland hingenommen; die Besitzverhältnisse und eine allgemein verbindliche neue Rechtsordnung musste ja zwischen den fast neunzig Föderationssubjekten erst ausgehandelt werden. Dabei befanden sich die zwanzig „Subjekte", die bereits in der Sowjetunion den Status einer Autonomen Sozialistischen Sowjetrepublik (ASSR) erreicht hatten, in der günstigsten Verhandlungsposition, und zu diesen zählte die Tschetscheno-Inguschische ASSR.

Im September 1997, in einer ruhigen Zeit, gelang es den russischen und den tschetschenischen Vertretern tatsächlich, einen Vertrag über den Durchlass aserbaidschanischen Rohöls abzuschließen. Transneft, der russische *operator* der Pipeline, sollte für jede beförderte Tonne umgerechnet 43 Cents bezahlen; die tschetschenische Seite hatte ursprünglich 2,20 Dollar verlangt. Sicherheit und Wartung sollten in russischer Verantwortung bleiben. Das letztere war aber gerade das Papier wert, auf welchem der Vertrag stand: Sofort nach Inkrafttreten begannen bewaffnete tschetschenische Gruppen wieder, die übliche Selbstbedienung aufzunehmen. Zufällig oder nicht – genau zu dieser Zeit begann der zweite russische Feldzug gegen Tschetschenien. Tschetschenien hat einen Schlüssel zum exportierbaren kaspischen Öl, und eine Expertenmeinung[18] lautet: „Weshalb sonst hat Hitler sich so sehr bemüht, das zu erobern?" Freilich hält Robert E. Ebel, der Direktor des Energie- und Sicherheitsprogramms im Washingtoner Zentrum für strategische und internationale Studien, dem entgegen, dass die Bedeutung der regionalen Ölvorkommen gar so hoch nicht sei: „Es ist unwahrscheinlich, dass Russlands Vorstoß nach Tschetschenien durch den Wunsch nach Kontrolle über das tschetschenische Erdöl motiviert war."[19]

Schlüssel für Kasachstan?

Die Moskauer Haltung in der Pipeline-Frage änderte sich, nachdem das soeben unabhängig gewordene Kasachstan mit dem US-Konzern Chevron 1992 einen kapitalstarken Partner angeworben hatte. Chevron beteiligte sich mit zehn Milliarden Dollar zugesagter Investitionen, die auf vierzig Jahre verteilt werden sollten, am sehr aussichtsreichen Tengiz-Feld; es wurde ein jährlicher Erlös von mehr als fünf Milliarden Dollar – davon 80% auf das Konto Kasachstans – erwartet, sobald die Produktion in vollem Umfang lief.

Für den Abtransport des im Tengiz-Feld geförderten Öls standen aber ausschließlich Pipelines durch russisches Gebiet zur Verfügung. Kasachstan ist nicht nur in geographischer Hinsicht ein Binnenland, sondern auch im Kontext der ehemaligen Sowjetunion: Nirgends hat es gemeinsame Grenzen mit Staaten, die nicht auch zur Sowjetunion gehört hatten. Über das Kaspische Meer – dessen rechtlicher Status, ob „Meer“ oder „See“, noch ungeklärt war – wäre auf dem Wasserwege Iran zu erreichen, doch gab (und gibt) es weder ausreichende Verschiffungsanlagen noch Iran durchquerende Pipelines. Kasachstan war also auf das russische Leitungsnetz angewiesen. Das Kaspische Pipeline-Konsortium (nach der englischen Abkürzung: CPC; es ist 1992 von den Regierungen Russlands, Kasachstans und Oman gegründet worden) hat sich für den Bau einer neuen Leitung entschieden, die von Tengiz über Atyrau (früher Gurjew), Astrachan und durch die Kalmükensteppe nach Noworossijsk führen, 1.600 Kilometer lang sein und wohl 2001 den Betrieb aufnehmen soll, allerdings erst später mit voller Leistung. Sie berührt keine der nordkaukasischen Bergrepubliken. Interessant ist die Zusammensetzung des CPC-Konsortiums. Die Konsortiumsgründer Russland (24%), Kasachstan (19%) und Oman (7%) sind als Staaten beteiligt, ferner die Firmen Chevron (USA, 15%), LukArco (Russland und USA, 12,5%), Mobil (USA, 7,5%), Rosneft-Shell (Russland und Niederlande, 7,5%) BG sowie mit Anteilen unter 2% Agip (Italien), Oryx (USA) und ein kasachisches Pipeline-Unternehmen. Mit einem geschätzten Wert von 2,5 Milliarden Dollar – davon sollen LukOil und Chevron 60% aufbringen – ist dies das umfangreichste Infrastrukturprojekt in der ehemaligen Sowjetunion. Russland erhoffte sich, als die Tinte unter den Verträgen trocken war, in den ersten vierzig Jahren nach der Inbetriebnahme der CPC-Röhre Gesamteinnahmen von 23,3 Milliarden Dollar, Kasachstan solche von 8,2 Milliarden.[20] Dabei war von Anfang an ungewiss, ob die anfangs angestrebte Durchsatzmenge von 28,2 Millionen Tonnen Rohöl erreicht und durchgehalten werden kann und ob das geplante Maximum (67 Millionen Tonnen jährlich) jemals zu erreichen ist. Da kam immerhin Konkurrenz auf: das Baku-Ceyhan-Projekt, das weiter unter dargestellt wird. Russland setzte also allerlei politische Druckmittel ein, um im Geschäft zu bleiben.

Wegen der Vorgeschichte der Ölfelder in Kasachstan meldete Moskau außerdem Ansprüche an: Die Exploration war noch in Sowjetzeiten vorgenommen worden, deshalb schien eine anteilige Zahlung an Russland („Finderlohn“) nur recht und billig. Schließlich erkannte die Moskauer Führung, dass die neuen Staaten in Zentralasien sich um so leichter aus der weiter bestehenden wirtschaftlichen Abhängigkeit von Russland lösen konnten, je mehr Exporteinnahmen sie hatten. Kasachstan ist ein besonders komplizierter Fall: Das kasachische Staatsvolk ist nur relativ in der Mehrheit. Rund 40% der Einwohner waren (1990) Kasachen. Der Anteil der Russen war in dem 17-Millionen-Steppenland fast gleich groß: Er betrug 38%.

Die russische Politik setzt gewiss diese starke Minderheit als Pressionspotential gegen den jungen kasachischen Staat ein. Doch die größere Sorge Moskaus galt einer vorhersehbaren Massenaussiedlung der sechseinhalb Millionen Russen, falls die ethnischen Spannungen oder die wirtschaftliche Misere zunehmen sollten. Die russische Minderheit als politisches Druckmittel einzusetzen konnte gefährlich zurückschlagen. Kasachstan in Abhängigkeit zu halten war andererseits durch die Pipeline-Politik in gewissem Umfang möglich. Deshalb behandelte die Moskauer Regierung kasachische Transitwünsche außerordentlich restriktiv und beschränkte den Durchlass von Chevron-Erdöl erheblich, worauf Chevron nach einiger Zeit seine Investitionen zurückstutzte. Das technische Mittel dafür war ja vorhanden. Ohne Baku-Ceyhan würde Russland das Monopol für den Öltransport aus Kasachstan haben und auf Dauer behalten.

Die einzige verfügbare Pipeline vom Tengiz-Feld ist zwischen Grosny und Malgobek mit jenem alten Pipeline-System verknüpft, das über 153 Kilometer tschetschenisches und inguschisches Gebiet verläuft. Während der beiden Tschetschenien-Kriege war diese Pipeline nicht nur gestört (und angezapft), sondern schlicht unterbrochen. Damit war nicht allein der Öltransport aus Aserbaidschan gestoppt, sondern auch der aus den neuen kasachischen Fördergebieten beeinträchtigt. Damit waren russische Interessen direkt betroffen.

Von Baku zum Schwarzen Meer

Für die Erschließung dreier neuer Offshore-Felder (Aseri, Tschirag und Guneschli) hatte Aserbaidschan 1993 mit acht westlichen Ölgesellschaften einen Vertragsentwurf erarbeitet, der Baku unter anderem größere außenpolitische Handlungsfreiheit verschaffen sollte. Der zur engeren Anbindung an die Türkei tendierende Präsident Abulfas Eltschibej hatte dafür die Diversifizierung der Exportwege im Auge; die Pipeline Baku-Grosny-Tichorezkaja-Noworossijsk sollte ebenso genutzt werden wie die Leitung von Baku durch Georgien nach Batumi, die auf den letzten siebzig Kilometern, von Supsa an, parallel zur Schwarzmeerküste verläuft, aber jetzt stilliegt. Supsa sollte als Ölterminal in späteren Planungen noch eine erhebliche Rolle spielen. Supsa liegt auf georgischem Territorium. Batumi ist Hauptstadt der von einem eigenwilligen Clan beherrschten Adscharischen Republik, die seit 1922 den Status einer Autonomen Sozialistischen Sowjetrepublik (ASSR) hat. Rechtlich entsprach dieser Status dem Tschetscheniens (oder beispielsweise Tatarstans) innerhalb der RSFSR. Im unabhängigen Georgien behielt Adscharien diese Autonomie. Sezessionistische Bestrebungen wie in den beiden anderen zu Georgien gehörenden ASSRs, Abchasien und Südossetien, entstanden hier nicht. Differenzen um die Verteilung von Transitgebühren deuteten sich jedoch an. Das wertete den Ausweichplatz Supsa für die Regierung in Tiflis stark auf.

Den aserbaidschanischen Abschluss mit den acht Westkonzernen kritisierte die russische Regierung sehr scharf. Er wurde jedoch nicht mehr verwirklicht. Am 24. Juni 1993 musste Eltschibej abdanken. An seine Stelle rückte am 10. Oktober nach einem Zwischenspiel Haidar Alijew. Der 1923 in Nachitschewan geborene Alijew hatte eine lange KGB-Karriere hinter sich, war von 1969 bis 1982 aserbaidschanischer Parteichef und eng mit der in Moskau herrschenden Breschnew-Gruppe verbunden. Seit 1971 war er Mitglied des Zentralkomitees der KPdSU; 1982 machte Parteichef Jurij Andropow ihn zum Politbüro-Mitglied. Seine Moskauer Funktionen verlor er 1987 in der Gorbatschow-Ära. Zugleich schien sein Einfluss in Baku völlig zu verschwinden. Ab 1990 bereitete Alijew, der seinen russifizierten Vornamen Geidar inzwischen in Haidar geändert hatte, seine Rückkehr in die Politik vor. Er übernahm jetzt nationalistische Parolen, folgte aber der Türkei-Orientierung nicht. Nach dem Sturz Eltschibejs festigte er seine Macht durch gesteuerte Wahlen mit dem sowjetmäßigen 98%-Ergebnis, das seine Präsidentschaft legitimierte, und sorgte für den Ausschluss der (von Eltschibej repräsentierten) Volksfront sowie der nationaldemokratischen Traditionspartei Mussawat aus der aserbaidschanischen Politik. Das alles schien auf eine neue Annäherung an Moskau hinzudeuten.

Nach einem Jahr Verhandlungen brachte Alijew im September 1994 einen neuen internationalen Ölvertrag unter Dach und Fach. 70% der Anteile gingen an sieben westliche Firmen, von den für Aserbaidschan reservierten 30% ging ein Drittel – zehn Prozent der Gesamtanteile – an den russischen Großkonzern LukOil. Unter fortgesetztem russischem Druck übertrug Aserbaidschan weitere Anteile an LukOil, so dass der russische Anteilseigner ähnlichen Einfluss wie die ausländischen Partner erhielt. Deren Anteile verteilten sich folgendermaßen: BP (Großbritannien) und Amoco (USA) je 17%, Pennzoil (USA), UNOCAL (USA) und Statoil (Norwegen) je 9%, McDermott (USA), Aramco (Großbritannien), DNKL (Saudi-Arabien) und Turkish Petroleum (Türkei) je 2%.

Die Auseinandersetzung wurde durch die Diskussion über den rechtlichen Status des Kaspischen Meeres weiter kompliziert. Nach russischer Ansicht handelte es sich um einen See; deshalb könne Aserbaidschan für die Ölförderung nur einen zehn Kilometer breiten Streifen vor der Küste nutzen. Aserbaidschan, Kasachstan, Turkmenistan und Iran – die anderen Anlieger – betrachten das Gewässer aber als Meer, in dem weit ausgedehntere Hoheits- und Wirtschaftszonen gelten. Russland machte seine Argumentation zum Druckmittel, nachdem Aserbaidschans staatliche Ölgesellschaft SOCAR das Karabach-Feld, 120 Kilometer vor der Küste, zu erschließen begonnen hatte – mit einer LukOil-Beteiligung von 32,5% (die italienische Agip und die amerikanische Pennzoil hielten je 30%, SOCAR nur 7,5%). LukOil sei eine private Firma, argumentierte Moskau, staatliche Interessen müssten darüber hinaus berücksichtigt werden. Zudem habe Russland alle Rechte aus den sowjetisch-iranischen Verträgen von 1921, 1935 und 1940 übernommen.

Einzelheiten dieser Auseinandersetzung können hier nicht dargestellt werden. Sie gehören zum „neuen Großen Spiel" um Macht und Einfluss in Asien, Kontrolle über die Bodenschätze des Kontinents, Globalisierung und weltpolitische Rivalitäten. Hier ist lediglich der Zusammenhang mit dem Tschetschenien-Konflikt zu behandeln. Darin spielt allerdings der nicht unbegründete russische Argwohn eine Rolle, der Westen – mit den Akteuren USA und Türkei – versuche, Aserbaidschan und im Anschluss daran die zentralasiatischen Republiken von Russland zu isolieren, und dass die USA an einer Fortdauer der Unruhen und Kriege im Nordkaukasus alles andere als desinteressiert seien, weil dies die Notwendigkeit einer südkaukasischen Leitung beweise und vergleichsweise höhere Investitionen in Bau, Unterhalt und Sicherheit rechtfertige. Der – verschwörungstheoretische? – Gedanke dahinter ist, dass die West-Akteure den Tschetschenien-Konflikt instrumentalisieren, um Russland weiter zu schwächen, und mit dem selben Ziel den vorherrschenden Einfluss in Aserbaidschan sowie in ganz Südkaukasien zu gewinnen. Winke Alijews und besonders des georgischen Präsidenten Eduard Schewardnadse nach Brüssel, Aspirationen auf EU- und Nato-Beitritt und eben die Öl-Investitionspolitik geben dieser Vorstellung einige Nahrung.

Aber Aserbaidschan ist seinerseits dringend daran interessiert, einen Exportweg zu finden, der nicht über russisches Gebiet führt. Zudem war die Grosny-Pipeline durch die Kriege unzuverlässig geworden oder ganz ausgefallen. Das suchte Russland zunächst dadurch auszugleichen, dass größere Ölmengen über Schienen- oder Straßenverbindungen um das tschetschenische Kampfgebiet herum geleitet (oder sicher durch es hindurch geleitet) wurden. Nur durchquert auch die dafür in Frage kommende Bahnlinie Tschetschenien, sie verläuft aber (von einem kurzen Teilabschnitt bei Gudermes abgesehen) nördlich des Terek. Russland plante unterdessen einen 312 Kilometer langen „Bypass", der Tschetschenien umgeht, aber durchaus noch in Reichweite von Kommando-Unternehmen liegt[21], der doppelt so lang ist wie die alte Ölleitung und der nicht sicher vor terroristischen Anschlägen scheint. Die Trasse wurde 1997 festgelegt. Der Bau begann im September 1999, kam aber langsamer als erwartet voran und konnte dann erst Ende 2000 vollendet werden. Transneft, die den Bau durchführende staatliche Gesellschaft, gab die Baukosten im Februar 2000 mit rund 160 Millionen Dollar an; der Tschetschenien-Krieg soll 1999 nach Angaben des Ersten Stellvertretenden Ministerpräsidenten Michail Kasjanow rund fünf Milliarden Rubel (174 Millionen Dollar) gekostet haben.[22] Es ist allerdings kaum möglich, Rechenkunststücken dieser Art zu folgen – es sei denn man bucht beide Beträge auf das Konto einer verfehlten russischen Politik, die beide Kostenpositionen erzeugt hat.

Exkurs: Baku-Ceyhan

Die US-Ölfirmen und die Washingtoner Regierung brachten unterdessen weitere Argumente ein. Nicht nur sei es zu riskant, sich auf die Baku-Noworossijsk-Leitung allein zu verlassen; ihre Kapazität werde wahrscheinlich nicht ausreichen. Eine zweite Pipeline sei unbedingt erforderlich. Außerdem müsse künftig auch mit Erdöllieferungen aus Turkmenistan und Kasachstan durch eine unterseeische Pipeline gerechnet werden, die das Kaspische Meer unterquert und bei Baku an das übrige Netz angeschlossen werde. Pläne für eine Erdgasleitung unter dem Meeresboden waren im Sommer 1998 zu konkreten Planung der „TransCaspian Pipeline“ von Turkmenbaschi (früher Krasnowodsk) bis in die unmittelbare Nähe von Baku gereift.[23] Die Baukosten wurden auf 2,4 Milliarden Dollar veranschlagt; am planenden Konsortium waren Amoco sowie ein Joint Venture mit GE Capital und Bechtel Enterprises beteiligt. In Zukunft sollte auch kasachisches Erdgas über diese Leitung exportiert werden können, und zwar bis zum türkischen Hafen Ceyhan in der Cukurova, nicht weit von Adana. Beim Moskau-Besuch des iranischen Präsidenten Khatami im Februar 2001 gelang es der russischen Regierung allerdings, das Projekt weit zurückzuwerfen: Russland und Iran legten in einem gemeinsamen Vertrag nieder, dass sie eine Untersee-Pipeline nicht zulassen. Sie haben alle juristischen und politischen Argumente auf ihrer Seite – solange der „See“- oder „Meer“-Status ungeklärt ist.

Für eine Öl-Pipeline Baku-Ceyhan, „ein Projekt multinationaler Ölgesellschaften“, begann auch die US-Regierung „aggressive Lobbyarbeit“ zu betreiben. Sowohl bei den Demokraten als auch bei den Republikanern fand das Projekt mehrheitliche Unterstützung. „Die Grundidee ist, die entstehenden Staaten in der Kaspischen Region durch die Abschwächung der russischen Kontrolle über sie zu stärken“, schreiben Ian Bremner (Präsident der New Yorker Consulting-Firma Eurasia Group) und Tom Corcoran (Direktor derselben Firma).[24] Die Kosten wurden indes von Anfang an auf über drei Milliarden Dollar veranschlagt (das Achtzehnfache dessen, was der „Bypass“ nach russischen Angaben kostet, und noch immer das Neunfache dessen, was „Bypass“ und Tschetschenien-Krieg zusammen kosten), die Bauzeit auf vier bis acht Jahre berechnet. Der ökonomische Erfolg des Projekts hing damit direkt von hohen Rohölpreisen ab. Hohe Ölpreise aber kämen auch Russland zugute, sowohl für die Kriegführung in Tschetschenien als auch für die militärische Sicherung der alten Pipeline und den Bau des „Bypass“, wodurch die Verbindung Baku-Noworossijsk wiederum konkurrenzfähig würde. Mit diesen Überlegungen bewerteten Bremner und Corcoran das Projekt als „selbstzerstörerisch, für niemanden letztlich nützlich und die Stabilität der Kaspi-Region weiter unterminierend“.

Dies war nicht die einzige kritische Stimme gegen das Projekt, das die Präsidenten der Türkei (Süleyman Demirel), Georgiens (Eduard Schewardnadse) und Aserbaidschans (Haidar Alijew) in Gegenwart des US-Präsidenten (Bill Clinton) am 18. November 1999 im Istanbuler Ciragan-Palast feierlich unterzeichnet hatten. Aus der Ölwirtschaft war auf die Kostenlage hingewiesen worden. Die Förderleistung Aserbaidschans (0,1 Million Barrel pro Tag) erreiche nur ein Zehntel der täglichen Barrel-Million, welche dieses Projekt erst rentabel machen würde – bei Rohölpreisen über 30 Dollar pro Barrel. Clinton ließ in Istanbul allerdings den politischen Sinn des Unternehmens erkennen: „Diese Pipelines sind eine Versichungspolice für die ganze Welt, weil sie sichern helfen, dass unsere Energierohstoffe durch vielfältige Routen statt durch nur einen einzigen Krisenpunkt passieren.“[25] Eine Million Barrel pro Tag – das war 1997 die gesamte Produktion der kaspischen Region. Ob die Expertisen sich bewahrheiten, die von einer künftigen Förderung zwischen 3,5 und 5 Millionen Barrel ausgehen, ist ungewiss. Darum liegt der Schluss nahe, dass die Konkurrenz der verschiedenen Projekte vor allem politisch motiviert ist. Und die Zusammensetzung der Konsortien zeigt an, wie wacklig die tschetschenische Schlüsselposition als Transitgebiet geworden ist. Die US-Konzerne haben ihre Interessen jedenfalls sorgfältig auf solche Trassen verteilt, die Tschetschenien umgehen, und Russland hat längst entsprechend gehandelt.

Anmerkungen

1. Ebel, *The History and Politics of Chechen Oil.*

2. Tugendhat S. 55.

3. Tugendhat S. 68.

4. Mejcher S. 39.

5. Mejcher S. 41.

6. Nach Goldman a.a.O.; Leimbach (S. 336) nennt einen Anteil von 22,6%.

7. Leimbach S. 337.

8. a.a.O. S. 47.

9. Zitiert u.a. bei Rasche S. 307.

10. Vgl. Goldman a.a.O.

11. Hartshorn a.a.O.

12. OMRI Russian Regional Report 20.2. 1997.

13. *The Times* 10.2. 2000.

14. Nach Ebel a.a.O.

15. Vgl. Blagov, *Oil dollars...*;

16. Karl Dietrich Bracher: *Zusammenbruch des Versailler Systems und Zweiter Weltkrieg,* in: Propyläen-Weltgeschichte, Bd. 9, S. 420.

17. So in einem Beitrag von Bess Brown zum Jahrbuch 1997 der Ecyclopaedia Britannica: *Another „Great Game" in Central Asia?*

18 .*The Times* a.a.O.

19. Ebel a.a.O.

20. Blagov a.a.O.

21. Vgl. Lelyveld (6.1. 2000).

22. Lelyveld (11.2. 2000).

23. Oil Online, 3.7. 1998.

24. Bremner/Corcoran, *Pipeline politics and Chechnya,* in: The Christian Science Monitor 24.1. 2000.

25. So zitiert von AP, 18.11. 1999.

4. Der erste tschetschenische Krieg

Dudajews Unabhängigkeitsbewegung

Seit 1989 bildeten sich in der ganzen Sowjetunion politische Protestbewegungen, und in einzelnen Sowjetrepubliken wurden Bestrebungen innerhalb der herrschenden Apparate mehrheitsfähig, die auf nationale Selbständigkeit drangen. In den drei baltischen Staaten bildeten sich Volksbewegungen, welche zum 50. Jahrestag des Hitler-Stalin-Paktes (23. August 1939) dessen Verurteilung verlangten. In Litauen, Lettland und Estland wurde vor allem die Veröffentlichung der geheimen Zusatzprotokolle gefordert, welche die Annexion durch die Sowjetunion begründeten. Die Volksfronten, in denen zahlreiche „nationalkommunistische" Spitzenfunktionäre mitwirkten, verlangten, mit anderen Worten, die Wiederherstellung der Unabhängigkeit, wie sie in der Zwischenkriegszeit bestanden hatte. Im Sommer 1990 proklamierten sie ihre Unabhängigkeit. In Vilnius und Riga griffen Sondereinheiten des Innenministeriums (Omon) bewaffnet ein; in Estland verhielt sich die Sowjetarmee neutral. Der ranghöchste sowjetische Offizier in Estland war zu dieser Zeit der General der Raketentruppen Dschochar Dudajew, ihm unterstanden u. a. die strategischen Einheiten des Luftwaffenstützpunktes Tartu.

Vorher hatte bei den Wahlen zum Vorsitzenden des Obersten Sowjet (Parlament) der Tschetscheno-Inguschischen ASSR 1989 erstmals ein Tschetschene gegen einen russischen Kandidaten gesiegt – Doku Sawgajew. Dieser Erfolg gab dem tschetschenischen Nationalbewusstsein starken Auftrieb; er kann nur im Zusammenhang mit dem allgemeinen Aufbruch am Ende der Sowjetunion verstanden werden. Und auch die eigenständige inguschische Bewegung, der es vor allem um die Rückgabe des Prigorodnyj-Bezirks durch Nordossetien ging, war dadurch inspiriert worden.

In Tschetschenien war im Herbst 1989 die Vainachische Demokratische Partei entstanden. In ihrem Namen wird auf die Gemeinsamkeit der Tschetschenen und Inguschen angespielt. Ihr erster Vorsitzender war der Schriftsteller Selimchan Jandarbijew. Sie war zunächst auch die einflussreichste Kraft im Anfang November für den 23. bis 25.11. 1990 einberufenen Tschetschenischen Volkskongress, der sich nach der ersten Sitzung umbenannte in Allnationalen Kongress des tschetschenischen Volkes (ANKTV, nach der russischen Abkürzung: OKTN). Mit diesem Kongress begann die Organisation des tschetschenischen Volkes. Unter den rund tausend Delegierten, die von verschiedenen Organisationen, Parteien und Clans abgeordnet worden waren, befanden sich sowohl gemäßigte, „traditionalistische" als auch radikale, „nationalistische" Kräfte. Für die „Traditionalisten" sprachen vor allem Letschi Umchajew, der Vorsitzende der Dajmokch-Bewegung, und Salambek Chadschijew, ein früherer Erdölminister der Sowjetunion. Die „Nationalisten" wurden vertreten von dem Geschäftsmann Jaragi Mamodajew, der in der örtlichen Erdölindustrie hohe Funktionen eingenommen hatte (einer der wenigen Tschetschenen, denen dies gelungen war), von Selimchan Jandarbijew und Umar Awtorchanow, dem Vorsitzenden der „Partei des Islamischen Weges" mit einer Hausmacht im Nadteretschnij-Gebiet.

Umchajew und Dudajew wurden zu Vorsitzenden des Exekutivkomitees berufen. Die tatsächliche Führung hatte bald Dudajew allein in der Hand.

Auf seiner Gründungsveranstaltung forderte der OKTN die Wiederherstellung der tschetschenischen Souveränität entsprechend dem Status, den die RSFSR in der Sowjetunion hatte, also Aufwertung der ASSR zur Republik. Die Forderung, aus der Sowjetunion auszuscheiden, erhob auf dem Kongress nur eine Minderheit. Zum Vorsitzenden des Exekutivkomitees wurde Dschochar Dudajew gewählt. Er erwies sich bald als energischer Verfechter eines Präsidialsystems. Am 27. November 1990 verabschiedete die Volksvertretung eine „Deklaration über die staatliche Souveränität der Tschetscheno-Inguschischen Republik", wie zu dieser Zeit viele andere Republiken innerhalb Russlands auch. Doku Sawgajew stimmte der Deklaration ausdrücklich zu. In Moskau wurde diese Entscheidung nicht sonderlich beachtet., obwohl die mit Namensänderung (statt „ASSR" nun „Republik") eine wesentliche Statusveränderung angedeutet war. Das Ziel war noch nicht die Unabhängigkeit, sondern die Anerkennung als gleichberechtigte Republik. Boden, Naturschätze, Gewässer und Luftraum wurden aber schon als „ausschließliches Eigentum des Volkes der Tschetschenen und Inguschen" definiert.

Autonomie 1991

Die Souveränitätsbewegung in der Tschetscheno-Inguschischen ASSR radikalisierte sich rasch und spaltete sich dabei in verschiedene Einzelbewegungen auf, die den Clan-Strukturen in der Regel genau entsprachen. Die Aufteilung der ASSR in eine (größere) tschetschenische und eine inguschische Republik war eins der Ergebnisse, übrigens durchaus im Einklang mit Moskauer Wünschen. Die Unerfahrenheit der neuen politischen Führung von Grosny in Verwaltungs- und Wirtschaftsfragen beschleunigte die Aufsplitterung der Bewegung in ihre clanorientierten Bestandteile, von denen mehrere versuchten, Dudajews Führung auf einen härteren Konfrontationskurs zu drängen. Russlands Führung – oder doch eine ihrer Fraktionen – nahm die Radikalisierung zum Anlass für eine sich verschärfende Konfliktstrategie. Einflussreiche Verbündete für die eigenen Ziele konnte die russische Regierung jedoch nicht gewinnen. Der Konfrontationskurs verstärkte wiederum die Radikalisierung der einzelnen tschetschenischen *teips*, führte in der Konsequenz aber später zur Solidarisierung der Clans und Organisationen im Widerstand unter Dudajews dann unangefochtener Führung. Beide Prozesse – Fragmentierung und Zentralisierung – entsprachen ganz und gar den traditionellen Verhaltensmustern des historischen Abwehrkampfes. Von den einzelnen Clans führten, wiederum clanbezogen, Kontakte zur kriminellen Unterwelt besonders in Moskau.

Der OKTN hatte früh die überwältigende Zustimmung der Bevölkerung gefunden; die russische Minderheit in der Region stellte sich nicht direkt gegen ihn, orientierte sich aber vorwiegend an der KPdSU. Radikale Moslems, Clan-Chefs, Afghanistankriegs-Veteranen, aber auch kriminelle Gruppen schlossen sich ihm an, die ersteren waren es, die auf Radikalisierung und Konfrontation drängten. Daneben bestand immer noch der Oberste Sowjet der ASSR, der 1989 gewählt worden war. Dessen Vorsitzender war Doku Sawgajew, ein Anhänger des orthodoxen Lagers der KPdSU.

Seit August 1990 hatte sich im Terek-Gebiet ein weiterer Konflikt angebahnt. Dort konstituierten sich die Terek-Kosaken neu, wählten einen Ataman und beanspruchten ein Siedlungsgebiet, in dem einige tausend tschetschenische Familien lebten.

Inguschische Vertreter forderten im März 1991 während einer mehrtägigen Demonstration in Nasran den Obersten Sowjet der RSFSR in Moskau auf, die Wiederherstellung der inguschischen Staatlichkeit in den historischen Grenzen, einschließlich des jetzt zu Nord-Ossetien gehörenden Prigorodnyj-Gebiets, zu beschließen. Das Gebiet war nach der Deportation der Inguschen an die Nordossetische ASSR angeschlossen und nach der Rehabilitierung nicht an die Tschetscheno-Inguschische ASSR zurückgegeben worden. Das Thema war unter den Inguschen im Jahre 1991 das allein beherrschende. Dem kam der Oberste Sowjet der RSFSR mit einem neuen Rehabilitierungsgesetz entgegen, dessen Artikel 6 „die Wiederherstellung der Grenzen ihrer nationalen Territorien, so wie sie vor der Veränderung der Grenzen durch verfassungswidrige Kräfte bestanden“ hatten.[1] Über den Rücktausch des erst 1957 erstmals in die ASSR eingegliederten Gebietes von Naurskij und Schelkowskij wurde öffentlich nicht gesprochen. Die Wiedergewinnung von Prigorodnyj war indes mit einem Ausscheiden aus der Russischen Föderation unvereinbar: der Nationalkongress schlug daher im Juni 1991 den Inguschen vor, über ihren Status und ihr Verhältnis zu Tschetschenien in einem Referendum zu bestimmen. Dieses wurde im November/Dezember abgehalten. Die Mehrheit in den inguschischen Bezirken entschied sich für die Trennung von Tschetschenien. Dudajews Anhänger akzeptierten diese Entscheidung, und schließlich sanktionierte der Oberste Sowjet in Moskau durch ein Gesetz „Über die Schaffung der Inguschischen Republik in der Russischen Föderation“ am 4. Juni 1992 diese Entscheidung, allerdings ohne die Grenzen der neuen Republik festzulegen. Damit blieb Prigorodnyj weiterhin Gegenstand gewaltsamer Auseinandersetzungen mit der Nordossetischen Republik. Erster inguschischer Präsident wurde der General Ruslan Auschew.

Das Referendum vom 17. März 1991 über die Einführung des Präsidialsystems in Russland (RSFSR) wurde im damals noch vereinigten Tschetscheno-Inguschetien boykottiert, da die Republik sich inzwischen nicht mehr als Teil der RSFSR betrachtete. Doch wurde die russische Präsidentenwahl auch in Tschetscheno-Inguschetien durchgeführt. Von den Abstimmenden (es handelte sich fast nur um Russen und Ukrainer; Tschetschenen und Inguschen blieben der Wahl meist fern) stimmten 80% für Boris Jelzin.

Auf der zweiten Tagung des Nationalkongresses (jetzt OKTN genannt) Anfang Juni hatte die radikalere Fraktion bereits die Mehrheit erreicht. In einer Abschlusserklärung verlangte der Kongress nun baldige Parlaments- und Präsidentenwahlen, die Verabschiedung einer neuen Verfassung der Republik und ein Referendum über ihren Status. Die bedingungslose Anerkennung des tschetschenischen Selbstbestimmungsrechts, Entschädigung für die Verbrechen gegen das tschetschenische Volk und Gerichtsverfahren gegen die Schuldigen wurden zur Vorbedingung für einen mit Russland zu schließenden Vertrag gemacht. Tschetschenien war damit nicht weiter gegangen als andere nationale Territorien innerhalb der RSFSR, etwa Baschkortostan, Tatarstan oder Jakutien. Dschochar Dudajew war nach dem Ausscheiden vieler „gemäßigter“ und „traditionalistischer“ Kräfte nun alleiniger Vorsitzender, hatte aber bereits die Anhängerschaft vieler ursprünglicher Teilnehmer des Kongresses verloren. Zu seinen Vertretern wurden Jandarbijew und Hussein Achmadow gewählt, letzterer ging 1993 auf die Seite der moskautreuen Opposition über. Außerdem rückte Jusup Soslambekow zum Ersten Stellvertretenden Vizepräsidenten des OKTN auf. Soslambekow war seinerseits in der Bewegung der Kaukasischen Bergvölker verankert, deren Parlament er angehörte; er wurde politisch auch eher dem „traditionalistischen“ Lager zugerechnet; doch waren ihm auch Kontakte ins kriminelle Milieu nachgesagt worden.

Die 1989 noch nach sowjetischen Regeln gewählte Exekutive in der Republik erkannte der OKTN nicht mehr an; er beanspruchte die volle Macht für sein Exekutivkomitee und baute, gestützt auf die Partei Jandarbijews, in ganz Tschetschenien ein Netz von Organisationen auf, was in Moskau kaum beachtet wurde, aber sich als entscheidend für die Entwicklung nach dem Augustputsch in Moskau erweisen sollte.

Die Augustrevolution von 1991

Die endgültige Wende der tschetschenischen Nationalbewegung ins Radikale kam mit dem Putschversuch konservativer KP-Politiker, des sowjetischen Geheimdienstchefs und des Verteidigungsministers gegen Sowjetpräsident Michail Gorbatschow vom 18./19. August 1991. Das noch unter sowjetischen

Regeln gewählte Parlament und sein Vorsitzender, Sawgajew, verstanden sich wohl aus Opportunismus nicht zu einer sofortigen Distanzierung von den Putschisten; Sawgajew hielt sich in Moskau auf, ursprünglich um den von Gorbatschow initiierten neuen Unionsvertrag zu unterzeichnen. Die überwiegende Mehrheit der Staatsbediensteten in Grosny unterstützte die Putschisten öffentlich oder vermied durch Krankmeldungen usw. eine Stellungnahme.

Jandarbijew und Dudajew verurteilten hingegen als erste in der Autonomen Republik den Putschversuch. Dudajew veranlasste eine Resolution des OKTN-Exekutivkomitees, welche die Putschisten als „eine Gruppe von Regierungskriminellen" bezeichnete und das tschetschenische Volk zur Verteidigung der Demokratie und der Menschenwürde aufrief, zunächst durch eine Kampagne des zivilen Ungehorsams gegenüber der Putschführung, und rief die in der Sowjetarmee dienenden Tschetschenen zum zivilen Ungehorsam gegen das GKTschP, das Putsch-Komitee, auf. Die Anhänger Dudajews wurden aus den Dörfern nach Grosny gebracht und demonstrierten für die Unabhängigkeit.

Als Sawgajew am 21. August nach Grosny zurückkehrte, war die Stimmung gegen ihn umgeschlagen. Er hatte die Macht endgültig verloren. Dudajews Anhänger besetzten am 22. August den Fernsehsender, rissen zwei Tage darauf die Lenin-Statue in der Stadtmitte nieder und bildeten eine „Nationalgarde" genannte bewaffnete Streitmacht. Entscheidend war Dudajews Rolle als Kommandeur dieser Nationalgarde. In dieser Eigenschaft wurde er alsbald zum unangefochtenen Führer des Widerstandskampfes gegen Russland. Er berief alle Tschetschenen zwischen 15 und 50 Jahren in die Garde ein; dem folgte eine Minderheit, die Mehrheit orientierte sich noch an den eigenen Clanführern, die ihrerseits Dudajews Führung akzeptierten.

Die bisherige KP-Führung wurde von den Demonstranten für abgesetzt erklärt, weigerte sich aber, das hinzunehmen. Darauf bildeten sich für kurze Zeit zwei Machtzentren heraus: das Exekutivkomitee des OKTN – das am 2. September die Übernahme der Staatsgewalt in der Republik proklamiert hatte – unter Dudajew und der Provisorische Oberste Rat (der ehemalige Oberste Sowjet) unter Parlamentspräsident Sawgajew. Am 6. September stürmten OKTN-treue Nationalgarden das Parlamentsgebäude – im Handgemenge kam KP-Stadtsekretär Witali Kuzenko durch einen Fenstersturz ums Leben[2] – und zwangen Sawgajew zum Amtsverzicht. Er floh umgehend aus Grosny. Aus Protest gegen die zunehmende Gewalt verließen einige wichtige Gruppen das OKTN, darunter die Grüne Bewegung und einige einflussreiche Intellektuellengruppen. Jedoch wurde weder das (noch in der Sowjetunion gewählte) Parlament aufgelöst – die Staatsführung der Russischen Föderation erklärte es vielmehr zwei Wochen später für nicht existent –, noch die Unabhängigkeit Tschetscheniens ausgerufen, wie Ljoma Usmanow, damals selbst Mitglied des Parlaments, betont.[3] Vielmehr habe es nicht weniger als vier Deklarationen der Unabhängigkeit gegeben: am 26. September 1990 durch den gewählten Tschetschenischen Kongress; am 27. September 1990 durch das Tschetscheno-Inguschische Parlament; späterhin am 1. November 1991 nach der Wahl Dudajews zum Präsidenten; schließlich im Sommer 1996 durch eine entsprechende Erklärung des bis dahin amtierenden Parlaments.

Die russischen Behörden, vor allem aber Präsident Jelzin und Parlamentspräsident Chasbulatow, hatten Dudajew anfangs begeistert unterstützt. Nicht wenige hielten offenbar Dudajew auch für einen möglichen Verbündeten, da er sich gegen die Unionsstrukturen, gegen die Kommunistische Partei und damit gewiss auch gegen Gorbatschow gewandt hatte. Wohl auf dieser Grundlage unternahm Aslanbek Aslachanow, ein aus Tschetschenien stammender General der Truppen des Innenministeriums und Vorsitzender des Innenausschusses des Obersten Sowjets, im Auftrag des Kremls im September nochmals einen Vermittlungsversuch; er konnte wenigstens Sawgajew und die noch immer von der Moskauer Regierung anerkannten Behörden davon abhalten, mit Gewalt gegen die Nationalgarde und Dudajew vorzugehen. Diese Haltung vertraten die jelzintreuen Kräfte, solange sie der Ansicht waren, das OKTN und Dudajew selbst bezweckten nichts mehr als die Souveränität, zu deren Verwirklichung ja Jelzin selbst nach dem Sieg über die Putschisten im August 1991 in Kasan, an die Führungen der Republiken und autonomen Gebiete der UdSSR gerichtet, jene viel zitierte Formel verkündet hat: „Nehmt so viel von der Souveränität, wie ihr nur verdauen könnt! Und den Rest gebt per Vertrag an Russland ab!“ (Rede in Almetjewsk am 6. August).[4]

Sawgajew hingegen war in der Umgebung Jelzins unpopulär, weil er zwischen dem Obersten Sowjet, der Regierung und den Konservativen taktiert und sich schließlich auf die Seite der GKTschP-Putschisten gestellt, aber auch einen Status größerer Autonomie für Tschetschenien gefordert hatte. Der OKTN verlangte seinen Rücktritt und die Auflösung des Obersten Sowjets Tschetscheniens. Dem entging Sawgajew in den letzten Augusttagen nur mühsam.

Nun entschied der Kreml sich anders. Eine koordinierte (oder auch nur bewusst eingeleitete) Aktion der russischen Zentralmacht gegen Dudajew, dessen Verhalten in diesen Wochen das Adjektiv „putschistisch“ mehr als verdient hatte, war zu dieser Zeit zwar nicht denkbar; in Jelzins Umgebung war man noch immer mit der Auseinandersetzung mit den Michail Gorbatschow zuneigenden Staatsstrukturen der Union, mit der Verhinderung seines Projektes eines Unionsvertrags und mit dem Kampf gegen die KPdSU ausgelastet. Dann schickte die Moskauer Führung am 11. September die bekannten Politiker Gennadi Burbulis und Michail Poltoranin – beide Gefolgsleute Jelzins – mit dem Auftrag, die verfassungsmäßige Ordnung möglichst durch einen Kompromiss mit Dudajew wieder herzustellen, nach Grosny. Sie bewerteten die Verhältnisse in Grosny als hinreichend demokratisch und urteilten, wenn bald Wahlen abgehalten würden, könne man auf das Resultat bauen. Drei Tage später erschien Ruslan Chasbulatow, seit kurzem Präsident des Obersten Sowjets, mit einem Vermittlungsvorschlag in der tschetschenischen Hauptstadt. Er hatte Sawgajew schon vorher als „Werkzeug Moskaus" (und zwar der konservativen Kräfte) sowie Freund der Putschisten öffentlich abqualifiziert und erreichte auf einer Sondersitzung am 17. September zweierlei: die Abwahl Sawgajews und die Selbstauflösung des Obersten Sowjets im Hinblick auf Neuwahlen Mitte November. Zwischendurch sollte ein 32 Personen starker Provisorischer Rat aus Vertretern der verschiedenen Fraktionen die Geschäfte führen.

Wie zu erwarten, konnte dieser Kompromiss zwischen dem konservativen Establishment und den um Dudajew gescharten Radikalnationalisten nicht halten. Der Provisorische Rat spaltete sich, und das OKTN setzte für den 27. Oktober Parlaments- und Präsidentenwahlen an. Das Präsidium des Obersten Sowjets der RSFSR bestätigte jedoch am 8. Oktober nochmals den Provisorischen Rat „als einziges rechtmäßiges Machtorgan", behauptete eine Eskalation von Gewaltakten durch illegale Formationen, forderte die sofortige Auflösung aller bewaffneten Verbände in Tschetschenien und die Auslieferung aller Waffen an die russischen Behörden binnen 48 Stunden. Der Resolution hatte eine Lageeinschätzung durch Vizepräsident Alexander Rutzkoi zugrundegelegen, der Tschetschenien besucht und sich unter bewaffnetem Geleit in Begleitung von Innenminister Andrej Dunajew und KGB-Chef Viktor Iwanenko am 6. Oktober mehrere Stunden lang mit Dudajew besprochen und ihm „nahegelegt" hatte, die Politisierung der Bevölkerung zu unterbinden. Kern des Rutzkoi-Berichtes war die offensichtliche doppelte Fehleinschätzung, Dudajews Anhängerschaft zähle nur 250 Mann, und hinter ihm stehe als wahrer Drahtzieher der georgische nationalistische Präsident Swiad Gamsachurdia. Es sollte nicht die letzte Fehleinschätzung sein. Dass Rutzkoi und dann auch Chasbulatow kurz danach im zentralen Fernsehen die OKTN-Exekutive als Kriminelle bezeichneten und behaupteten, die überwältigende Mehrheit der tschetschenischen Bevölkerung wolle auf jeden Fall in der Russischen Föderation bleiben, machte die Lage für Moskau auch nicht besser. Die Opposition gegen Dudajew war allerdings in der Tat angewachsen, aber keineswegs einheitlich. Nur in der Forderung nach Auflösung der Nationalgarde und baldigen freien Wahlen war sie einig.

Dudajew betrachtete die Moskauer Resolution als Kriegserklärung. Er ließ zwei Tage darauf die Nationalgarde das Gebäude des Ministerrats stürmen. Gleichzeitig meuterten zweihundert Häftlinge im Gefängnis von Grosny und verlangten ihre Eingliederung in die Nationalgarde. Eine MWD-Einheit, die

die Gefängniswache verstärken wollte, wurde von Demonstranten zurückgetrieben. Einige Mitglieder des Provisorischen Obersten Sowjets verließen daraufhin fluchtartig Grosny, andere verbargen sich in der Stadt. Rutzkoi teilte unterdessen in einem Fernsehinterview mit, er habe mehrfach versucht, Präsident Jelzin auf die gefährliche Zuspitzung aufmerksam zu machen, sei aber telefonisch nicht durchgekommen, weshalb er um Sondervollmachten nachsuche. Gegen Dudajew werde nichts unternommen werden, wenn die Nationalgarde ihre Waffen dem MWD übergebe. Erstmals erklärte er öffentlich, in verschiedenen *Auls* (Bergdörfern) formiere sich bewaffneter Widerstand gegen Dudajew.

Die vom OKTN organisierten Präsidentenwahlen fanden am 27. Oktober mit einer Beteiligung von angeblich 72% statt (460.000 abgegebene Stimmen, die russische Seite sprach von nur 200.000 Abstimmenden), wovon Dudajew fast genau 90% der Stimmen erhielt. Mehrere Kandidaten hatten vorher ihre Bewerbung wegen vermeintlicher oder tatsächlicher Wahlbehinderung zurückgezogen. Wahlbeobachter aus Georgien und den baltischen Staaten bewerteten den Wahlvorgang als den Gesetzen entsprechend. Die russische Bevölkerung und die meisten Inguschen boykottierten die Wahl. Dudajew, der im Wahlkampf zur Vorbereitung auf einen Abwehrkrieg aufgerufen und gelegentlich die Stärke der Nationalgarde mit 62.000 Mann angegeben hatte und sich auf die Unterstützung der Vainachischen Demokratischen Partei (Jandarbijew), der Partei des Islamischen Weges (Gantamirow) und der Grünen Bewegung berief, verkündete nun ein Gesetz, das auf die Unabhängigkeit Tschetscheniens von Russland hinauslief.

Der Oberste Sowjet in Moskau wies die Wahl Dudajews am 2. November als ungesetzlich zurück. Nun regte sich die Opposition gegen Dudajew. Umar Awtorchanow, frisch gewählter Verwaltungschef des Nadteretschnij-Bezirks nordwestlich von Grosny und Angehöriger des Innenministeriums, zudem Mitglied eines alten und einflussreichen Clans, verkündete öffentlich seinen Ungehorsam gegen jegliche aus Grosny kommende Anordnung. Fünf Tage darauf verhängte Russlands Präsident Jelzin den Ausnahmezustand einschließlich Ausgangssperre und Versammlungsverbot, worauf Dudajew mit der Verhängung des Kriegszustands „zur Verteidigung der Freiheit des Volkes" reagierte. 600 Soldaten des Innenministeriums (MWD) wurden auf einem Militärflugplatz von der Nationalgarde umzingelt und schließlich in Bussen nach Nordossetien weggefahren. Die Flughäfen, Straßen und Eisenbahnen wurden blockiert, 24 Stunden lang lag der gesamte Bahnverkehr still. Unterdessen nannte KGB-Chef Viktor Iwanenko das Jelzin-Dekret einen „dramatischen Fehler", weil der Präsident es am Parlament vorbei erlassen habe. Das RSFSR-Parlament nahm das Dekret am 11. November zurück, weil eine Mehrheit den Einsatz von Truppen in einem inneren Konflikt für unzulässig ansah, und der Repräsentant Präsident Jelzins, Achmed Arsanow, der einem angesehenen Clan angehörte, wurde nach Moskau zurückbeordert. Schließlich mussten die russischen Truppen insgesamt die Republik verlassen. Für Jelzin, seinen Vizepräsidenten Rutzkoi und Parlamentschef Chasbulatow hatte das ganze Unternehmen mit einer empfindlichen politischen Niederlage geendet.

In Tschetschenien verblieben große Mengen an Waffen und sonstigem Kriegsmaterial. Das Staatsbudget Tschetscheniens wurde jedoch von Moskau weiter finanziert; die Einstellung der Zahlungen hätte als Anerkennung der Unabhängigkeit ausgelegt werden können. Wahrscheinlich hätte sich unter den entscheidenden russischen Gremien, die eher mit Kämpfen gegeneinander als mit der Gestaltung politischer Verhältnisse beschäftigt waren, auch keine Mehrheit für eine Finanzsperre finden lassen. Mehrere Regionen, deren Führungen Moskau ebenfalls größere Souveränitätsrechte abringen wollten (wie etwa Tatarstan, Baschkortostan oder Jakutien/Sacha), hätten eine solche Maßnahme als auch gegen sich gerichtet verstanden; und soweit Jelzins Berater zur Besonnenheit neigten, war ihnen dies auch durchaus klar. Den Bruch mit anderen regionalen Körperschaften durften sie nicht riskieren, der „mildere" Widerstand anderer Regionalbewegungen half dem sich radikalisierenden tschetschenischen Unabhängigkeitskampf in dieser Phase auf die Sprünge.

Die Unabhängigkeit

Die Unabhängigkeitsbewegung Dudajews ging aus dieser Entwicklung gestärkt hervor. Dudajew übernahm schließlich am 18. November auch das Amt des Regierungschefs. Es entstand gleichzeitig eine erste radikale Opposition gegen ihn. Ihr schlossen sich unter anderem viele Veteranen des Afghanistan-Krieges an. Doch auch Dudajew selbst wandelte sich in dieser Phase zum Radikalen. Auf sein Betreiben wurde am 2. November in Suchumi (Abchasien) eine „Konföderation der Bergvölker des Kaukasus" gegründet, die zwar nie zu besonderer Wirksamkeit kam, aber für eine kurze Zeit die Möglichkeit eines den ganzen Nordkaukasus erfassenden Sezessionsprozesses ahnen ließ. Nur die traditionell auf russischer Seite stehenden Osseten waren daran nicht beteiligt. Dudajew war andererseits bis dahin besonders von Georgiens damaligem Präsidenten Swiad Gamsachurdia (außerdem von Unabhängigkeitsbewegungen aus Dagestan) unterstützt worden, was durch den gemeinsamen Konflikt der georgischen und der tschetschenischen Nationalisten mit den ossetischen Nationalbewegungen gefördert wurde; Georgiens Regierung mißbilligte jedoch die Beteiligung abchasischer Vertreter an der Konföderation. Gamsachurdia wurde nach seinem Sturz in Tschetschenien politisches Asyl angeboten, das er aber nicht annahm.

Im Lauf des folgenden Jahres (1992) nahm zwar Dudajews Popularität weiter zu, doch polarisierte er auch die politische Szene in Grosny. Seine Unerfahrenheit in Wirtschaftsfragen und im politischen Alltagsgeschäft brachte ihn in Konflikt zu anderen Institutionen. Er baute indessen, ganz populistisch, auf seine Anhängerschaft. Den von Russland am 31. März 1992 zur Unterschrift vorgelegten Unionsvertrag unterzeichnete Tschetschenien nicht (Tatarstan verweigerte als einzige andere Republik die Unterschrift). Der Vertrag überließ der Zentralregierung die internationalen Beziehungen, die Wahrung der Minderheitenrechte, Verkehrs- und Wirtschaftspolitik. Bodenschätze, Steuern und Lokalverwaltung sollten von der Zentrale und den Föderationssubjekten gemeinsam beschlossen werden. In allen anderen Fragen wurde den Föderationssubjekten „vollständige Staatsgewalt auf ihrem Territorium“ zuerkannt und die „autonome Teilhabe an internationalen und außenwirtschaftlichen Beziehungen“ zugestanden. Drei kaukasische Autonome Gebiete (Adygej, Karatschajewo-Tscherkessien und Chakassien) wurden durch den Vertrag in den Status Autonomer Republiken erhoben, wodurch Ansätze zur regionalen Solidarisierung abgebogen wurden und die Bergvölker-Konföderation faktisch in Vergessenheit geriet.

Dudajews Vertreter in Kontakten mit Moskau hatten sich bis dahin nur zu Verhandlungen über einen zwischenstaatlichen Vertrag bereit erklärt. Ein wenig entgegenkommender hatten Jaraghi Mamodajew, der faktische Regierungschef, und Jusup Soslambekow, der tschetschenische Parlamentspräsident und Vorsitzender der Konföderation der Kaukasischen Völker (zu deren Sitz Dudajew im Juni 1993 Grosny erklärte), im Laufe des Jahres 1992 taktiert. Sie handelten im Dezember 1992 auch einen „Vertrag über die Trennung der Gewalt und der Verwaltung zwischen den leitenden Staatsorganen der Russischen Föderation und den leitenden Organen der Tschetschenischen Republik“ aus.[5] Doch nun distanzierte Dudajew selbst sich von dem Arrangement, das er als „Privatsache“ verwarf. Den russischen Delegationsleitern Sergej Schachraj und Ramazan Abdulatipow verweigerten Dudajews Gardisten den Zutritt zu ihrem Chef, als sie Mitte Januar einen weiteren Vermittlungsversuch in Grosny unternahmen. Auch der nächste Kontaktversuch schlug fehl. Initiator war diesmal der tschetschenische General Ibragim Suleimenow, Vorsitzender des tschetschenischen Verteidigungskomitees und Mitgründer der Nationalgarde. Wieder wandte sich Dudajew gegen die Initiative – mit dem Ergebnis, dass Mamodajew, Soslambekow und Suleimenow endgültig zu innertschetschenischen Opposition gegen ihn überliefen. Von jetzt an schien niemand mehr in der Lage, ernsthaft mit Moskau zu verhandeln oder von der russischen Regierung als seriöser Partner anerkannt zu werden.

Seit April 1993 eskalierte der Konflikt zwischen Präsident Dudajew und den politischen Institutionen. Die Opposition prangerte Dudajews selbstherrlich gewordene Art der Regierung an und verlangte Neuwahlen. Demonstrationen der Opposition wurden am 4. Juni mit Waffengewalt auseinandergetrieben. Suleimenow hatte bereits vorher heftige Auseinandersetzungen mit

Dudajew, nachdem dieser am 17. April 1993 das Parlament, den Verfassungsgerichtshof und die Stadtversammlung von Grosny aufgelöst und ein Präsidialsystem proklamiert hatte. Die Opposition zog sich in den nordwestlichen Bezirk Nadteretschnij zurück, den Dudajew nie kontrolliert hatte; hier lagen die Hochburgen von Sawgajew, Awtorchanow und einiger anderer einflussreicher Politiker. Gantamirow (bis zum Sturm auf den Stadtrat von Grosny Bürgermeister der Stadt) und Soslambekow festigten ihre oppositionellen Positionen in ihren Hochburgen, beide im Gebiet von Urus-Martan.

Diese Auseinandersetzungen ließen die staatliche Gewalt in Tschetschenien weiter verfallen und spalteten vorerst das Land. Die oppositionellen Gruppen formierten sich in der Ebene am Terek im Norden; die Clans der Bergregionen des Südens blieben im allgemeinen loyal gegenüber Dudajew. Die territoriale Spaltung spiegelt die ungleiche wirtschaftliche Entwicklung wider. Die Bewohner des verarmten Berglandes hatten mit der russischen Ordnung längst gebrochen und sich um so leichter auf Dudajews Unabhängigkeitskurs eingelassen. Die eher an Zusammenarbeit mit Russland interessierten Bewohner der städtischen Siedlungen in der Ebene und im Vorgebirgsland legten Dudajew andererseits seine wirtschaftliche Unfähigkeit zur Last: Der Zusammenbruch des moderneren Wirtschaftssektors traf fast ausschließlich die Stadtbewohner. Der Exodus vieler russischer und ukrainischer Spezialisten hatte zudem viele Betriebe lahm gelegt. Auch dafür wurde Dudajew verantwortlich gemacht. Der Verwaltungschef des Gebiets Nadteretschnij, Umar Awtorchanow, hatte sich niemals von Moskau völlig losgesagt und aus Grosny vertriebene Oppositionspolitiker bei sich aufgenommen. Er rief Anfang 1994 einen „Provisorischen Rat der Tschetschenischen Republik“ ins Leben, verlangte Parlamentsneuwahlen und Rückkehr in ein multiethnisches Russland. Einige Kommandeure von Einheiten der Nationalgarde – noch war der Begriff „Feldkommandanten“ nicht verbreitet – fielen 1993 von Dudajew ab, weitere 1994. Ruslan Labasanow – ein ehemaliger Häftling – und Beslan Gantamirow, zwei der bekanntesten davon, nahmen jeweils einige hundert Nationalgardisten mit in den Widerstand. Ruslan Chasbulatow, der in Tolstoj Jurt (zwanzig Kilometer von Grosny entfernt) eine „Friedenserhaltungsgruppe“ ausgerufen hatte, schloss sich der Opposition in Grosny an, ohne allerdings irgendwelchen bedeutenden Anhang hinter sich scharen zu können. Russische Unterstützung konnte er schon wegen seiner scharfen Opposition gegen Jelzin in der Oktoberkrise von 1993 nicht erwarten.

Chasbulatows (von Beslan Gantamirow anfangs unterstützter) Versuch, am 15. Oktober 1994 Grosny im Handstreich einzunehmen, endete mit einem totalen Fehlschlag; Umar Awtorchanows Freischärler, obwohl geographisch in der Nähe konzentriert, kamen ihm ebenso wenig zu Hilfe wie andere Warlords und die Einheiten des Nordkaukasischen Militärbezirks in

Wladikawkas. Die Nadteretschnij-Region (Sawgajews und Awtorchanows Hochburg am oberen Terek) und die Umgebung von Urus-Martan (die Basis des 1991 zum Bürgermeister von Grosny gewählten Beslan Gantamirow) waren im Herbst 1994 ziemlich eindeutig in der Hand der innertschetschenischen Opposition. Salambek Chadschijew, ein Mitglied der Akademie der Wissenschaften und früherer Minister für Erdöl und Petrochemie, suchte vergebens, eine Gegenmacht aufzubauen. Das alles wurde in Russland selbstverständlich begrüßt; dass russischer Einfluss oder Bestechung oder Manöver der Geheimdienste hinter dieser neuen Frontbildung standen, ist niemals bewiesen worden, wird von der radikaleren tschetschenischen Seite aber von jeher behauptet. Die Nachfolgeorganisationen des KGB scheinen zu dieser Zeit in Tschetschenien unfähig und völlig einflusslos gewesen zu sein.[6]

Von *russischer* Staatsgewalt war in dieser Etappe nicht mehr viel in Tschetschenien zu erkennen. Im Herbst 1994 hatten sich zwar einige Prätendenten für die Herrschaft über die Republik gemeldet, doch Russland verweigerte ihnen die Unterstützung, auch aus der in diesem Fall durchaus vorhandenen Einsicht in die Aussichtslosigkeit der Unternehmen. Russland hatte in Tschetschenien keinen Stützpunkt mehr. Auch nicht, nachdem die für Tschetschenien zuständigen Politiker sich im August 1994 für die Unterstützung Awtorchanows entschieden hatten. Zuständig waren nun der neue Nationalitätenminister Nikolaj Jegorow, er hatte Sergej Schachraj im Amt ersetzt; sein Erster Stellvertreter Alexander Kotenkow; ein Oberst aus dem BundesSpionage-Abwehrdienst namens Chromenko. Die beiden letzteren waren für die logistischen Fragen des Kampfes gegen Dudajew verantwortlich. Ihr Versuch, die Opposition zu einigen, schlug fehl. Russische Kontrolle über die Grenzen und die Institutionen Tschetscheniens konnten sie zu keiner Zeit wieder aufrichten.

Das alles unterschied die Lage von anderen Unabhängigkeits- und Sezessionskonflikten. Im Baltikum hatte die Sowjetunion bis zuletzt (bis zur tatsächlichen Unabhängigkeit der drei Republiken) beispielsweise die Außengrenzen und die Flugzeuge unter strenger Kontrolle, letztere waren (neben den Militäranlagen) die nahezu einzigen Orte fortdauernder sowjetischer Staatssouveränität inmitten faktisch bereits unabhängig werdender Territorien. In Grosny gab es keine russischen Flughafenkontrollen mehr. Von Zivilflugplatz gingen 1993 monatlich rund 150 Flüge in die Türkei, Zoll- und Passkontrollen fanden nicht mehr statt. Andererseits waren die tschetschenischen Außengrenzen zu den weiterhin Russland zugehörigen Nachbarregionen Inguschetien, Stawropol und Dagestan ebenfalls ohne Kontrollen; Russland verzichtete bewusst darauf, um nicht die Unabhängigkeit Tschetscheniens de facto zu präjudizieren: Die Republik war offiziell weiterhin Bestandteil Russlands. Das verschaffte Grosny geradezu zwangsläufig eine Position, von der aus Schmuggel- und Schwarzgeldgeschäfte mit dem Ausland ohne jede Behelligung getrieben werden konnten. Daran wollten jedoch auch kleinere Warlords für ihre Clans teilhaben. Die Auseinandersetzungen zwischen ihnen und Dudajews (beanspruchter, aber immer weniger realisierter) Macht schwelten; ein offener Ausbruch lag nicht im Interesse der Beteiligten, der Schwebezustand führte andererseits zu einer weiteren Erosion der Macht.

Internationale Anerkennung hat Tschetschenien nicht erreicht, lediglich zweitrangige Abkommen meist über wirtschaftliche Zusammenarbeit wurden mit den baltischen Staaten, der Ukraine, Kasachstan, der Türkei, Deutschland und Japan abgeschlossen. Mit vielen Regionen (Föderationssubjekten) Russlands unterhielt Tschetschenien weiterhin umfassende Beziehungen. Dudajew betrachtete die Republik jedoch nicht als einen Bestandteil der Russischen Föderation und ließ deswegen keine für Russland angesetzten Wahlen in Tschetschenien zu.

Einige Anstrengungen widmete Dudajew der Regionalpolitik. Gemeinsam mit Swiad Gamsachurdia, dem ersten gewählten Präsidenten Georgiens, strebte er zunächst ein „Kaukasisches Gemeinsames Haus“ (*Kawkaskij obschtschij dom*) an, wohl mit den Fernziel, die drei südkaukasischen Republiken, die von ihnen abhängigen Autonomen Republiken und die nordkaukasischen Republiken und Regionen zu föderieren. Gamsachurdia wurde aber schon im Januar 1992 gestürzt. Gegen den neuen Machthaber, den georgischen Militärrat, erhob sich die Führung der Autonomen Republik Abchasien, die (auch mit russischer Unterstützung) die faktische Unabhängigkeit von Georgien erreichte – um den Preis der Austreibung von wenigstens 200.000 Georgiern. Auf abchasischer Seite kämpfte unter anderem Schamil Bassajews Freischar. Tschetschenien und Abchasien waren in der Folge die treibenden Kräfte hinter der Versammlung der Bergvölker des Kaukasus, der späteren Konföderation der Kaukasischen Völker. Der Tschetschene Jusup Soslambekow – aktiv in der Konföderation der Bergvölker – organisierte auch die Teilnahme Bassajews am abchasischen Sezessionskrieg. Die Versammlung bzw. Konföderation der Bergvölker hat jedoch nie eine politische Rolle gespielt; sie enttäuschte auch Dudajews Wünsche, Tschetschenien zu einem „Scharnier“ zwischen dem islamischen Osten und dem christlichen Westen zu machen.

Die Einrichtung einer Islamischen Republik hat Dudajew nicht angestrebt. Er wurde zwar auf den Koran vereidigt und erklärte den Freitag anstelle des Sonntags zum Feiertag, bekundete aber wenig Interesse an der Religion und nur sehr geringe Kenntnisse. Die russische Behauptung, in Tschetschenien werde der islamische Fundamentalismus bekämpft, ist ebenso unzutreffend wie die Behauptung, die Republik sei unter Dudajew zu einer „Zone freier Kriminalität“ geworden.

Ein Zerfall der Rechtsordnung ist gleichwohl zu konstatieren; doch er betraf nicht ganz Tschetschenien. Vielen Verarmten blieben außer Tauschhandel und Gelegenheitsarbeiten nur Kleinkriminalität und organisiertes Verbrechen als Einkommensquelle; intakt gebliebene Clan-Beziehungen gaben in diesem Milieu den Rahmen für Bandenbildungen ab. Die entstehende Unsicherheit und die täglich wiederholte Warnung vor einem militärischen Eingreifen Russlands verstärkte schließlich noch einen anderen Problemkreis: die allgemeine Bewaffnung des Volkes. In Grosny und anderen Städten waren nicht nur Kalaschnikows (AK- 47) leicht zu erwerben – Angehörige der Armee verkauften nicht selten aus den Beständen ihrer Einheiten Waffen und Munition. Der Tschetschenien ohnehin anhängende Ruf, es sei ein Hort des organisierten Verbrechens, wurde dadurch anscheinend bestätigt; er wurde zu einer ständigen Argumentationsfigur der russischen psychologischen Kriegsführung.

Exkurs: Modell Tatarstan?

Die Aufforderung „Nehmt so viel von der Souveränität, wie ihr nur verdauen könnt!“ hatte Jelzin zuerst in Tatarstan ausgesprochen. Die dortige Parteiführung unter dem Tataren Mintimer Schajmijew nahm dieses Angebot auf, der russische Vizeparteichef Wassilij Lichatschow verhielt sich zögernder. Am 30. August 1990 rief der Oberste Sowjet der Tatarischen ASSR einstimmig die Souveränität Tatarstans aus und beschloss den neuen Staatsnamen „Republik Tatarstan“. Im April 1991 beschloss er die Einführung eines Präsidialsystems und die Volkswahl des Präsidenten. Entsprechend verlangte eine Kundgebung auf dem Kasaner Freiheitsplatz am 7. April 1991 die „Verteidigung der Souveränität von Tatarstan“, forderte von den leitenden Gremien der Sowjetunion und Russlands die Anerkennung dieses Status und verabschiedete eine Resolution, in der die Bereitschaft zur Unterzeichnung eines neuen Unionsvertrags an die Anerkennung des Republikstatus geknüpft wurde.

Zu Neujahr 1991 wurden die vor „mehr als 70 Jahren“ unterbrochenen Beziehungen zur Türkei wiederaufgenommen. Ein Protokoll über Handels- und Wirtschaftsbeziehungen wurde in Ankara unterzeichnet, in dem Tatarstan die Lieferung von Erdöl, petrochemischen Produkten und Holz gegen die Einfuhr von Industriewaren und Lebensmitteln zusagte; türkische Spezialisten sollen in Joint Ventures an der Restaurierung historischer Denkmäler mitwirken und bauten in der Folge unter anderem im historischen Kreml von Kasan eine Moschee an der Stelle, an der ein früherer Moscheebau 1552 nach der Eroberung durch Russland zerstört worden war.

Das Referendum von 17. März 1991 über die Einführung des Präsidialsystems in Russland (RSFSR) wurde in Tatarstan boykottiert, da die Kasaner Führung die Republik zu dieser Zeit nicht mehr als Teil der RSFSR betrachtete. Auch an der Wahl des russischen Staatspräsidenten am 12. Juni nahm Tatarien offiziell nicht teil, doch wurden Wahlwilligen Möglichkeiten zur

Teilnahme geschaffen. Die *tatarische* Präsidentenwahl gewann Schajmijew (als einziger Kandidat, der die nötige Unterschriftenzahl aufbringen konnte) mit 75% der Stimmen; an dieser Wahl beteiligten sich gut 62% der Berechtigten. An der *russischen* Präsidentenwahl nahmen weniger als 40% der Berechtigten teil, so dass das Quorum von 50%, das zur Gültigkeit der Wahl gesetzt ist, verfehlt wurde. Tatarstan weigerte sich, den neuen Unionsvertrag im Rahmen der Delegation Russlands zu unterzeichnen, und setzte später eine Reihe bilateraler Verträge mit Russland durch. Die Republik gab sich per Volksabstimmung am 6. November 1992 eine neue Verfassung.

Tatarstan hatte einige gewichtige ökonomische Vorteile. In Kasan und anderen Industriestädten befinden sich hoch spezialisierte Rüstungsbetriebe (vor allem Flugzeug- und Hubschrauberbau), das Lastwagenwerk KamAS hatte in der Sowjetunion praktisch eine Monopolstellung inne, Tatarstan ist ein wichtiger Standort für Weltraum- und Fernmeldetechnik, und die Republik ist sowohl Transitland als auch Förder- und Verarbeitungsland für Erdöl. Da sie zu beiden Seiten der Wolga liegt, beherrscht sie in geographischem und auch politischem Sinn die wichtigste Flussschifffahrtsstraße Russlands.

Politisch fällt ins Gewicht, dass die Tataren zwar in der Republik die Mehrheit der Bevölkerung stellen (der russische Anteil lag 1990 bei 43 Prozent und war, wie auch in anderen nationalen Territorien der Sowjetunion der Fall, in den Industriestädten konzentriert), andererseits aber drei Viertel der tatarischen Nation in der Diaspora – in Russland und anderen ehemaligen Sowjetrepubliken – lebten. Das neu erwachende Nationalgefühl formulierte eine große Zahl neuer Parteien und Bewegungen, von denen einige rasch wieder verschwanden, andere zu großer Konstanz und hohen Mitgliederzahlen fanden. Eine gewichtige Rolle spielte seit 1990 das „Tatarische Öffentliche Zentrum" (TÖZ), es gilt – abgesehen vom Machtapparat des Präsidenten Schajmijew – als die einflussreichste politische Organisation der Republik, auch nachdem sich schon 1990 ein wesentlich radikaler nationalistischer Flügel abgespalten hatte. Zu nennen sind, außer der vorwiegend von Russen getragenen und langsam dahinschwindenden Kommunistischen Partei, die Partei der nationalen Wiedergeburt (Ittifak), die Republikanische und die Islamische Demokratische Partei, das gesellschaftspolitischen Zentrum „Souveränität" und der Bund der tatarischen Jugend „Asatlyk". Eine große Zahl kultureller und religiöser Organisationen ist daneben in der Hauptstadt Kasan aktiv.

Die islamischen Traditionen der Wolgatataren belebten sich gleichzeitig mit dem Nationalgefühl. Frühe Umfragen zeigten, dass sich rund zwei Drittel der Tataren als Moslems ansehen; die russische Bevölkerung bekennt sich in wesentlich geringerem Maße zur Orthodoxen Kirche. Das Muftiat in Kasan, 1992 neu eingerichtet, arbeitet mit der Führung der Orthodoxie in der Republik gewöhnlich spannungslos zusammen. Es bekennt sich ausdrücklich zu den modernistischen Traditionen Mardschanis und der zu Beginn des 20. Jahrhunderts von Kasan ausgehenden Neuererbewegung, dem Jadidismus. Das Fernziel der zwanziger Jahre, eine Ural-Wolga-Föderation der Tataren, Baschkiren und der anderen islamischen Völker der Region, streben die beherrschenden Persönlichkeiten der islamischen Organisationen nicht offen an, doch ist es ihnen präsent. Sie heben andererseits stets auf die 450 Jahre währende Zusammenarbeit zwischen Russen und Tataren ab, ohne die Unterdrückung während der ersten zwei Jahrhunderte zu vergessen.

Seit 1992 schloss die tatarische Regierung, gestützt auf eigene Verfassung, eigenes Staatswappen, eigene Staatsflagge und andere Insignien der Staatlichkeit, eine Vielzahl von Verträgen mit Russland ab, einerseits wie ein souveräner Staat auftretend, andererseits ohne den Staatsverband der Russländischen Föderation zu verlassen. Darunter waren Verträge über das Eigentum an den Bodenschätzen und Anlagen der Republik (die meist an das souveräne Tatarstan übergingen, außer Militär- und Eisenbahnanlagen), über die wirtschaftliche Zusammenarbeit, über Bildungs- und Hochschulfragen usw. Wichtigster Vertrag und das Kernstück der juristischen Konstruktion, die die staatsrechtliche Souveränität Tatarstans im Rahmen Russlands regelt, ist der Kompetenzabgrenzungsvertrag vom 15. Februar 1994. Der Vertragstext beschreibt Tatarstan nicht als eine der Föderation „assoziierte", sondern „mit Russland auf der Basis beider Verfassungen und des Vertrages vereinte Republik".[7] Dieser Grundlagenvertrag ist zwar von der radikal-nationalistischen Bewegung in Tatarstan nie akzeptiert worden, weil er die *volle* Souveränität nicht sichert, und andererseits von russischen Zentralisten als viel zu weit gehend abgelehnt worden, hat aber gewiss dazu beigetragen, dass eine Nationalität innerhalb Russlands sich tatsächlich „so viel Souveränität nehmen" konnte, wie sie zu verdauen vermag – bis hin zu ersten eigenständigen außenpolitischen Auftritten.

Ähnliche Vertragskonstruktionen haben Baschkortostan, Sacha (Jakutien) und andere „Föderationssubjekte" für sich aushandeln können, doch das tatarische Modell hat ganz besonders als mögliche Lösung für eine künftige föderal strukturierte russische Staatsorganisation gegolten. Auch deshalb hat die Beteiligung Schajmijews an mehreren Versuchen, Friedenslösungen für Tschetschenien zu finden, eine hohe Bedeutung gehabt. Seit den ersten innenpolitischen Reformen Präsident Wladimir Putins im Frühjahr 2000 ist indes eine Rückkehr der russischen Staatsgewalt zu zentralistischen Zielen unverkennbar. Das „Modell Tatarstan" kann ein weiterer Prüfstein werden – dafür, ob sich föderale Eigenständigkeit in russischen Regionen überhaupt durchzusetzen und zu halten vermag.

Noch unmittelbar vor dem Beginn des zweiten tschetschenischen Krieges warben Kasaner Politiker ziemlich eindeutig dafür, der kaukasischen Republik ebensolche Souveränitätsrechte einzuräumen wie der Republik an der

Wolga, jedenfalls größere Rechte, als das Übergangs-Vertragswerk enthielt, das Alexander Lebed mit Aslan Maschadow vereinbart hatte. Diese Vorstellungen sind für Tschetschenien seit Sommer 2000 obsolet.

Moskaus Entscheidung für die Intervention

Mit dem Abfall Labasanows und Gantamirows schien das Dudajew-Regime in die tiefste Krise seiner noch kurzen Existenz geraten zu sein. Unterdessen hatten die Moskauer Behörden begonnen, sich nach Partnern umzusehen, die den Regeln (oder der Regellosigkeit) des Bandenkriegs in Tschetschenien folgen, aber die Moskauer „Sache" vertreten würden. Im Juni 1994 griffen Labasanows und Gantamirows Verbände Grosny an und wurden nach blutigen Kämpfen zurückgeschlagen; Russland baute jetzt den „Übergangsrat der Tschetschenischen Republik", eine neue Gruppe mit dem Schwerpunkt im nordwestlichen Bezirk Nadteretschnij unter Umar Awtorchanow, durch Waffen- und Geldlieferungen zu einem neuen Akteur auf. Doch selbst ein gemeinsamer Angriff der Oppositions-Verbände, die inzwischen rund 1.500 Bewaffnete aufbieten konnten und von Panzern, Hubschraubern und Kampfflugzeugen mit russischen Mannschaften unterstützt wurden, blieb erfolglos gegen Dudajews Kampfverbände. Dessen innertschetschenischer Rückhalt war zu dieser Zeit auf einem Tiefpunkt angelangt; nicht allein wegen des Ausscheidens einiger Warlords und ihres Anhangs, sondern vor allem infolge wachsenden Unmuts über die Verfilzung seiner Administration mit der kriminellen Szene der Republik.

Über die Verfilzung von Kriminalität, Unabhängigkeit und gesellschaftlichem Zusammenbruch urteilte die US-Autorin Suzanne Goldenberg[8] ziemlich vernichtend, das äußere Bild der „Männer in verschiedenen bedrohlich wirkenden Verkleidungen" habe sie mehr an Peschawar als an Moskau erinnert. Sie registrierte Dorfälteste in Schaffellmänteln mit Dolchen; Mafiosi mit Goldzähnen, Palästinenserschärpen und schwarzen Lederjacken; gelangweilte Soldaten; Bewaffnete, die vor den besten in Russland erhältlichen Autos, Saab und Mercedes, sich spreizen; Männer, die sich auf islamische Art durch Umarmung begrüßen; sie registriert auch die besondere Verachtung, welche Russen den Tschetschenen unter den ohnehin beargwöhnten Bergvölkern entgegenbringen. Tschetschenen gälten als eine Nation von Zuschlägern und Kriminellen mit einem Hang zur Gewaltanwendung beim Kampf um Marktanteile unter den Moskauer Drogenhändlern, Prostituierten, Waffenhändlern und Schmugglern. „Obwohl es fast sicher eine tschetschenische Präsenz in der Moskauer Unterwelt gibt, wird dieser Umstand maßlos übertrieben dargestellt."

Am 12. Oktober verhängte Dudajew schließlich mit der Erklärung, Tschetscheniens Unabhängigkeit sei in Gefahr wie nie zuvor, den Ausnahmezustand. In Russland waren die Ansichten darüber, wie man mit Tschetschenien verfahren solle, so tief gespalten wie selten zuvor. Nicht allein die Militärführung und die „Machtministerien", die über eigene militärische Verbände verfügten, plädierten für ein hartes Eingreifen; auch der Erste Stellvertretende Vizeministerpräsident Sergej Schachraj, der den Reformern zugerechnet wurde, hielt jetzt ein gewaltsames Eingreifen für angeraten, weil Tschetschenien als Teil Russlands nicht verloren gehen dürfe.

Die Militärs stritten alle tschetschenischen Behauptungen ab, die Gegner Dudajews würden von russischer Seite materiell unterstützt – bis zum 5. Dezember. Da räumte Verteidigungsminister Pawel Gratschow bei einem Besuch der Truppen an der Grenze (noch auf unbestreitbar russischem Territorium) ein, in der letzten Novemberwoche hätten russische Flugzeuge Ziele in Tschetschenien bombardiert, und reguläre russische Einheiten hätten gemeinsam mit den Gegnern Dudajews an Bodenkämpfen teilgenommen. Mit Gratschow waren Innenminister Viktor Jerin und Spionageabwehrchef Sergej Stepaschin in die Region gekommen und hatten unter anderem Kontakt mit dem Dudajew-Gegner Umar Awtorchanow aufgenommen. Versuche, zu Verhandlungen mit Dudajew zu kommen, scheiterten an der intransigenten Haltung der Moskauer Abgesandten, die auf die ebenso intransigente Haltung des tschetschenischen Vizepräsidenten Selimchan Jandarbijew, die Unabhängigkeit der Republik sei „nicht verhandelbar", um keinen Preis eingehen wollten. Die Illusion, die Anti-Dudajew-Koalition sei erstens einig und zweitens stark genug, um Grosny binnen zwei Tagen zu besetzen und die Macht in der Republik zu übernehmen, war so verbreitet, dass die russische Seite ihrerseits hart blieb und sich auch gar nicht die Mühe machte, ihre eigene Rolle zu tarnen.

In der Tat hatte die russische Armee den Kräften von Tolstoj Jurt und Urus-Martan rund fünfzig Panzer mit samt für ein Handgeld von rund 3.000 Mark (für Offiziere, entsprechend weniger für Mannschaften) angeheuerten Besatzungen aus der Basis Mosdok zur Verfügung gestellt. Die erreichten – bis auf drei frühzeitige Verluste – nach vier Tagen, am 26. November, das Zentrum von Grosny. Doch hier zeigten sich bereits einige russische Fehlkalkulationen. Die 47 verbleibenden Panzer waren in Grosny nicht mehr recht einzusetzen, sowohl wegen ihrer Bauart als auch wegen des Mangels an Ausbildung und Bodenunterstützung. Die Disziplin der Anhänger Awtorchanows war gering; nur knapp tausend Bewaffnete seiner Freischar waren in Grosny erschienen. Die Angreifer wurden nach zwölf Stunden zur Aufgabe und zum Rückzug gezwungen. Über die Hälfte der Panzer war kampfunfähig gemacht, die übrigen von Dudajews Nationalgarde erbeutet worden. Unter den vielen Gefangenen waren zahlreiche russische Soldaten; wohl der Anlass für Gratschows Eingeständnis. Dudajew hatte mit der Erschießung der Gefangenen gedroht, falls Moskau seine Beteiligung an den Kämpfen weiterhin leugne.

Moskauer Rechtfertigungen

Gründe für den Einmarsch nannte Präsident Jelzin erst am 27. Dezember, mehr als zwei Wochen nach dem Beginn der Invasion. Sie lassen sich nach den Berichten der russischen Medien[9] so zusammenfassen:

Die Wahl Dudajews war faktisch unter den Bedingungen des Kriegsrechts erfolgt und demzufolge nicht frei.

Die tschetschenische Führung ist weder von den vorherigen legitimen Institutionen noch von den zuständigen Gremien der Russländischen Föderation anerkannt worden, geschweige denn weltweit.

Das Dudajew-Regime hat wesentliche Bestimmungen der von ihm anfangs akzeptierten russischen Verfassung verletzt.

Das Regime von Grosny hat die Bevölkerung auf den Weg der organisierten Kriminalität geführt, die Wirtschaft ruiniert, die Rechtspflege aufgelöst und Faustrecht an die Stelle der Rechtsordnung gesetzt. Sie hat die von der Staatskasse entrichteten Mittel zur Rentenzahlung zweckentfremdet zum Kauf von Waffen verwendet.

Die Verwaltung ist zusammengebrochen und kann seit über einem Jahr nicht einmal mehr die Postdienste aufrechterhalten.

Die tschetschenische Situation destabilisiert Russland, ist zu einer größten Bedrohungen der Sicherheit des russischen Staates von innen geworden und muss durch die rasche Wiederherstellung der Ordnung in der Republik unter Kontrolle gebracht werden. Die Streitkräfte haben daher den Auftrag, die Banditenformationen zu entwaffnen und ihr schweres Gerät zu sammeln oder zu vernichten.

Geheimdienstchef Viktor Jerin bezichtigte Tschetschenien kollektiv: In nur acht Monaten seien fast 1.700 Güterzüge und Containertransporte im Gebiet von Grosny überfallen und ausgeraubt worden; Kriminelle aus der gesamten Kaukasusregion fänden Zuflucht in Tschetschenien, und von dort aus würden hunderte kriminelle Handlungen außerhalb Tschetscheniens organisiert; rund jeder dritte überführte Geldfälscher Russlands stamme aus Tschetschenien; dessen Bewohner seien in 42 Prozent aller Unterschlagungsfälle in Russland verwickelt. Aber nur wenige würden dort reich; das werktätige Volk sei rechtlos und verarme rasch. Das traf allerdings ebenso auf die meisten anderen Regionen Russlands zu, was Jerin in der Eile zu erwähnen vergaß.[10]

Im russischen Nationalen Sicherheitsrat wurden auch Opportunitätsgründe vorgebracht: Die Aussichten für einen Erfolg der Intervention seien günstiger als vor zwei Jahren, weil der wirtschaftliche Ruin und das Verwaltungsdesaster Dudajews Popularität zerstört hätten, und nachdem die Komplizenschaft Russlands in den Aktionen der Awtorchanow-Opposition bekannt geworden sei, müsse das Gesicht durch einen raschen militärischen Erfolg gewahrt werden, der möglich sei. In den Worten Verteidigungsminister Gratschows: Grosny könne „mit einer einzigen Luftlandeeinheit in zwei Stunden erobert werden".[11]

Indessen war der Militäreinsatz rechtlich höchst anfechtbar. Die Entscheidung, die Streitkräfte gegen Tschetschenien einzusetzen, hatte keines der dazu verfassungsmäßig berechtigten Staatsorgane gefällt. Das war vielmehr am 28. oder 29. November in einer Geheimsitzung des russischen Nationalen Sicherheitsrates geschehen. Dem wiederum waren Beratungen und Entscheidungen in Präsident Jelzins „Küchenkabinett" vorausgegangen, auf das keine demokratisch legitimierte Institution Einfluss nehmen konnte. (Das Wort „Küchenkabinett" erinnert an die von mehreren Parteien genutzten Küchen sowjetischer Gemeinschaftswohnungen, in denen gestritten und vor allem auch diskutiert wurde. Zugleich schwingt in der Bezeichnung eine Anspielung auf die „Familie" mit, den informellen Kreis derjenigen Oligarchen (und Verwandten), die Zugang zu Jelzin, aber kein Staatsamt hatten. Der Begriff ist im englischen politischen Sprachgebrauch allerdings seit langem üblich und möglicherweise durch englischsprachige Medien in die Berichterstattung über Russland eingeführt worden). Unmittelbar danach forderte Jelzin die Tschetschenen auf, binnen zwei Tagen alle bewaffneten Verbände aufzulösen, was offenkundig unmöglich war. Jelzin hoffte, von Verteidigungsminister Pawel Gratschow so beraten, offensichtlich auf einen raschen und vollständigen Sieg, der ihm das längst verloren gegangene innenpolitische Ansehen wieder verschaffen sollte. Da das Parlament ihm nicht folgte und sich der Erklärung eines besonderen Rechtszustandes (Notstand oder Kriegsrecht o. ä.) in Tschetschenien verweigerte, setzte er das *Beratungsgremium* Sicherheitsrat, dem er präsidierte, als *Entscheidungsgremium* ein. Das war eindeutig ein Bruch der russischen Verfassung. Die Sitzungen des Nationalen Sicherheitsrates sind geheim; ihre Ergebnisse sind ebenso wenig nachprüfbar wie die Erörterungen, die zu ihnen geführt haben. Jedenfalls hat an der Entscheidung, Krieg gegen Tschetschenien zu führen, weder das Verteidigungsministerium noch das Parlament mitgewirkt. Einen so weit gehenden Kurswechsel wie den von Verhandlungen zum (Bürger-) Krieg kann in diesem Gremium nur eine Person durchgesetzt haben – der Präsident selbst.

Ursprünglich war im Rechtsausschuss des Parlaments daran gedacht, per Dekret den Notstand in Tschetschenien auszurufen. Dafür wäre eine Zustimmung des Föderationsrates nicht erforderlich gewesen. Doch die Verfassung lässt ein solches Dekret nur bei Naturkatastrophen oder „technologischen Unfällen" zu. Darauf wies Präsidentenberater Georgij Satarow am 12. Dezember hin. Unter dem Notstandsdekret können außerdem nur bewaffnete Einheiten des Innenministeriums (MWD) eingesetzt werden, aber nicht die reguläre Armee. Das MWD verfügte aber nicht über Truppen, die gegen Panzer und schwere Artillerie kämpfen können. Jelzin definierte Tschetschenien als „Gebiet eines bewaffneten Konflikts“; unter dieser Voraussetzung durfte das Militär eingesetzt werden. Jedoch geriet die russische Regierung damit in Konflikt mit den gegenüber der OSZE eingegangenen Verpflichtungen über die Obergrenzen für konventionelle Truppen.

Die Ausrufung des Notstands war, wie die *Iswestija* kommentierte, andererseits die rechtliche Voraussetzung für die Einsetzung einer interimistischen Regierung in der Republik. Vor der Verkündung des Notstands konnte Moskau auch keine Verwaltung einsetzen. Doch am 20. Dezember veröffentlichte die amtliche *Rossijskaja Gaseta* Jelzins Dekret über den Bevollmächtigten des Präsidenten in Tschetschenien. Eine Vermittlung zwischen den Parteien war danach nicht mehr möglich.

Gratschows Irrtum

Jelzin verließ sich offenbar ausschließlich auf die Lagebeurteilung durch Verteidigungsminister Gratschow, der übrigens seine Stellvertreter Gromow und Kondratjew ebenso wenig zustimmten wie beispielsweise Außenminister Kosyrew, Justizminister Kalmykow, der altgediente Geheimdienstler, Diplomat und Minister Primakow und FSB-Chef Stepaschin. Gratschow erwies sich bald als höchst unzulänglich informiert über die Lage in Tschetschenien und die Möglichkeiten der russischen Streitkräfte – oder als politischer Abenteurer. In jedem Fall hat er nicht zur Kenntnis genommen, wie sehr die Intervention vom 22. bis 26. November die Stimmung unter den Tschetschenen verändert hatte. Seitdem war die Mehrheit der Dudajew-Gegner auf dessen Seite übergetreten, da sie Russland als den größeren Gegner ansahen. Außerdem versorgten sich viele bisher Unbeteiligte und Neutrale jetzt mit Waffen und bereiteten sich zur Verteidigung des Präsidentenpalastes vor. Die Mehrheit der Einwohner Grosnys schien indessen mit einem „richtigen Krieg“ nicht zu rechnen, blieb in der Stadt und wurde dann von den massiven russischen Bombardement in ihren Wohnungen überrascht. Das erklärte die hohe Zahl von zivilen Kriegstoten in der ersten Phase des Kampfes – und verstärkte die Erbitterung der Tschetschenen und ihre Geschlossenheit hinter einem Präsidenten, den viele bis dahin abgelehnt hatten.

Am 9. Dezember beauftragte Jelzin die russische Regierung, alle dem Staat zur Verfügung stehenden Mittel einzusetzen, um die „bewaffneten Formationen“ in Tschetschenien und im Gebiet des inguschisch-ossetischen Konflikts zu entwaffnen. Das Ultimatum war auf 48 Stunden befristet. Es wurde bald bis zum 15. Dezember verlängert, doch die Angriffspläne mit dem Stichtag 11. Dezember 1994 für den Einmarsch blieben unverändert. Erst im Wahlkampf 1996 räumte Jelzin in einer Rede beiläufig ein, die Entscheidung für den Einsatz der Streitkräfte gegen Tschetschenien sei ein Fehler gewesen. Der amerikanische Analytiker Timothy L. Thomas beurteilt in der militärtheoretischen Zeitschrift der US-Armee, *Parameters,* das Gratschowsche Eingeständnis und die aus dem Bekanntwerden der russischen Einmischung entstandene Verärgerung und Beunruhigung Jelzins als das auslösende Moment für den Marschbefehl.[12]

Die Sowjetarmee hatte in Tschetschenien viele Waffen hinterlassen, als sie 1992/1993 abzog: 42 Panzer (T 62M und T 72), 66 gepanzerte Kampffahrzeuge, 58 120-mm-Mörser PM-38, 30 122-mm-Haubitzen D-30, 523 panzerbrechende RPG-7-Granatwerfer, 18 Raketenwerfer, 18.832 AK-74- und 9.307 AK- 47 (AKM)-Maschinenpistolen („Kalaschnikows"), 533 Scharfschützengewehre, 1.160 Maschinengewehre, mehr als ein Dutzend Boden-Luft-Raketen, 152 Trainerjets tschechischer Herkunft (L-39), 94 L-29-Flugzeuge, mehrere Kampfflugzeuge der Typen MiG-15, MiG-17 und An-2, zwei Mi-8-Hubschrauber sowie an die 200.000 Handgranaten und große Mengen weiterer Munition.[13] Sie wurden von der tschetschenischen Seite übernommen; in allen Nachfolgestaaten und Regionen, die sich nach dem Ende der Sowjetunion mehr oder weniger selbstständig gemacht hatten, gingen größere Arsenale an regionale Befehlshaber über. Nur die Radargeräte der Luftabwehr und die Boden-Luft-Raketen (nach der englischen Abkürzung für Surface-Air Missile: SAM) übernahmen sie nicht, auch nicht, nachdem die russischen Spezialisten, die sie bedienen konnten, abgezogen waren.[14] Drei Jahre später verfügten sie über keine Abwehr gegen die russische Luftwaffe.

Die rechtliche Seite der Waffenübergabe war durchaus unklar, der Vorgang in Tschetschenien aber insofern einzigartig, als General Dudajew das schwere Gerät übernahm und seine politische Autorität nun auf die Macht der sozusagen erbeuteten Waffen stützten konnte. Sein Regime bekam dadurch charakteristische Züge eines Warlord-Systems. Im übrigen verschafften ihm die Frontwechsel einzelner Warlords und Siege über gegen ihn kämpfende einzelne Gruppen weitere Beutewaffen.

Die tschetschenischen Kämpfer waren ähnlich bewaffnet wie ihre Gegner. Sie hatten einen erheblichen Vorteil: Sie sprachen Russisch, hatten in der russischen oder schon in der Sowjetarmee gedient, und viele trugen russische Uniformen. Sie waren mit der Kampfweise der russischen Armee gut vertraut und konnten deren Bewegungen meistens voraussehen. Schließlich wussten sie seit der russischen Intervention vom November genau, wofür und gegen wen sie kämpften: Ihre Kampfmoral war sehr hoch.[15]

Die russischen Einheiten waren zwar in der Regel besser ausgerüstet, doch mit dem Terrain nicht vertraut, der Sprache nicht kundig und völlig demotiviert und desorientiert. Der Ausbildungsstand war niedrig. Die Zusammensetzung der Verbände war chaotisch: Einzelne Bataillone waren aus Angehörigen bis zu sieben verschiedener Einheiten zusammengesetzt, die Soldaten kannten einander nicht, und in verschiedenen Einheiten war seit 20 Jahren keine realistische Übung mehr abgehalten worden. Die Selbstmordrate, ohnehin in der russischen Armee recht hoch, war noch weiter angestiegen, und die

Beteiligung russischer Soldaten an kriminellen Handlungen (oft unter Alkohol) stieg rasch an. Im Frontgebiet erwies sich die niedrige Kampfmoral der russischen Rekruten an vielen Beispielen schon in den beiden ersten Kriegswochen. So bestätigte der inguschische Präsident Ruslan Auschew (auch er war, wie die tschetschenischen Führer, ursprünglich ein Karriereoffizier), russische Soldaten hätten vor dem Erreichen der tschetschenischen Grenze Passanten gebeten, die Militärfahrzeuge einsatzunfähig zu machen, und sogar entsprechende Tipps gegeben. In einigen Fällen verbrüderten sich russische Soldaten mit der Zivilbevölkerung. Doch andere begingen die ersten Brutalitäten gegen die zivile Bevölkerung. Russische Duma-Abgeordnete waren am 17. Dezember Augenzeugen der Ermordung von neun oder mehr inguschischen Zivilisten durch russische Soldaten; tags zuvor hatten betrunkene Soldaten den inguschischen Gesundheitsminister, fünf inguschische Dorfbewohner und wenigstens einen ihrer Kameraden erschossen.[16]

Verteidigungsminister Gratschow standen anfangs 38.000 bis 40.000 Mann zur Verfügung, von denen 6.000 beim ersten Angriff auf Grosny eingesetzt wurden. Die Mehrzahl der russischen Soldaten hatten keine umfassende Grundausbildung und war vor weniger als einen Jahr rekrutiert worden. Auf Dudajews Seite standen in der Stadt wenigstens 15.000 Bewaffnete.[17] Nach geltender Militärtheorie und unter Auswertung der Ereignisse des Zweiten Weltkriegs, auf die Thomas hinweist, kann eine Stadt nur von einer wenigstens im Verhältnis 6 :1 überlegenen Militärmacht erobert werden, hier war das Verhältnis aber 1:2,5. Nicht allein dieses Zahlenverhältnis sprach gegen einen raschen militärischen Sieg Russlands. Zur mangelnden Vorbereitung gehört auch der Umstand, dass die meisten Verbände kaum über zuverlässiges Kartenmaterial verfügten, sondern gelegentlich nur über Autoatlanten – obwohl eins der Angriffsziele lautete, Dudajews Einheiten aus der Stadt ins Bergland zu vertreiben und dort „festzunageln“.

Nur zehn Tage *vor* dem Einmarschbefehl hatte Gratschow in einem geheimen Bericht (er wurde ein Jahr später bekannt) einige dieser Probleme und ein paar andere aufgezählt. Seine ruhmredige Einlassung, er könne mit einem einzigen Luftlanderegiment Grosny in zwei Stunden einnehmen, ist in diesem Zusammenhang kaum zu begreifen. Der Satz entspricht aber ziemlich genau der Unkenntnis der russischen Offiziere über Terrain und Gegner und den daraus resultierenden Mängeln in jeder Hinsicht.

Oft rückten russische Einheiten in Marschkolonnen in Stadtteile von Grosny vor. Ein paar gezielte Schüsse, die Scharfschützen von den Dächern oder aus Fenstern und Kellern abgaben, verursachten dann regelmäßig hohe Verluste und panischen Rückzug. Die tschetschenischen Kämpfer, die das Tunnel- und Kanalisationsnetz der Hauptstadt genau kannten, konnten oft ohne Verluste entkommen. Die Tschetschenen kannten die technischen Informationsmittel der Armee und hörten den Funkverkehr ab – sprachlich und technisch kein Problem für sie –, so dass sie über russische Truppenbewegungen meist schon informiert waren, noch bevor die Bewegung selbst begonnen hatte. Ihre eigene Kommunikation über Handy war hingegen für die russische Armee aus zwei Gründen unerreichbar: Sie hatten keine entsprechenden Sprachkenntnisse, und das Militärgerät konnte die Frequenzen der Mobiltelefone nicht erfassen. Zudem erwiesen sich die von der russischen Armee eingesetzten Panzer als ungeeignet: Sie konnten auf Grund ihrer Bauart in engen Straßen weder die oberen Stockwerke noch die Keller erreichen und wurden von Raketenwerfern leicht getroffen. Und zuletzt erwiesen sich im Straßenkampf die tschetschenischen Kämpfer als taktisch überlegen. Sie verzichteten auf befestigte Stellungen und verließen sich auf absolute Mobilität.

Am 10. Dezember bombardierten russische Militärmaschinen Grosny und zerstörten die kleine Luftflotte der Tschetschenen sowie die Militärflugplätze, und die Moskauer Regierung verkündete die Schließung der Grenzen Tschetscheniens.

Truppen des Verteidigungs- und des Innenministeriums marschierten am 11. Dezember 1994 aus Dagestan, dem Gebiet Stawropol und Nordossetien in Tschetschenien ein, offiziell immer noch mit dem Auftrag, die „bewaffneten Formationen" zu entwaffnen. Doch die 40.000 Soldaten hatten einen – nicht genannten – komplizierteren Auftrag. Sie sollten erstens die Ölleitungen, die Tschetschenien durchqueren, schützen und ihren Betrieb gewährleisten und zweitens die Integrität des russischen Staates schützen; die Hardliner in Moskau fürchteten, wenn diese kleine kaukasische Bergrepublik sich von der Föderation trenne, würden andere dem Beispiel folgen. Schließlich hatte sich Tschetschenien auch in den drei Jahren seit dem Zerfall der Sowjetunion nicht staatlich festigen können – im Gegenteil –, und galt in Moskau als ein Zentrum der Kriminalität. Dabei wurde nicht genannt, dass es nicht zuletzt als Geldwasch-Gebiet für einen erheblichen Teil der Geldelite, der „neuen Russen", Dienste geleistet hatte.

In Russland war die Invasion äußerst unpopulär. Nur ein Fünftel der Befragten hatte einige Wochen vor der Invasion Gewaltanwendung gebilligt; bei aller Unsicherheit, die Meinungsumfragen anhaftet (erst recht in Russland 1994), ist das ein deutliches Indiz für die allgemeine Meinung. Der entsprach das Abstimmungsverhalten des Parlaments: Beide Parlamentskammern hatten am 8. Dezember jede Gewaltanwendung strikt abgelehnt. Die Parteien, bis hin zu Wladimir Schirinowskijs nationalistischer LDPR, missbilligten die Invasion, die der Sprecher des Duma-Verteidigungsausschusses, Sergej Juschenkow, in einem Rundfunkinterview „idiotisch" nannte. Zudem war der Beschluss zur Kriegführung in Moskau höchst umstritten. Noch bestürmten liberale Duma-Mitglieder den Präsidenten, von Waffengewalt Abstand zu nehmen; denn Gewaltanwendung in Tschetschenien könne in der Konsequenz Russland „von einem demokratischen in einen Polizeistaat verwandeln".[18]

Verteidigungsminister Pawel Gratschow hatte sich zwar kurz zuvor gebrüstet, mit einer Luftlandeeinheit würde er in ein paar Stunden Grosny einnehmen und alles für Russland entscheiden, aber aus der als kurzfristiger Einsatz geplanten Militäroperation entwickelte sich ein längerer Krieg. Die Invasionstruppe war auf ihren Einsatz sehr schlecht vorbereitet. Von den 10.000 Mann, die das MWD in den Kampf schickte, hatte die Hälfte noch nicht einmal eine entsprechende Grundausbildung, und die Mehrheit aller Eingesetzten war erst vor weniger als einem Jahr eingezogen worden. Insgesamt gehörten von den 40.000 Soldaten nur 2.000 zu Eliteeinheiten. Offensichtlich waren die Waffensysteme für diese Art Krieg großenteils ungeeignet, und die Koordination und Planung wies große Mängel auf.

Jelzin verteidigte am 12. Dezember in einem Brief an das Parlament seine Entscheidung, bekräftigte das Ultimatum, bis zum 17. Dezember die Waffen abzugeben. Das Ultimatum wurde missachtet. Bereits bis zum 20. Dezember flohen über 100.000 Personen aus Tschetschenien, erläuterte der russische Katastrophenschutzminister Sergej Schojgu am zehnten Tag nach dem Einmarsch. 64.000 Menschen seien nach Inguschetien geflohen, 30.000 nach Dagestan. Die 400.000 Einwohner von Grosny wurden aufgefordert, die Stadt zu verlassen; das sollte sich in den nächsten Jahren noch einige Male wiederholen.

Der erste Einmarsch in Grosny

Erstmals unternahmen die russischen Verbände am Neujahrstag 1995 einen Großangriff auf Grosny. Er endete in einer taktischen Katastrophe, kostete einige tausend russische Soldaten und wahrscheinlich über 25.000 Einwohner Grosnys das Leben und verwüstete weite Teile der Stadt. In kurzer Zeit waren drei Viertel der Stadtbevölkerung geflohen. Als erste Einheit hatte das 1. Bataillon der 131. Brigade („Maikop“) das Zentrum von Grosny erreicht. Die Brigade war 1.000 Mann stark. Am 3. Januar hatte sie 800 Mann, 20 von 26 Panzern und 102 von 120 gepanzerten Fahrzeugen verloren. In den nächsten drei Wochen beschoss die russische Artillerie Tag und Nacht die Stadt mit bis zu 4.000 Granaten stündlich. Zahlreiche russische Soldaten gerieten in tschetschenische Gefangenschaft, worüber das russische Fernsehen – das insgesamt sehr kritisch über den Krieg berichtete – ausführlich informierte. Die Berichte veranlassten die Mütter einiger Gefangener, in Grosny mit Dudajew über die Freilassung zu verhandeln, während die Stadt weiter beschossen wurde. Diese Frauen, die sich trotz permanenten Artilleriefeuers in die Mitte der tschetschenischen Hauptstadt gewagt hatten, begründeten durch ihre Aktion eine der wichtigsten Organisationen der Kriegsgegner, das „Komitee der Soldatenmütter“. Dudajew entließ einige Gefangene und gab den Kriegsgegnern damit einen starken moralischen Impetus.

Thomas[19] bezeichnet „die Abschlachtung der russischen 131. Brigade als ein Ergebnis dieser Taktik. Anfangs, als sie in die Stadt am Mittag des 31. Dezember eindrangen, stießen die russischen Truppen auf keinen Widerstand. Sie lenkten ihre Fahrzeuge direkt ins Stadtzentrum, stiegen aus und bezogen im Bahnhof Stellung. Andere parkten als Reservetruppe in einer Seitenstraße. Dann machten sich die Tschetschenen ans Werk. Die Führungs- und Schlussfahrzeuge der Russen wurden zerstört. Die Einheit saß effektiv in der Falle. Die Panzer konnten ihre Geschützrohre nicht weit genug senken, um in die Keller zu feuern, und auch nicht hoch genug, um die Dächer der Gebäude zu erreichen, und die Tschetschenen zerstörten die Kolonne systematisch mit RPG-Raketenwerfern und Granaten. Am Bahnhof trafen Tschetschenen aus anderen Stadtteilen ein und umzingelten ihn. Der Kommandeur der russischen Einheit wartete bis zum Januar auf Verstärkung, aber die kam nicht. Seine Einheit wurde dezimiert."

Der Präsidentenpalast wurde bis dahin zur Überraschung vieler Beobachter nicht ernsthaft angegriffen. Hingegen galten russische Luftangriffe der Tschetschenischen Universität und anderen kulturellen Zentren.[20] Usmanow zählt als Verluste durch gezielte russische Zerstörung folgende Einrichtungen mitsamt ihren Archiven und Bibliotheken auf:
das Kunstmuseum,
die Akademie der Wissenschaften der Tschetschenischen Republik,
die Schriftstellervereinigung,
die Malervereinigung,
der Musikerverband,
die Theaterorganisation,
das Kinderzentrum der Republik,
die Tschetschenische Staatsuniversität,
das staatliche tschetschenische Pädagogische Institut,
das Ölinstitut von Grosny mit seiner reichhaltigen archäologischen Sammlung,
das Volkskunstzentrum,
das Staatsfernsehen,
der Staatsrundfunk,
das Musikkolleg
das Pädagogische Kolleg,
alle Sportplätze, Stadien und Schwimmbäder,
alle Theater und Kinos,
die Mehrzahl der Krankenhäuser,
die Mehrzahl der Schulen und Kindergärten.

Zusammen mit der Vernichtung von Kulturdenkmälern aller Art, auf die er nur kursorisch hinweist, ist nach Ansicht Usmanows dadurch die Absicht der russischen Führung belegt, die tschetschenische kulturelle und nationale

Identität auszulöschen. Er vergleicht dies mit dem serbischen Vorgehen in Bosnien und Kosovo sowie mit den Ausrottungsmaßnahmen der Nazis in Polen und gegen die Juden.

Laut Usmanow hat der Verlust der materiellen Grundlagen der tschetschenischen Kultur viele dazu veranlasst, sich religiösen Bewegungen anzuschließen. Die waren jedoch vorher schon vorhanden, und zwar in Form der sufischen Ordensorganisationen, die sich wiederum eng an den Clans orientierten. Diese Clans stellten zusammengenommen wiederum die Hauptmacht der Bewaffneten. Dudajew gab gegenüber der Agentur Reuters an, er habe zwar nicht mehr alle Aktionen der Partisanenverbände unter Kontrolle, zu Verhandlungen mit Moskau sei er aber nach wie vor bereit. Unter den tschetschenischen Oppositionellen bekundete lediglich Umar Awtorchanow in Nadteretschnij öffentlich seine Unterstützung für Jelzins Dekret. Als am 19./20. Januar Dudajews Nationalgarde den Präsidentenpalast verließ und die russische Nationalflagge über dem Gebäude aufgezogen wurde, verkündete Jelzin, die „militärische Phase der Operation" sei beendet, aber erst Ende März konnte die russische Militärmaschine Grosny vollständig kontrollieren. Jelzins Bemerkung erwies sich als voreilig und falsch. Dudajew hatte bei dem Rückzug der Nationalgardisten nach Gudermes und Argun das schwere Gerät mitnehmen können. Die Ebene hatte Russlands Armee erst nach dem 20. April 1995 unter Kontrolle. Der tschetschenische Widerstand war nicht nur nicht gebrochen – er verstärkte sich, und je mehr die russische Luftwaffe nun die einzelnen Bergdörfer mit Kampfhubschraubern und Jagdbombern angriff und bombardierte, desto mehr wurde die Zivilbevölkerung getroffen. Aus den russisch besetzten Gebieten im Norden, vor allem aus Grosny (damals knapp 400.000 Einwohner), war die Mehrheit der Bevölkerung nach Dagestan und vor allem nach Inguschetien geflohen, die russische Bevölkerung hatte sich zeitweise nach Russland zurückgezogen, und nicht alle kehrten später zurück.

Gegen den Einmarsch der russischen Einheiten in Grosny hatten sich tschetschenische und inguschische Frauen und Kinder gewehrt: Sie demonstrierten auf den Straßen, auf denen Panzer vorrückten, hielten sie einige Zeit auf und zwangen sie schließlich, auf Seitenwege auszuweichen. Die Zivilbevölkerung stand trotz aller Kritik, die sich vorher gegen Dudajew und seine Regierung gerichtet hatte, und trotz der Spaltungen und Spannungen zwischen den verschiedenen Feldkommandanten und Dudajews Anhängern in der Zeit vor dem Krieg nun auf der Seite der Unabhängigkeitskämpfer.

Bereits in dieser ersten Phase des Krieges erwies sich eine Kampftruppe als besonders aktiv und für die russische Armee gefährlich: die rund 500 Mann starke „Nationalgarde"-Truppe unter Schamil Bassajew. Sie hatte 1992 und 1993 gegen die georgische Armee auf der Seite der um Unabhängigkeit kämpfenden abchasischen Sezessionsbewegung gefochten. Normal waren kleinere

Trupps – drei bis fünf Mann stark und gewöhnlich zu 15 bis zwanzig Mann starken Einheiten verbunden.

Auf eine Kampfweise der tschetschenischen Garden weist Thomas besonders hin: das Minenlegen. Torwege und Türen, U-Bahn-Eingänge, Kanalschächte, von den Russen verlassene Ausrüstungen, die Leichen gefallener Russen, aber auch vermutete Vormarschrouten wurden mit Kontaktminen versehen, gelegentlich auch mit ferngezündeten Minen.

Die russische Armee verließ sich in steigendem Maße auf Luftwaffe, Artillerie und vor allem Flammenwerfer. Jedes dieser Waffensysteme traf auch die Zivilbevölkerung, in der sich freilich die tschetschenischen Kämpfer nach klassischem Partisanenmuster verbargen. Die psychologische Wirkung: Der Einsatz dieser Waffen verstärkte den Hass der Bevölkerung auf Russland und führten den Nationalgarden und anderen tschetschenischen Verbänden immer neue Kämpfer zu.

Samaschki

Seit Ende März weiteten die russischen Verbände ihre Aktionen auf das Bergland aus. Das war die traditionelle Hochburg der Unabhängigkeitsbewegung und nun auch Dudajews. Deshalb lehnten viele russische Soldaten den Einsatz in dieser Region ab, deren Topographie ihnen nicht vertraut war. Zudem mangelte es noch mehr als in der ersten Phase des Krieges im Flachland an Kartenmaterial. Der Krieg in den Bergen wurde verlustreich – und wurde mit wachsender Verbitterung geführt. Sobald russische Truppen ein Dorf besetzt hatten, verlangten sie die Abgabe einer bestimmten Menge Waffen in einer bestimmten Frist.[21] Im Weigerungsfall trafen harte Strafmaßnahmen die gesamte Dorfbevölkerung.

Diesem Vorgehen fiel im April 1995 das Dorf Samaschki zum Opfer.[22] Die tschetschenischen Kämpfer waren aus Samaschki bereits abgezogen, als die russischen Truppen die Siedlung erreichten. Waffen hatten sie nicht zurückgelassen. Die Bevölkerung – etwa 5.000 bis 6.000 Menschen – konnte dem Befehl zur Waffenübergabe demnach nicht nachkommen. Daraufhin besetzten Vertragssoldaten – die zu den im weiteren Kriegsverlauf durch besonders brutales Vorgehen bekannten Einheiten gehörten – Samaschki und machten am folgenden Tag mehr als 250 Zivilpersonen nieder. Augenzeugen berichteten später, dass im gesamten Dorf Spritzen gefunden wurden – die Vertragssoldaten hatten sich vor dem Massaker offenbar Drogen injiziert.

In Russland wurde der Krieg wegen dieser Übergriffe (und infolge steigender Gefallenenzahlen auf russischer Seite) immer unpopulärer. Auch in den Streitkräften; wegen hoher eigener Verluste und unsinniger Zerstörung von ganzen Stadtteilen Grosnys mit zahlreichen zivilen Todesopfern brach die Moral der russischen Einheiten zusammen. Zudem drangen tschetschenische Einheiten im Mai wieder in Grosny ein und lieferten den dort stationierten Truppen schwere Gefechte, wobei ihnen wiederum die bessere Ortskenntnis half. Der russische Militäranalytiker Pawel Felgenhauer berichtet, dass in dieser Phase die Armee kurz vor einer Befehlsverweigerung gegenüber dem Oberkommando und der Regierung gestanden habe.[23]

Militärisch war der Krieg in den Bergregionen Tschetscheniens seit Mitte 1995 für Russland sowieso nicht mehr zu gewinnen – es sei denn um den Preis der Vernichtung der gesamten Region. Die Militärmacht befand sich damit einem ähnlichen Dilemma wie schon von 1980 an in Afghanistan. In die sich abzeichnende militärische Niederlage führte Verteidigungsminister Gratschow die russische Armee entgegen eigenen Erfahrungen – er hatte selbst am Afghanistan-Krieg teilgenommen – und entgegen den Warnungen vieler seiner Generäle. Diese wurden gemaßregelt.

Russische Kommandostrukturen

Die Führung der Aktionen gegen Tschetschenien lag anfangs einige Tage lang bei Premier Viktor Tschernomyrdin und nach dem 15. Dezember stets beim Nationalen Sicherheitsrat.[24] Die „operative Führung" wurde dem Ersten Vizepremier Oleg Soskowez übertragen. Dieser stellte in Moskau ein Operationszentrum zusammen, das wegen der befürchteten Ausweitung des tschetschenischen Widerstands auf andere Gebiete den Schutz wichtiger Einrichtungen und Institutionen in Russland organisierte. In der Duma entsprach dem ein Hauptquartier, dem Valentin Kowaljow vorstand und das natürlich nicht zur Partei des Präsidenten gehörte. In Tschetschenien war der russische Nationalitätenminister, Nikolaj Jegorow (inzwischen zum stellvertretenden Premier Russlands befördert), durch Jelzin-Dekret mit der Koordinierung der „Machtstrukturen" (aus der Armee, dem MWD und der Spionageabwehr) betraut worden. Er galt von Anfang an als Vertreter eines harten Kurses. Um die Flüchtlingsprobleme hatte sich Katastrophenschutzminister Sergej Schojgu zu kümmern. Doch in Wirklichkeit hatten die Militärs meist das Übergewicht über die Zivilisten. Die (später ermordete) Vorsitzende der Demokratischen Partei Russlands, Galina Starowojtowa, kommentierte kurz vor dem Jahresende in der kritisch-demokratischen Wochenzeitung *Moskowskije Nowosti*[25], man müsse „den Schluss ziehen, dass es in unserer Gesellschaft keinerlei Mechanismus der zivilen Kontrolle über die Militärstrukturen gibt. Das geht auf die Ablehnung der Ernennung eines Zivilisten zum russischen Verteidigungsminister zurück. Die höchste gesetzgebende Instanz, der Föderationsrat, hat seine absolute Machtlosigkeit gezeigt, er wird sogar von jeder ernsthaften Information abgeschnitten."

Gratschow hatte faktisch alle Fäden in der Hand. Die Zivilisten Soskowez und Jegorow wurden von ihm über die Entwicklung der Kampfhandlungen informiert, vermutlich selektiv, aber an „operativen" Entscheidungen nicht beteiligt. Ausführendes Organ Gratschows war der von Generaloberst Alexej

Mitjukin befehligte Nordkaukasische Militärbezirk; dieser fiel jedoch bald in Ungnade. Gratschow setzte schon am 21. Dezember Generaloberst Eduard Worobjow – der das Kommando nicht hatte übernehmen wollen – und die gesamte Führung des nordkaukasischen Militärbezirks bei einem Treffen in Mosdok ab. Doch danach herrschte Unklarheit; später hieß es, die betroffenen Offiziere seien lediglich auf andere Posten befördert worden. Faktisch aber hatte Verteidigungsminister Gratschow damit das Kommando selbst übernommen. Westliche Analytiker stellten fest, dass die Rolle des russischen Generalstabs völlig unklar blieb und dieser kaum in Erscheinung trat. „Dies ist der fehlende Schlüssel zur Antwort auf viele Fragen nach den Militäroperationen, einschließlich Fragen der Kompetenz und Disziplin, in Tschetschenien. Der Generalstabschef, General Kolesnikow, ist praktisch seit Beginn der Operationen weder als Person noch in den Medien jemals in Erscheinung getreten."[26]

Die zweite Phase des Krieges

Im Februar 1995 musste General Alexander Kwaschnin das Kommando über die vereinigten Streitkräfte (des Verteidigungs- und des Innenministeriums) an General Alexander Kulikow abgeben, den Befehlshaber der Truppen des Innenministeriums. Der letzte sowjetische Kommandeur in Afghanistan, Boris Gromow, wurde wegen seiner Kritik ebenso aus dem Amt des Stellvertretenden Verteidigungsministers gefeuert wie General Alexander Lebed, ebenfalls Afghanistan-Veteran und zuletzt Kommandierender der in Transnistrien (dem russischen Teil Moldawiens) stationierten 14. Armee und über 500 Offiziere.

Kulikow nahm bereits Mitte Februar 1995 Kontakt mit Aslan Maschadow auf, dem tschetschenischen Generalstabschef. Die russische Gesprächsbereitschaft, die allerdings einen faktischen Waffenstillstand möglich machte, war – ein Jahr vor der 1996 fälligen Präsidentenwahl – innenpolitisch motiviert. Die Regierung und Präsident Jelzin hatten zwar die Forderung nicht aufgegeben, Dudajew niederzuwerfen, Tschetschenien wieder in die Föderation einzugliedern und der Bundespolitik zu unterwerfen, standen aber unter dem Druck der Öffentlichkeit, die den Krieg immer entschiedener ablehnte. Außerdem brauchten die Streitkräfte eine Ruhepause und reagierten zunächst nicht auf die neue Front, welche von den tschetschenischen Verbänden am Argun-Fluss aufgebaut wurde. Aber Russland war noch nicht bereit, den Krieg zu beenden, und nutzte die Waffenruhe zur Vorbereitung der nächsten Aktionen und der Beeinflussung der öffentlichen Meinung, die allerdings weit überwiegend kriegsgegnerisch gesinnt war.

Politische Unterstützung konnte Jelzin seit Beginn des Krieges nur am rechten Rand des Parlaments gewinnen. Wladimir Schirinowskij und seine „Liberaldemokratische Partei", die Partei der Nationalen Einheit, eine weitere sich liberal nennende Splittergruppe und „Russlands Weg" unterstützten den Präsidenten und sprachen sich stets für den Krieg aus. Die eigentliche Regierungspartei „Russlands Wahl", die liberale Jabloko, die Partei der Einheit und Eintracht, die Demokratische Partei sowie drei (im traditionellen Sinne) linke Parteien: Kommunisten, Frauenpartei und Agrarier äußerten sich teils vehement gegen den Krieg. Für die Kommunisten und die ihnen nahestehenden Agrarier waren allerdings nicht abweichende Meinungen über den Erhalt des Territoriums maßgebend, sondern die seit Jahren deutliche Gegnerschaft gegen den Präsidenten. Ein Votum für seine Entscheidung hätte Jelzin in der Duma jedenfalls nicht erhalten können – wenn er dem Parlament die Frage nach Krieg oder Frieden je vorgelegt hätte.

Dudajew hatte sich schon kurz nach Kriegsbeginn mit der Bitte um Hilfe an ausländische Regierungen gewandt. Offiziell erhielt er sie nicht. Auch die nordkaukasischen Nachbarrepubliken innerhalb der Russländischen Föderation kamen den Tschetschenen nicht zu Hilfe. Zwar fasste die Konföderation der Völker des Kaukasus auf Bitten Dudajews (und wohl vor allem Bassajews, dessen Freischar an der Seite der Konföderation einige Aktionen durchgeführt hatte) den Beschluss, eine regionale Allianz vom Schwarzen bis zum Kaspischen Meer anzustreben, welche der russischen Intervention widerstehen sollte. Doch dieser Beschluss blieb folgenlos, obwohl Ali Alijew, der Präsident der Konföderation, Anlaufstellen für Freiwillige in Kabardino-Balkarien, Adyge, Inguschetien, Dagestan und Nordossetien einrichten ließ. In Aserbaidschan rekrutierte die oppositionelle, pantürkisch ausgerichtete Partei Boskurt („Graue Wölfe") nach eigenen Angaben schon am 14. Dezember 270 Freiwillige.[27]

Aus der Ukraine kamen einige Dutzend Angehörige der ultranationalistischen UNSO, was wegen der möglichen Ausbreitung der Auseinandersetzungen auf die Krim sowohl in Moskau als auch in Kiew erhebliche Besorgnis auslöste. Dort war die Reintegration der (gleich den Tschetschenen und Inguschen nach Kriegsende summarisch deportierten und nun halb legal heimkehrenden) Krimtataren so schleppend betrieben worden, dass sich ein erhebliches Konfliktpotential aufgebaut hatte. Etwa zehn krimtatarische Kämpfer sollen im Dezember 1994 nach Tschetschenien gegangen sein. In der russischen Mehrheitsbevölkerung der Krim hatte sich gleichzeitig eine von Moskau unterhaltene und den Wiederanschluss an Russland fordernde Bewegung aufgebaut, und der Konflikt über die Schwarzmeerflotte und den Marinestützpunkt Sewastopol war alles andere als entschärft. Vergleiche der Situation mit der Lage im Nordkaukasus spielte die Kiewer Regierung aber entschlossen herunter. Die UNSO-Freischärler, die der paramilitärischen Organisation der gerade erst legalisierten Ukrainischen Nationalen Versammlung (UNA) angehörten, konnten weiteren Anlass zu einer russisch-ukrainischen Konfrontation geben. Russische Regierungsstellen nannten sie in Anspielung auf den Partisanenkampf des Stepan Bandera gegen die Sowjetunion in den Vierziger Jahren „Banderisten".[28]

Präsident Leonid Kutschma und seine Regierung vertraten anfangs den Standpunkt, der Tschetschenien-Konflikt sei eine innerrussische Angelegenheit, und Kiew vertrete daher „die Grundsätze der territorialen Integrität und der ausschließlich friedlichen Beilegung aller Konflikte". Ukrainische Staatsbürger hätten sich nicht einzumischen. Das ukrainische Parlament verurteilte jedoch die russische Intervention umgehend und schwenkte ein wenig auf die Linie der Nationalbewegung Ruch, der Republikanischen und der Demokratischen Partei ein, die mit verschiedenen Mitteln scharf gegen die Intervention aufgetreten waren.

Es traten auch, was sich später als bedeutsam erweisen sollte, die ersten islamistischen Militanten auf, meist mit „Afghanistan-Erfahrung"; sie kamen aus Pakistan und von der Arabischen Halbinsel und hatten meist Ausbildungslager in Afghanistan durchlaufen, teils an Überfällen in Tadschikistan teilgenommen und sich als Mudjaheddin formiert – mit ihnen kam die Tendenz des „Jihad in Tschetschenien", des Heiligen Krieges gegen die ungläubigen Russen, und die vereinfachend als Wahhabismus bezeichnete extremistische Variante islamischer Militanz in den Kaukasus, wurde aber erst drei bis vier Jahre später zu einer bedeutenderen Kraft.

Mit Frühjahrsbeginn 1995 – und klarer Sicht, was für die Luftwaffe wichtig war – nahmen die russischen Streitkräfte die Offensive wieder auf, eroberten bald die Städte Gudermes, Argun und Schali nach mehrwöchigem ununterbrochenem Bombardement – mit der Folge, dass die Zivilbevölkerung sehr hart getroffen wurde – und trugen den Krieg im März und April schließlich in die Berge. Zu keinem Zeitpunkt konnten sie den Widerstand ganz überwinden, aber sie isolierten die einzelnen Zentren des tschetschenischen Widerstandes voneinander. In vier entscheidenden Bereichen waren die russischen Einheiten den Tschetschenen hoch überlegen: an Mannschaftsstärke, Feuerkraft und Beweglichkeit sowie durch die absolute Luftherrschaft. Andererseits nutzten die tschetschenischen Kämpfer ihre Geländekenntnis, und die Informationspolitik Dudajews war bei weitem wirkungsvoller als die der russischen Regierung.

Der Grund dafür liegt nicht allein in der Geheimhaltungs-Manie russischer Militärs. Die russischen Militärs und auch die zivile Verwaltung in den zurückeroberten Gebieten terrorisierten die Bevölkerung in bisher unbekannten Maß. Verdächtige Personen wurden inhaftiert und in der Haft regelmäßig systematisch und schwer gefoltert. Die Festnahmen erfolgten oft auf bloßen Verdacht: Jeder Tschetschene konnte ja ein Freischärler sein, der nur in der Zivilbevölkerung „untergetaucht" war. Mit dieser Begründung wurden in den eroberten drei Städten Zivilisten summarisch erschossen. Sehr bald wurde die gesamte überlebende männliche Bevölkerung durch „Filtrationslager" geschleust, die offiziell die Aufgabe hatten, solche untergetauchten Kämpfer ausfindig zu machen; tatsächlich waren sie von den Konzentrationslagern der Stalinzeit nicht mehr zu unterscheiden. In den eroberten Städten und Dörfern plünderten die russischen Soldaten fast regelmäßig Geschäfte und Wohnungen aus. Es kam oft zu Vergewaltigungen. In Grosny und später auch in anderen Regionen setzte die Luftwaffe Aerosolbomben mit verheerender Wirkung ein: Die explodierende Bombe versprüht ein Aerosol, ein Gemisch mikroskopischer Teilchen brennbarer Substanz (etwa Benzin und Napalm), über eine größere Fläche, das sich entzündet, mit hoher Temperatur verbrennt und auf Kilometer im Umkreis der Luft den Sauerstoff entzieht. Überleben ist im Wirkungsbereich dieser Aerosolbomben nicht möglich. Schutz können nur luftdichte und gegen Sprengmittel immune Bauwerke bieten, gewöhnliche Häuser aber keinesfalls. Über den Einsatz chemischer Kampfmittel, sogar von Nervengasen, berichteten russische und ausländische Massenmedien zuerst während der Kämpfe um Grosny.

Das brutale, menschenrechtswidrige und gegen die Haager Landkriegsordnung von 1899 und 1907 – die von Russlands Zar Nikolaus II. mit initiiert worden war – verstoßenden Aktionen der russischen Streitkräfte trieben die Bevölkerung in die Flucht. Über ein Drittel der nach dem Auszug der Russen und Ukrainer noch in den tschetschenischen Städten wohnenden Menschen suchte in Inguschetien, im Gebiet Stawropol und in Dagestan Zuflucht. Auch dies war nochmals Hintergrund von Menschenrechtsverletzungen und Täuschungen: Die Streitkräfte stellten Dörfern (*Auls*), die sie angriffen, in der Regel ein Ultimatum, die Waffen niederzulegen und überzulaufen. Wenn sich die Bewohner eines Aul darauf einließen, wurden sie umgehend abtransportiert und irgendwo abgesetzt; die versprochenen Zeltlager, in denen sie sich „bis zum Sieg über die Banditen" aufhalten sollten, gab es meistens nicht. Nahm ein Aul aber das Ultimatum nicht an, so wurde es aus der Luft und vom Boden aus unbarmherzig zusammengeschossen. Diese Terrortaktik wurde von Dudajews Informationsabteilung mit den modernsten technischen Mitteln, auch auf seriös gestalteten Internet-Seiten, mit Beweismaterial enthüllt und von unabhängigen Beobachtern – darunter vielen russischen Journalisten – fast immer auch bestätigt. Besonders extreme Fälle deckten internationale Beobachter auf, oder sie trugen bei nachfolgenden Recherchen erdrückende Details zusammen.

Budjonnowsk

Sehr schwerwiegende Wirkungen auf den weiteren Verlauf des Krieges und die Machtkonstellation in Moskau sowie in Tschetschenien hatte ein Kommandounternehmen Mitte Juni 1995. Einige hundert tschetschenische Kämpfer drangen in die Stadt Budjonnowsk ein, angeführt von Schamil Bassajew. Dieser handelte auf eigene Faust, Dschochar Dudajew betonte dies alsbald in einer Reihe von Stellungnahmen. Bassajews Kämpfer griffen mehrere Gebäude an und schafften Hunderte von Geiseln in das örtliche Krankenhaus. Dessen Ärzte und ihre Patienten wurden ebenfalls in Geiselhaft genommen. Insgesamt hatte Bassajew etwa 1.500 Menschen in seiner Gewalt. Die russischen Truppen versagten beim Versuch, Bassajew zu überwältigen, auf tragische und demütigende Weise. Sie beschossen das Krankenhaus, das bedeutete den Tod von wenigstens 150 Geiseln. Einige Tage darauf gelang Premier Tschernomyrdin zwar ein Verhandlungserfolg: Die Geiselnehmer und Bassajew selbst konnten unter freiem Geleit nach Tschetschenien abziehen, und Russland versprach den Abzug seiner Truppen aus Tschetschenien, was natürlich nicht eingehalten wurde. Bassajew war damit zu einem neuen Nationalheros Tschetscheniens geworden, was Präsident Dudajew und seinen Nachfolger in erhebliche Schwierigkeiten stürzen sollte; die russische Armee und ihre Spezialeinheiten hatten ein weiteres Beispiel der Unfähigkeit – in diesem Fall der lokal verantwortlichen Kommandanten – abgeliefert, und die Moskauer Regierung hatte sich auf kompromittierende Weise nach anfänglich hartem Kurs dann doch als erpressbar erwiesen. Auch das Prestige Präsident Jelzins war abermals angeschlagen. In der sich daraus entwickelnden politischen Auseinandersetzung mit der Duma musste Jelzin schließlich drei „Falken" in der Staatsführung den Laufpass geben: Geheimdienstchef Sergej Stepaschin, Innenminister Viktor Jerin und Vizepremier Nikolaj Jegorow. Ansehen hatte andererseits Tschernomyrdin gewonnen, und zwar auf Kosten Jelzins. Als der Präsident wegen einer Herzerkrankung im Juni (und später im November nochmals) das Krankenhaus aufsuchen musste, hatte der im übrigen wenig charismatische Tschernomyrdin den Höhepunkt seines Ansehens erreicht und wurde als möglicher Präsidentschaftskandidat betrachtet, weil viele ihm eher als dem Präsidenten die Fähigkeit zu einem Kompromissfrieden zuschrieben.

Russlands Niederlage

Im Januar 1996 überrannten tschetschenische Kämpfer unter dem Kommando Salman Radujews, Dudajews Schwiegersohns, einen russischen Militärposten in der dagestanischen Stadt Kisljar und besetzten ein Krankenhaus, in das sie nahezu 3.000 Unbeteiligte brachten. Nach einem Tag wurden die meisten Geiseln freigelassen. Daraufhin erhielten die Geiselnehmer das Versprechen auf freien Abzug über die Grenze in die eigene Republik, doch dann umzingelten russische Einheiten den abziehenden Konvoi in der unmittelbaren Nähe von Pjerwomajsk – noch auf dagestanischem Gebiet – und bombardierten diese dörfliche Siedlung vier Tage und Nächte lang ununterbrochen. Die meisten tschetschenischen Kämpfer konnten entkommen, doch Pjerwomajsk war dem Boden buchstäblich gleich gemacht worden.

Für die Sicherheit der Geiseln – in der Mehrzahl Nichtrussen – hatte die russische Seite nichts unternommen, solange das Krankenhaus von Kisljar besetzt war. Die nachfolgende faktische Vernichtung von Pjerwomajsk signalisierte den nichtrussischen Völkern Dagestans, dass sie im Zweifelsfall als weniger wichtig angesehen wurden; ein weiterer Sympathieverlust Russlands in der ganzen Region war die Folge.

Trotz massiven Einsatzes – insgesamt, aber nicht gleichzeitig, sollen über 100.000 russische Soldaten am ersten Krieg in Tschetschenien teilgenommen haben – gelang es den Truppen der Russischen Föderation nicht, den Widerstand der Freischärler niederzuwerfen, obwohl nach Berechnungen des in Grosny ansässigen Journalisten Scharip Assujew[29] niemals mehr als 7.000 bis 8.000 Mann auf tschetschenischer Seite unter Waffen waren. Im Lauf des Jahres 1996 änderten die russischen Truppen in Tschetschenien ihre Taktik: Sie konzentrierten jetzt ihre Angriffe auf tatsächliche oder vermutete Stellungen der von ihnen so genannten „Banditen“ in den Dörfern und kleinen Städten, oft unter beträchtlichen Todesopfern unter der Zivilbevölkerung, was zu weiteren Protesten der russischen Presse, der Kriegsgegner (zum Beispiel des Komitees der Soldatenmütter) und der internationalen Öffentlichkeit führte. Dennoch gelang den tschetschenischen Kämpfern Anfang März ein Durchbruch nach Grosny, das sie einige Tage lang zu einem Drittel besetzt hielten.

Seit Frühjahr 1996 schien Jelzin ernsthaft zu Verhandlungen bereit. Er verkündete für den 31. März einen Waffenstillstand, an den sich allerdings beide Seiten nicht hielten. Die Kämpfe intensivierten sich vielmehr. Zudem standen nur einige der engeren Berater Jelzins hinter dem Plan, und dies aus Wahlkampfgründen; die Militärführung lehnte ihn ab, auch in der Öffentlichkeit. Der Kommandeur der in Tschetschenien kämpfenden russischen Truppen, Wjatscheslaw Tichomirow, und der Chef der dort eingesetzten Truppen des Innenministeriums, Anatolij Schirko, erklärten in Zeitungs- und Fernsehinterviews, Verhandlungen könnten nur die näheren Umstände der Kapitulation Dudajews betreffen, und dessen Kämpfer hätten lediglich die Wahl zwischen Unterwerfung und Vernichtung.[30] Diese dachten indes nicht daran, irgend einen Waffenstillstand anzuerkennen, und griffen bei allen sich bietenden Gelegenheiten die russischen Truppen an. Bei einem dieser Überfälle wurde eine von gepanzerten Fahrzeugen begleitete Einheit von 90 Mann völlig aufgerieben.

Nach Dudajews Tod

Ein russischer Vergeltungsschlag traf am 21. April – sieben Wochen nach Jelzins Waffenstillstands-Termin – Dschochar Dudajew. Er wurde nahe dem Dorf Gechi Tschu von einer Rakete tödlich getroffen. Es war möglicherweise ein gezielter Racheakt des Militärs. Verschiedene Versionen waren alsbald in Umlauf.[31] Die erste Nachricht hatte Chosch-Achmet Jarichanow, der Leiter der mit Moskau verhandelnden Delegation, verbreitet. Demnach wurde Dudajew nahe Gechi-Tschu „während eines über Satelliten geführten Gesprächs mit einem möglichen Friedensvermittler“ getötet. Dudajew sei in dem Ort, der im Bezirk Urus-Martan liegt, mit seiner russischen Ehefrau Alewtina und seinem Moskauer Vertreter Chamad Kurbanow eingetroffen und habe sich im Haus des Militäranwalts Magomet Djanijew aufgehalten und habe am Ortsrand eine Satellitenverbindung aufbauen lassen. Aus plötzlich auftauchenden Hubschraubern der Bundesstreitkräfte seien dann die tödlichen Lenkwaffen auf Dudajews Auto abgeschossen worden. Alle erwähnten Personen seien ums Leben gekommen. Drei Tage später verbreitete Feldkommandant Achmed Sakajew eine andere Version, die anfangs mit der von Jarichanow übereinstimmt. Sakajew erklärte jedoch, während des Gesprächs sei Alewtina Dudajew, der tschetschenischen Sitte folgend, dass Frauen sich nicht in politische Gespräche einmischen sollen, beiseite getreten, Dudajew und seine übrigen Begleiter seien dann von einem „präzisen Bombenangriff“ aus einem russischen Flugzeug getötet worden. Die „intelligente“ Lenkwaffe sei wahrscheinlich von dem Satellitensignal ins Ziel gelenkt worden. Der als Vermittler angerufene Gesprächspartner sei, so Sakajew, König Hassan II. von Marokko gewesen.

Am 25. April erklärte Selimchan Jandarbijew, er sei „vom Staatskomitee für Verteidigung und dem Ministerkabinett“ zum Nachfolger Dudajews gewählt worden. Er sagte aus, gemeinsam mit Dudajew sei „ein hochrangiger Vertreter Russlands“ ums Leben gekommen; Dudajews letzte Gesprächspartner am Satellitentelefon sei der Duma-Abgeordnete Konstantin Borowoj gewesen, der mit der tschetschenischen Sache sympathisierte.

Eine Reihe diffuserer späterer Legenden geht von einem ganz anderen Hintergrund aus. Sie haben den gemeinsamen Kern, dass sie Dudajew als Opfer rivalisierender Feldkommandanten sehen. Ihr Motiv könne der Wunsch nach separaten Verhandlungen mit Moskau gewesen sein, deren Ergebnis von Dudajew nicht mehr habe widerrufen werden können. Interessant an den verschiedenen Versionen über Dudajews Tod sind die Unterschiede in der Einschätzung – oder Darstellung – seiner letzten Aktivität.

Jandarbijew galt als Hardliner. Ende Mai nahm eine tschetschenische Delegation unter seiner Leitung in Moskau Gespräche mit Premier Tschernomyrdin und Nationalitätenminister Wjatscheslaw Michailow auf. Auch Jelzin empfing Jandarbijew und seine Delegation am 28. Mai, und beide unterzeichneten ein Waffenstillstandsabkommen per 1. Juni. Der von der russischen Zentralmacht eigentlich anerkannten tschetschenischen Vertretung unter Doku Sawgajew wurde lediglich ein „unabhängiger“ Platz auf der Seite der russischen Verhandlungsdelegation eingeräumt, die Nachfolger Dudajews also faktisch als die Repräsentanten Tschetscheniens anerkannt. Die Tschetschenen-Delegation wurde nach dem Treffen mit Jelzin in einem Regierungsgästehaus nahe Moskau zunächst festgehalten, Jelzin selber unternahm – zwei Wochen vor der ersten Runde der Präsidentenwahl in Russland – einen Blitzbesuch in dem von russischen Truppen kontrollierten Teil Tschetscheniens, traf sich dort mit Clanältesten und Militärpersonen und erklärte den Krieg für beendet. Erst nach seiner Rückkehr konnte Jandarbijews Delegation, die nicht vorab über Jelzins Tripp unterrichtet worden war, nach Grosny zurückkehren. Danach übernahm Bassajew für eine gewisse Zeit die Verhandlungsführung mit Moskau; die russische Seite lehnte ihn als Unterhändler wegen seiner Rolle bei dem Überfall auf Budjonnowsk jedoch strikt ab.

Seit Anfang Februar 1996 hatte der russische Präsident zwei getrennte Kommissionen Vorschläge für eine Lösung der Tschetschenien-Frage erarbeiten lassen, die dann vom Nationalen Sicherheitsrat zusammengefasst werden sollten; die Arbeiten fanden unter Geheimhaltung statt und waren kaum koordiniert; zudem schlugen „Kremlkreise" mehr oder weniger offiziell eine bunte Reihe von möglichen Vermittlern vor, darunter König Hassan II. von Marokko (mit dem angeblich Dudajew sein letztes Telefonat geführt haben soll), führende Politiker aus anderen GUS-Staaten, Provinzgouverneure und Republikpräsidenten aus Russland und unabhängige Persönlichkeiten. Aussichten schien, wenn überhaupt, nur eine Vermittlung unter Vorsitz des tatarischen Republikpräsidenten Mintimer Schajmijew zu haben, der auch den umfassendsten Lösungsvorschlag anhand der Erfahrungen mit dem Kompetenzabgrenzungsvertrag zwischen seiner Republik und der Russischen Föderation vorgelegt hatte. Doch noch während sein Vertreter Rafael Chakimow in Grosny erste Sondierungsgespräche führte, wurden in Moskau lange Listen mit anderen Namen lanciert, und um Kontaktaufnahme mit Dudajew bemühte sich die russische Regierung in keiner Weise. Verteidigungsminister Gratschow schloss in mehreren öffentlichen Stellungnahmen jedes offizielle Gespräch mit dem „Banditen", „Kriminellen" und „Terroristen" Dudajew kategorisch aus. Die Moskauer Führung als seriösen Faktor der Friedenssuche in dieser Periode zu betrachten, verbietet sich demnach. Nach dem Tode Dudajews brauchte Jelzin wenigstens zur Gesichtswahrung das Gespräch und das Abkommen mit Jandarbijew; der Wert des mit ihm getroffenen Abkommens relativiert sich damit ebenso stark wie der Wert des Jelzin-Plans vom 31. März.

Jelzin meinte dennoch mit seinem in Regierungsmedien als Jahrhundertwerk gefeierten, von der Generalität als beinahe schon landesverräterisch abgelehnten Friedensplan vom 31. März und mit dem Abkommen vom 28. Mai – nach Dudajews Tod – einen bedeutenden politischen Erfolg erreicht zu haben. Die Umsetzung des Abkommens an Ort und Stelle erwies sich jedoch als unendlich viel schwieriger als der Abschluss, zu dem sich die tschetschenische Seite überdies auch in der Erwartung bereit erklärt hatte, dass eine möglicherweise nach den Wahlen bestehende kommunistische Regierung eine wesentlich härtere Linie verfolgen werde und eine Unterstützung Jelzins deshalb der eigenen Sache dienlich wäre. Jelzins Friedensplan sah die sofortige Einstellung aller Kriegshandlungen am 31. Mai vor.

Die Möglichkeiten für eine politische Lösung waren danach gering. Damit war auch der Wert des Abkommens vom 28. Mai von vornherein fragwürdig.

Die Führungen der an Tschetschenien grenzenden, zur Russischen Föderation gehörenden Republiken Inguschetien und Dagestan sowie in Nordossetien waren andererseits an einem Ende der Kämpfe dringend interessiert. Über inguschisches Gebiet wurden die meisten Angriffe der russischen Truppen geleitet, dorthin waren Hunderttausende aus Tschetschenien geflohen, Dörfer nahe der tschetschenischen Grenze hatten Artilleriebeschuss russischer Einheiten abbekommen, die von Nordossetien aus operierten, und russische Militärs bezichtigten die inguschische Führung der Duldung tschetschenischer Kämpfer auf ihrem Gebiet oder sogar der klammheimlichen Förderung. In Dagestan waren andererseits bereits russische Truppen stationiert, denen die Bevölkerung keineswegs immer freundlich gegenüberstand, und aus den tschetschenischen Bergregionen zogen sich gelegentlich tschetschenische Frontkommandanten mit ihren Truppen kurz hinter die Grenze nach Dagestan zurück.

Das Ende des ersten Krieges

Zwischen den beiden Runden der russischen Präsidentenwahl (16. Juni und 3. Juli 1996) hielten die russischen Truppen sich weitgehend zurück. Der am 28. Mai vereinbarte Waffenstillstand, der vom 1. Juni an in Kraft getreten war, schien zu halten. Doch schon drei Tage nach Jelzins Sieg im zweiten Wahlgang lief die russische Kriegsmaschinerie wieder an. Am 9. Juli griff sie das Dorf Gechi an und tötete etwa zwanzig Zivilpersonen, einen Tag darauf legte sie das Dorf Machety in Schutt und Asche. Der Bruch des Waffenstillstands durch die russische Armeeführung kann nur mit der Spekulation erklärt werden, dass sie sich eine bessere Verhandlungsposition sichern wollte, bevor überhaupt Verhandlungen wieder aufgenommen werden konnten. Möglich ist auch eine bewusste Missachtung der Moskauer Staatsführung, die ohnehin keinen direkten Einfluss mehr auf die Kriegführung zu haben schien.

Am 6. August nahmen die tschetschenischen Kämpfer die Hauptstadt Grosny überraschend wieder ein, wobei Bassajews Freischar wieder einmal eine bedeutende Rolle spielte. Daraufhin ordnete der amtierende Kommandeur der Bundestruppen, General Konstantin Pulikowskij, flächendeckendes Artilleriefeuer und massive Bombenangriffe („Teppichabwürfe“) auf Grosny nach Ablauf eines Ultimatums an. Sein unmittelbarer Vorgesetzter, General Wjatscheslaw Tichomirow (der Name enthält ironischerweise die Bestandteile „Ruhe“ und „Frieden“), deckte diesen Befehl. Die Zivilbevölkerung floh abermals in hellen Scharen aus Grosny.

Vorher aber, am 10. Juli, hatte Jelzin den General Alexander Lebed zum Bevollmächtigen Botschafter für Tschetschenien ernannt mit dem Auftrag, ernsthafte Verhandlungen mit der dortigen Führung aufzunehmen. Und Lebed deckte den Terrorbefehl nicht. Er setzte sich schließlich durch: In Grosny erklärte er das Ultimatum für „einen schlechten Witz“, null und nichtig und verständigte sich mit dem tschetschenischen Stabschef Maschadow zunächst am 15. August auf einen Waffenstillstand. Beide erreichten am 22. August in Chasawjurt die Verlängerung des Waffenstillstandes und neun Tage später, am 31. August 1996, ein umfassenderes Abkommen, das zur Entmilitarisierung Tschetscheniens führen sollte. Konkret war die Festlegung: „Ein Übereinkommen auf der Grundlage gegenseitiger Zusammenarbeit zwischen der Russischen Föderation und der Tschetschenischen Republik, in Übereinstimmung mit den allgemein anerkannten Grundsätzen und Normen des internationalen Rechts, muss bis zum 31. Dezember 2001 erreicht werden.“

Lebed, inzwischen Vorsitzender des Nationalen Sicherheitsrates, teilte der Öffentlichkeit die vertragliche Einigung mit dem Satz mit: „Der Krieg ist aus!“ Doch die Einigung basierte auf der Voraussetzung, dass der Konflikt über den Status Tschetscheniens, die eigentliche Kriegsursache, ausgeklammert und für fünf Jahre in der Schwebe blieb. Jelzins politische Maßnahmen in dieser Krise erwiesen sich als wenig konsistent. Sie wurden zudem von anderen politischen Kräften stets konterkariert. Beispielsweise hatte er Lebed vor dem Waffenstillstandsabkommen aufgefordert, Grosny mit Militärgewalt einzunehmen, was Lebed einfach ignorierte, indem er erklärte, er könne nicht beurteilen, ob der Befehl wirklich direkt von Jelzin komme. Erst Monate später – vor der Bekanntgabe seiner bevorstehenden Herzoperation – ließ Jelzin sich herab, Lebed das Verdienst für das Abkommen zuzuschreiben.

Den Wirrwarr der Kreml-Politik in der ersten Hälfte 1996 zeigt ein kurzer Rückblick. Im April richtete Jelzin eine Staatskommission für die Lösung der Tschetschenien-Krise ein, der 21 Personen angehörten, darunter Regierungschef Tschernomyrdin, die Präsidenten der beiden Parlamentskammern, mehrere Vertreter des Nationalen Sicherheitsrates und der „Machtministerien“, die Verwaltungschefs angrenzender Regionen (Dagestan, Stawropol), der tatarische Präsident Mintimer Schajmijew und – als einziger Vertreter Tschetscheniens – der frühere KP-Chef Sawgajew. Diese Kommission erwies sich als offensichtlich nutzlos; zwei Tage nachdem Lebed seine Verhandlungen aufgenommen hatte, wurde sie von Präsident Jelzin ohne weiteres Federlesen aufgelöst.

Der Oberste Sowjet Russlands hatte hingegen, während die Kämpfe im April 1996 wieder an Umfang zunahmen, den früheren Vizechef der Eisenbahntruppen, General Nikolaj Koschman, als Premierminister in Grosny eingesetzt. Auch dieser war nicht imstande, Verhandlungen mit der Widerstandsbewegung einzuleiten. Das brachte, wie sich dann zeigte, allerdings Lebed fertig. Er setzte sich bereits am Beginn der Unterhandlungen sehr deutlich von Sawgajew und anderen russlandtreuen Politikern ab und hielt sich auch bewusst nicht an die regierungsoffizielle Linie, die vor allem von Tschernomyrdin vertreten wurde. In einem entscheidenden Telefongespräch „sagte Jelzin nichts, aber Schweigen ist eine Art Zustimmung", erklärte Lebed unmittelbar nach dem Abschluss der Verhandlungen.[32]

Lebeds Erfolg dürfte indirekt zum Sturz Tschernomyrdins und seinem faktischen Ausscheiden aus den entscheidenden Gremien der russischen Politik beigetragen haben. Doch wurde dem engeren Kreis der Macht in Moskau Lebeds Popularität allmählich bedrohlich. Der verfügte über keine Hausmacht in Moskau. Deshalb vermochte die Jelzin-Clique sich seiner zu entledigen. Unter dem Druck sowohl der nationalistisch-radikaleren Gruppierungen im Nationalen Sicherheitsrat und den beiden Parlamentskammern als auch seiner als „Familie" bekannten engsten Umgebung feuerte Jelzin ihn am 17. Oktober. Die bekanntermaßen korrupte „Familie" hatte ihn zu fürchten begonnen, weil er deutlich zu erkennen gegeben hatte, dass er gegen Machtmissbrauch gerade auch in den höchsten Machtzirkeln unnachsichtig vorgehen würde, sollte er die Möglichkeit dazu erhalten. Mit dem Chasawjurt-Abkommen und der Unterstützung Jelzins in der Stichwahl hatte er seine nützliche Rolle gespielt; nun wurde er mehr als Rivale betrachtet und deshalb abgesetzt. Sein Nachfolger wurde der bisherige Sprecher der Duma, Iwan Rybkin, der vorher als bedingungsloser Vertreter der jeweils von Jelzin betriebenen Politik aufgefallen war. Jetzt aber bekannte er sich als „Überzeugter Anhänger des Friedensprozesses".

In Russland war das Chasawjurt-Abkommen von Anfang an umstritten; nationalistische Kräfte sprachen von einem Ausverkauf russischer Interessen, und Tschernomyrdin hielt es für rechtlich nicht bindend, gab aber dennoch seine lauwarme Zustimmung. Der Moskauer Bürgermeister Jurij Luschkow nannte das Abkommen gar eine „Zeitbombe unter der russischen Verfassung", korrigierte sich aber nach ein paar Wochen. Ein Teil der militärischen Führung drohte die Sabotage des Abkommens an. Die russischen Truppen verließen in der Folge rasch die Region.

Insgesamt hatte die russische Armee eine vernichtende und demütigende Niederlage erlitten. Nach dem Krieg demobilisierte russische Soldaten verschwiegen nun ihre Kriegsteilnahme; die Armee selbst war äußerst unpopulär geworden, und zwischen der zivilen Gewalt (der Präsidentschaft, der Regierung und dem Parlament, die auch noch untereinander im Kampf lagen, wenn auch aus vielen anderen Gründen) einerseits und dem Offizierskorps andererseits herrschte eine Atmosphäre gegenseitiger Schuldzuweisungen. Die russischen Waffen hatten sich als nicht unbedingt tauglich erwiesen:

Hunderte Panzer und gepanzerte Fahrzeuge, zahllose andere Waffensysteme waren von den tschetschenischen Kämpfern ausgeschaltet und zerstört worden. Das wirkte auf die Verkaufsmöglichkeiten der russischen Rüstungsindustrie zurück, die gemäß einer 1994 getroffenen Entscheidung von Präsident Jelzin als mutmaßlicher Devisenbringer (neben Energierohstoffen und Metallen) eigentlich wieder auf dem Weltmarkt lanciert werden sollte. Das Desinteresse potentieller Kunden russischer Rüstungsgüter wirkte sich auf die Deviseneinnahmen, die Zahlungsbilanz, den Rubelkurs und nicht zuletzt auf den russischen Arbeitsmarkt aus. Die russische Gesellschaft insgesamt war durch die Niederlage betroffen. Die ohnehin vorhandenen Tendenzen zum „starken Staat“, geführt durch einen „starken Mann“, wurden dadurch weiter gefördert, zumal die nochmalige Wiederwahl Jelzins im Jahre 2000 verfassungsmäßig ausgeschlossen und wegen seines Gesundheitszustandes auch nicht mehr realistisch möglich war. Diese Grundstimmung kam den Wünschen der Militärführung, ihr Ansehen wieder herzustellen, und den ähnlich gelagerten Interessen der Rüstungsindustrie weit entgegen und wurde damit zu einer ersten Voraussetzung für den zweiten Tschetschenienkrieg.

Die Kriegsziele – sowohl die verkündeten als auch die nicht ausgesprochenen – hatte Russland nicht erreicht. Die territoriale Integrität des Staates war nur formal gewahrt, faktisch war Tschetschenien nach dem Krieg ein fast unabhängiger Staat, die russische Zentrale hatte ihr Gewaltmonopol über Tschetschenien völlig verloren. „Wenn die Gewinnung der Herzen und Hirne des tschetschenischen Volkes und der Versuch, es davon zu überzeugen, dass Tschetschenien ein Teil Russlands bleiben müsse, in der Absicht der russischen Regierung lag, dann waren Flächenbombardements und massive Artillerieschläge gegen zivile Ziele das falsche Werkzeug.“[33] Bis 1994 hegte sicherlich nur eine Minderheit der Bewohner Tschetscheniens Hass gegen Russland. Im Verlauf des Krieges, „als die Zerstörung fortschritt, begann die tschetschenische Bevölkerung – und viele in Tschetschenien lebende Russen – das russische Militär als Feind anzusehen“.[34] Falls das eigentliche Ziel aber der Sturz Dudajews war, so wurde es noch weiter verfehlt. Vor Kriegsbeginn umstritten, war Dudajew dann bis zu seinem gewaltsamen Tod der akzeptierte Führer aller Tschetschenen.

Die russischen Streitkräfte hatten sich als unfähig zu koordiniertem Handeln, zu gezielten Angriffen auf entscheidende Ziele und zur Anpassung an wechselnde Situationen erwiesen. Das lag einerseits an der internen Konkurrenz der Streitkräfte und dem daraus entstandenen Mangel an Koordination. Andererseits hatten sich viele Kommandeure (und wohl auch die Oberkommandierenden) als Menschenverächter gezeigt, sowohl gegenüber der tschetschenischen Bevölkerung als auch gegenüber den Soldaten, die so schikaniert wurden, wie es Armeekritiker schon der Sowjetarmee und ihren Ausbildern nachgewiesen hatten. „Hungrige, schlecht gekleidete und unzureichend ausgerüstete Soldaten kämpfen nicht gut."[35] Ferner hatten wohl die tschetschenischen Kämpfer, nicht aber die russischen Soldaten ein Ziel – die Verteidigung ihrer Heimat. Und während sich die ersteren immer stärker zu einheitlichem Vorgehen unter einer unangefochtenen Führung vereinigten, herrschte in den Rängen der russischen Offiziere, und mehr noch unter den Soldaten, blanke Verachtung gegenüber „dem Kreml" und dem Staatsapparat vor.

Andererseits hatte der Krieg auch Tschetschenien schwer geschädigt. 80.000 Menschen waren im Zusammenhang mit den Kriegshandlungen gestorben, und neben dem totalen wirtschaftlichen Ruin musste Tschetschenien nun eine soziale Hypothek bewältigen: Ganze Generationen waren zu dauernder Arbeitslosigkeit verurteilt, und unter den Jungen hatte sich eine zu allem entschlossene Minderheit gebildet, die sich auf nichts mehr einließ als auf den bewaffneten Kampf gegen Russland und auch nichts anderes gelernt hatte. Der Wiederaufbau der Wirtschaft und einer akzeptierten zivilen Staatsordnung in Tschetschenien war dadurch ungemein erschwert. Auch dies wurde zur Rechtfertigung eines neuen Krieges herangezogen, allerdings erst in einer späteren Phase.

Es bestand auch nach dem Abkommen vom 28. Mai keine gefestigte Struktur in Tschetschenien, geschweige denn eine staatliche Ordnung. Die Auseinandersetzungen zwischen den verschiedenen Kräften sowie zwischen der Regierung einerseits, den Feldkommandanten andererseits flackerten wieder auf. Präsident Jandarbijew und sein Regierungschef Maschadow hatten in weiten Teilen der Republik keinen nennenswerten Einfluss; auch in Grosny selbst war die Position der Führung nicht unumstritten.

Anmerkungen

1. Kline a.a.O.

2. Kline a.a.O.

3. Usmanow a.a.O.

4. *Nesawissimaja gaseta* vom 27.3. 1992.

5. Vgl. Payin/Popov.

6. Vgl. Payin/Popov.

7. Christian Noack, in: *Osteuropa* 2/1996.

8. Goldenberg, Suzanne, *The Pride of Small Nations: The Caucasus and Post-Soviet Disorder*, zitiert bei Kline a.a.O.

9. Itar-Tass 27.12. 1994.

10. Interfax 13.12. 1994.

11. RIA 29.11. 1994.

12. Thomas (1999) a.a.O.

13. Felgenhauer a.a.O.; etwas abweichende Daten bei Thomas (1999).

14. Felgenhauer a.a.O.

15. Hierzu und im folgenden grundlegend: Thomas (1999).

16. Berichte von RFE/RL, 16. bis 18.12. 1994.

17. Krech (1998, S. 544) veranschlagt die Stärke der Dudajew-Verbände hingegen auf 30.000 Mann, dazu 6.000 ausländische Kämpfer aus Georgien und Dagestan (3.000), Afghanistan (700), der Türkei (300) den baltischen Staaten (200), der Ukraine (150) und mehreren islamischen Staaten. Wesentlich niedriger setzt Simonsen die Zahl der tschetschenischen Kämpfer an: Bis zum Sommer 1994 hätten nur 3.000 Mann unter Dudajews Kommando gestanden, doch hätten „Tausende, die vorher gegen sein Regime gekämpft hatten“, sich ihm umgehend angeschlossen.

18. Itar-Tass 9.12. 1994.

19. Thomas (1999) a.a.O.

20. Usmanow, a.a.O., betont dies ausdrücklich; er erklärt außerdem, Spezialeinheiten russische Bodentruppen hätten sofort nach Beginn der Kämpfe Bücher, Dokumente und Archive der tschetschenischen Kultur vernichtet oder geplündert. „Alle Gebäude und Strukturen der tschetschenischen Archive wurden völlig zerstört. Kriegsverbrecher spürten sogar solche Bunker auf, deren Existenz nur wenigen Experten bekannt war. Darin waren viele der unbezahlbaren tschetschenischen Dokumente verwahrt worden, die wunderbarerweise sogar die schwierigen Exiljahre 1944-1957 überstanden hatten. Alle diese Dokumente wurden zerstört.“ Das gesamte Bibliotheksnetz mit 7,5 Millionen Bänden sei ebenso vernichtet worden wie alle bedeutenden Forschungsinstitute und die Bibliotheken und Archive bedeutender tschetschenischer Akademiemitglieder.

21. Vgl. Simonsen a.a.O.

22. Ausführliche Darstellung aus tschetschenischer Sicht: The situation in Shamashki, 12/94 - 4/95, http://www.amina.com/war/sem_hor.html.

23. Felgenhauer a.a.O.

24. Vgl. Thomas (1995) a.a.O.

25. *Moskowskije Nowosti,* 23.-29.12. 1994.

26. Thomas (1999) a.a.O.

27. RFE/RL 15.12. 1994.

28. Vgl. Thomas (1999).

29. In „Institute for War and Peace Reporting", London, Juni 1997

30. So Schirko in einem Interview mit dem Staatsfernsehen ORT, 11.4. 1996.

31. Im folgenden nach Eismont, *Djohar Dudaev: Dead or…*

32. *Financial Times,* 4.9. 1996

33. Finch, *Why the Russian Military Failed in Chechnya*

34. Finch a.a.O.

35. Finch a.a.O.

5. Die faktische Unabhängigkeit

Nach dem ersten Krieg

Boris Nikolajewitsch Jelzin hatte die russische Präsidentenwahl am 16. Juni 1996 nicht in der ersten Runde für sich entscheiden können, sondern nur rund 35 Prozent der abgegebenen Stimmen erhalten; der Vorsitzende der Kommunistischen Partei der Russländischen Föderation, Gennadij Sjuganow, hatte 32 Prozent bekommen. Erst im zweiten Wahlgang, der Stichwahl am 3. Juli 1996, setzte Jelzin sich durch; auch Sjuganow legte noch einmal zu und errang rund 40 Prozent. Jelzins knapper Erfolg war auf zwei Hauptfaktoren zurückzuführen: die Tatsache, dass die Anhänger General Alexander Lebeds – etwa 14 Prozent im ersten Wahlgang – jetzt einigermaßen geschlossen für Jelzin stimmten und dass die überwiegende Wahl der Jelzin-Stimmen nicht für ihn, sondern gegen Sjuganow abgegeben wurden. Zur Wahl eines kommunistischen Präsidenten war Russlands Elektorat, soweit es sich überhaupt an der Wahl beteiligte, jedenfalls in der Mehrheit nicht bereit; Sjuganows hoher Stimmenanteil signalisierte der Entourage des Präsidenten jedoch, dass vor den Ende 1999 und Anfang 2000 fälligen Duma- und Präsidentenwahlen Vorkehrungen getroffen werden mussten.

Die kommunistische Opposition, teils verbündet mit anderen Fraktionen, bemühte sich darum, ein Amtsenthebungsverfahren („Impeachment“) gegen Jelzin in Gang zu bringen. Rechtlich war der Versuch nahezu aussichtslos. Politisch aber wirkte er und ließ die Möglichkeit erkennen, dass Jelzin und seine nähere Umgebung, genannt „die Familie“, nach diesen Wahlen eventuell Strafverfolgung zu gewärtigen hatte. Dabei waren einige Anklagepunkte bereits Gegenstand des letztlich scheiternden Impeachments: erstens der Militäreinsatz gegen das russische Parlament im November 1993, zweitens Kriegsverbrechen in Tschetschenien und drittens Unregelmäßigkeiten bei der Privatisierung staatlicher Trusts. Die politische und möglicherweise auch strafrechtliche Verantwortung Jelzins für die Vorgänge schien unanfechtbar festzustehen. Darüber hinaus fürchteten Mitglieder der „Familie“ wie der Medienmogul, Banker und Autoverkäufer Boris Beresowskij, der angeblich auch Jelzins Vermögensverwalter war, Strafverfahren wegen Korruption und Geldwäsche. Die erwähnten Vorkehrungen mussten im Interesse der „Familie“ auf die Zusicherung von Straffreiheit und die Findung eines geeigneten Präsidentschaftskandidaten gerichtet sein, der diese Zusicherung glaubhaft und verlässlich geben konnte.

Zudem legten auch die rasch aufeinander folgenden gesundheitlichen Krisen des Präsidenten entsprechendes Handeln dringend nahe. Der Verfassung entsprechend tritt im Falle der Amtsunfähigkeit oder des Todes der Ministerpräsident in einige Funktionen des Präsidenten ein, kann aber im Gegensatz zu diesem weder die Regierung entlassen noch das Parlament auflösen und muss binnen drei Monaten Neuwahlen abhalten lassen. Bis zum März 1998 war Viktor Stepanowitsch Tschernomyrdin, früher (noch zu Sowjetzeiten) Minister für die Gasindustrie und später Chef des Gasprom-Konzerns, Ministerpräsident. Für die „Familie" ein unsicherer Kandidat: Mit dem Tschetschenien-Krieg hatte er sich öffentlich nie ganz identifiziert und sich nach den Vorfällen von Budjonnowsk im Juni 1995 als Vermittler eingeschaltet; er konzentrierte sich betont auf die Lenkung der Wirtschaftspolitik. Ob er sich intern gegen den Krieg gewandt hat, ist allenfalls Gegenstand von Spekulationen, sicher bekannt ist aber seine relative Distanz zur Generalität und zum Verteidigungsministerium sowie zu den übrigen „Machtministern", die verfassungsgemäß auch nicht ihm untergeordnet waren, sondern dem Präsidenten, der das Recht zu ihrer Ernennung und Entlassung hatte.

Tschernomyrdin war wirtschaftlich unabhängig genug, um sich jeglichem Kuhhandel mit der „Familie" verschließen zu können. In seiner Zeit als Gasprom-Chef – dieser Konzern erwirtschaftete jahrelang den größten Einzelposten an Devisen für die russischen Staatskassen – hat er beträchtlichen persönlichen Reichtum angesammelt und von der Direktorenposition aus eigenständig Verbindungen geknüpft. Seine Wahl zum Regierungschef hatte Boris Jelzin 1992 verhindern wollen, doch wurde Tschernomyrdin von einer Mehrheit in der Duma, die hauptsächlich aus Vertretern wirtschaftlicher Interessen bestand, schließlich durchgesetzt. Im Lauf seiner Amtszeit – der längsten eines Regierungschefs unter Präsident Jelzin – isolierte er sich immer weiter von den politischen Gruppen in der Duma und wurde öffentlich für das Stocken der Reformen und die Stagnation – den Verfall – der Wirtschaft verantwortlich gemacht. Im übrigen hatte seine Popularität niemals Ausmaße erreicht, die seine Wahl zum Staatspräsidenten als einigermaßen sicher hätten erscheinen lassen, obwohl Jelzin ihn mehrfach als bestgeeignet für seine Nachfolge bezeichnete. Am 23. März 1998 wurde er mitsamt der Regierung überraschend durch Präsident Jelzin entlassen.

Nachfolger wurde für ein Vierteljahr der aus Nischnij Nowgorod stammende 36jährige Sergej Wladilenowitsch Kirijenko, der wegen seiner relativen Jugendlichkeit von russischen Medien als „Kinderüberraschung" charakterisiert wurde. Kirijenko hatte vorher als Energieminister mit der tschetschenischen Regierung einen Öltransitvertrag ausgehandelt. Er wurde bereits am 23. August 1998 wieder entlassen; unter anderem wurde ihm die Rubelkrise des Sommers zur Last gelegt.

Am 11. September 1998 bestätigte die Duma Jelzins nächsten Kandidaten für das Premier-Amt, den bereits sechzigjährigen Sergej Maksimowitsch Primakow. Dieser hatte bereits als Nahostspezialist in der Sowjetunion eine bedeutende Rolle gespielt, war unter Jelzin einige Jahre lang Leiter einer Nachfolgeorganisation des Geheimdienstes KGB und seit 1996 wieder Außenminister. Er war ein Kompromisskandidat: Jelzin hatte ursprünglich die Wiedereinsetzung Tschernomyrdins durchsetzen wollen, war damit aber zweimal in der Duma gescheitert (verfassungsmäßig schlägt der Präsident der Duma einen Kandidaten vor; die Duma muss zustimmen; lehnt sie in drei Abstimmungen nacheinander ab, so ist der Kandidat gescheitert und der Präsident berechtigt, die Duma mit dem Ziel alsbaldiger Neuwahlen aufzulösen). Jelzin entließ Primakow am 13. Mai 1999 – vielleicht auch im Zusammenhang mit dem russischen Einflussverlust angesichts der Osterweiterung der Nato und des Nato-Krieges in Kosovo; ein Vermittlungsversuch Primakows in Belgrad war in der Bundesrepublik von Bundeskanzler Gerhard Schröder, den Primakow nach der Abreise aus Belgrad als ersten aufgesucht hatte, mit nahezu beleidigendem Desinteresse abgetan worden.

Jelzin schlug dann den Innenminister Sergej Stepaschin vor, während die kommunistische Fraktion in der Duma gleichzeitig ein Amtsenthebungsverfahren gegen Jelzin einzuleiten versuchte. Diese Initiative scheiterte, und auch in der Abstimmung über Stepaschin setzte sich Jelzin durch: Mit großer Mehrheit wurde Stepaschin, der sich bereits als Innenminister und (seit einigen Wochen) Erster Vizepremier als Vertreter des „starken Staates“ zu profilieren versucht hatte, zum Premier gewählt. Er blieb jedoch nur achtzig Tage im Amt. Am 9. August 1999 setzte Jelzin ihn ab und benannte Wladimir Putin zum Nachfolger.

In diesen anderthalb Jahren der innenpolitischen Wirren, die auf die Stagnation unter Premier Tschernomyrdin folgten, verfiel sowohl die russische Wirtschaft als auch das Ansehen des Präsidenten und allgemein der politischen Institutionen weiter. Der Zirkel einiger „Oligarchen“ in der Umgebung Präsident Jelzins (die „Familie“) baute seinen institutionell nicht vorgesehenen Einfluss auf die politischen Entscheidungen noch stärker aus. Korruptionsvorwürfe, von denen mehrere schwerwiegende die „Familie“ betrafen, konnten von den dafür zuständigen Behörden oft nicht untersucht werden, weil aus der Umgebung des Präsidenten personalpolitisch interveniert wurde. Die Duma, deren Mehrheit nach den Wahlen von 1996 nicht auf der Seite Jelzins (und damit der von ihm eingesetzten Regierung und insbesondere der „Machtminister“ der Verteidigung und des Inneren) stand, und die Exekutive paralysierten sich gegenseitig.

Der Einfluss der Militärführung und der Geheimdienste nahm unterdessen stetig zu. Von den vier oben erwähnten Regierungschefs hatten drei eine Karriere vorwiegend oder (Putin) fast ausschließlich im Geheimdienst zurückgelegt.

Die innertschetschenische Krise

Zwischen 1996 und Mitte 1999 brach in Tschetschenien die – wie erwähnt wenig entwickelte – Staatsgewalt völlig zusammen; der Einfluss des Regierungschefs und späteren (im Januar 1997 gewählten) Präsidenten Aslan Maschadow schrumpfte auf wenige ihm anhängende Feldkommandanten und gebietsmäßig auf die nördliche Hälfte Tschetscheniens zusammen. Unter den Kommandanten differenzierte sich eine radikal-militante Richtung heraus, die freilich nur bei oberflächlicher Betrachtung als rigoros islamisch („fundamentalistisch", zu Teilen „wahhabitisch") erscheinen konnte.[1] Tatsächlich haben nationalistische und islamistische Begriffe den jeweiligen Kommandanten hauptsächlich als ideologische Rechtfertigung ihrer jeweiligen Sonderwege gedient. Ihre Positionen innerhalb der zerfallenden Ordnung von Staat und Gesellschaft lassen sich auch auf andere Elemente zurückführen:

– Enttäuschung über die ausbleibende Unterstützung aus Grosny und auch aus Russland;
– Bindung an regionale Machtstrukturen und Verzahnung mit traditionellen Clans;
– Rekrutierung von Jugendlichen, denen keine zivile Perspektive mehr offenzustehen schien (Ende 1996 lag die Zahl der bewaffneten Jugendlichen knapp unter tausend)[2];
– Eingliederung krimineller Gruppen, darunter von Kidnappern;
– steigende finanzielle Leistungen aus islamischen Staaten (Afghanistan, Saudi-Arabien) für einzelne Feldkommandanten und Auftreten einiger bürgerkriegserfahrener Freiwilliger;
– beginnende Solidarisierung mit anderen Gruppen und Bewegungen, die sich von Russland zu lösen trachteten.

An einem funktionierenden Staat waren allerdings die meisten Feldkommandanten und die in der „Geiselindustrie" tätigen Häupter krimineller Gangs – manchmal waren die Übergänge fließend – gar nicht interessiert. Sie suchten nichts anderes als sichere Stützpunkte, in denen sie vor Verfolgung und Strafe gesichert waren. Dies verband sich mit dem Machtkampf innerhalb der tschetschenischen Führung und gegen sie; der Anschein, dass es sich um eine grundsätzliche Auseinandersetzung über die Islamisierung der Republik gehandelt habe, führt in die Irre. Vielmehr haben sehr unterschiedliche Kräfte islamische Parolen als politische Machtmittel eingesetzt.

Die Renaissance des Islam, und zwar seiner in Tschetschenien traditionellen Formen, wurde auch von ganz und gar weltlichen Politikern in den ersten Jahren – und während des ersten Krieges – durchaus begrüßt, um nationale Einheit zu stiften. Doch sie gerieten bald nach dem Krieg unter den Druck radikalerer Kräfte, deren islamischer Radikalismus wieder auch und manchmal nur Mittel im Machtkampf war. Der zeitweilige Präsident Jandarbijew und der Feldkommandant Bassajew bedienten sich dieser Strategie gegen Maschadow bewusst. Sie erhielten Unterstützung einzelner ausländischer Religionskämpfer und Söldner mit afghanischer Erfahrung und Bindungen zu den dort herrschenden Gruppen, auch zu den erst aufkommenden Taliban; und um diese sammelten sich unter anderen viele der enttäuschten Jugendlichen.

Damit wurde der neue, von russischer Seite rasch als „Wahhabismus" gebrandmarkte Radikalismus wiederum für die gegenüber dem maßvollen Präsidenten Maschadow kritischen Gruppierungen ebenso interessant (als Mittel im Machtkampf) wie für diejenigen, die jegliche staatliche Struktur ablehnten (als Mittel im Kampf gegen jede Macht). Maschadow hatte sich schon im Wahlkampf 1997 stärker als gewollt auf Zugeständnisse an die Islamisten der verschiedenen Richtungen einlassen müssen; er schwor nach seinem Wahlsieg am 12. Februar auf den Koran, holte im April Bassajew als Vizepremier in die Regierung (aus welcher der Feldkommandant aber schon im Juni wieder austrat, um sich anschließend dem Kommandanten Chattab anzuschließen, Anfang 1998 für einige Zeit in die Regierung zurückzukehren und dann wieder mit Maschadow zu brechen), akzeptierte im Sommer 1998 eine neue Verfassung mit nun eindeutig islamistischem Inhalt und ließ öffentliche Hinrichtungen nach Todesurteilen gemäß islamischem Richterspruch zu. Schließlich führte er am 3. Februar 1999 die Scharia, das islamische Recht, als alleiniges System ein. Damit suchte der tschetschenische Präsident die radikalen Fraktionen in die Machtstruktur zu integrieren, geriet aber immer stärker in ihre Abhängigkeit und stieß andere, gemäßigtere Gruppen ab.

Auseinandersetzungen gab es schließlich auch zwischen Maschadow und den traditionellen islamischen Institutionen, die sich lange Zeit für ihn eingesetzt hatten. Den von Dudajew 1995 ernannten obersten Richter des Scharia-Gerichtshofes, Schamsuddin Batukajew, und die übrigen Mitglieder dieser höchsten islamischen Rechtsinstanz der Republik entließ Maschadow im Oktober 1997 und rief Mufti Achmad Kadyrow auf, als neue Kandidaten Personen vorzuschlagen, die nicht nur eine religiöse Qualifikation für das Richteramt hatten, sondern sich auch spirituell, moralisch und politisch auszeichneten. Offenbar versuchte Maschadow die Rechtsprechung unter Kontrolle zu bringen, doch war sein Vorstoß der Beginn einer eskalierenden Auseinandersetzung mit dem Mufti. Kadyrow griff allerdings noch im Sommer 1998 die islamistischen Politiker Jandarbijew und Udugow als „Ketzer" an und bezeichnete die „Wahhabiten" als Feinde des Islam, die Konflikte in Tschetschenien anzetteln und Übergriffe gegen Dagestan vorbereiten wollten.[3]

Gleichzeitig verlangte Salman Radujew, offenbar in Einvernehmen mit Maschadow, Anfang 1998 eine offensive Auseinandersetzung mit „dem Wahhabismus" und das Verbot dieser Richtung, ohne sich Rechenschaft darüber abzugeben, dass der Zustrom vor allem Jugendlicher auch ein Protest gegen grassierende Korruption und die Schwäche der Regierung und ihrer Institutionen war. Auf einer Massenkundgebung in Grosny verurteilten einzelne Redner den Wahhabismus als volksfeindlich. Auslöser dieser Kampfansage war offenbar der Angriff von Freischärlern auf Bujnaksk am 22. Dezember, bei dem tschetschenische Freischärler, die zu den Einheiten Chattabs gehörten, dagestanische Kämpfer unterstützt hatten. In Dagestan wurde der Wahhabismus danach verboten. In Tschetschenien reagierte die Regierung Maschadow Anfang Februar 1999 mit der Einführung der Scharia; die Rechtsprinzipien des Koran sollten ab etwa April in allen Lebensbereichen gelten, „einschließlich des Bildungswesens, der Ideologie, der Wirtschaft, des sozialen Lebens und der Armee".[4]

Im Frühjahr 1999 wurde die Spaltung zwischen Maschadow und der „Dritten Kraft"[5] in Tschetschenien, nämlich Bassajew, durch die Unternehmung des letzteren deutlich, einen „Kongress der Völker Itschkeriens und Dagestans" mit dem Ziel eines islamischen Staates in Nordkaukasien durchzuführen. Bassajew glaubte damit auf die kaum mehr existente „Konföderation der Bergvölker" zurückkommen zu können – und auf seine eigenen Aktivitäten in Abchasien, bevor Tschetschenien seine eigene Unabhängigkeitsdynamik entwickelt hatte. Die auf diesem Kongress radikaler Gruppen beschlossene Aufstellung von Freiwilligenverbänden war die erste Stufe zum Einmarsch in dagestanische Dörfer, die dann den zweiten Tschetschenienkrieg zündete. In Moskau hielten sich längere Zeit Spekulationen, das ganze Vorhaben werde auch von innerrussischen Gegnern Präsident Jelzins unterstützt, um dessen Handlungsunfähigkeit nachzuweisen.

Die russischen Versuche, in Tschetschenien eine mit der Unabhängigkeitsbewegung konkurrierende und ihr möglicherweise überlege Gegenmacht aufzubauen, waren bereits lange vorher gescheitert. Große Hoffnungen hatte Moskau auf Doku Sawgajew gesetzt, der bei den Wahlen am 17. Dezember 1995 zwar rund achtzig Prozent der Stimmen bekommen hatte, doch war nur in den von der russischen Armee kontrollierten Teilen der Region unter den Bedingungen des Ausnahmerechts gewählt worden. Amtliche Schätzungen über die unter diesen Voraussetzungen erreichte Wahlbeteiligung variierten zwischen 47% und 60%; am Wahlvorgang selbst äußerten selbst russlandtreue Beobachter erhebliche Zweifel; und da ein gleichfalls von Moskau begünstigter (wenngleich kritisch betrachteter) Kandidat, Ruslan Chasbulatow, seine Kandidatur zurückgezogen hatte, konnte von einer echten Wahl keine Rede sein. Nichtsdestoweniger wurde Sawgajew vom Obersten Sowjet Tschetscheniens zum „Staatsoberhaupt" (eine neue Bezeichnung für das Amt des Republikpräsidenten) ernannt. Im zu dieser Zeit russisch kontrollierten Grosny demonstrierten rund tausend Anhänger Dudajews gegen die „Marionettenregierung" Sawgajews, und Einfluss über eine begrenzte Zone rings um den Flughafen hinaus, spotteten russische Journalisten, konnte Sawgajew nie ausüben.

Dudajew, obwohl nicht allgemein ganz anerkannt, hatte selbst auf dem Tiefpunkt der Auseinandersetzungen innerhalb der Unabhängigkeitsbewegung stets einen unvergleichlich größeren Einfluss. Der russische Angriff hatte dann die internen Auseinandersetzungen mit einem Schlag beendet und Dudajew zum nun ganz unangefochtenen Repräsentanten gemacht, wenngleich viele Feldkommandanten die Auseinandersetzung um Macht und Einfluss als nur für die Dauer des Krieges eingefroren betrachteten. Dudajews Tod löste sogleich Spekulationen aus: Eine Reihe Feldkommandanten erklärte, er sei gar nicht gestorben; andere Gerüchte gingen dahin, er sei von rivalisierenden militanten Kräften umgebracht wurden. Jedenfalls hatte die tschetschenische Unabhängigkeitsbewegung die wahrscheinlich einzige charismatische Persönlichkeit verloren, die auf Respekt sowohl im eigenen Volk als auch auf der russischen Seite hatte rechnen können. Freilich hatte Dudajew nicht mehr die gesamte Bewegung unter seiner Kontrolle.

Doch ebensowenig hatte Maschadow, bis Ende 1996 noch interimistischer Ministerpräsident, tatsächlich „nationalen" Einfluss. 1992 hatte Dudajew ihn zu seinem Stabschef gemacht; beim Machtkampf mit Sawgajew, der sich ein Jahr zuvor auf die Seite der russischen Putschisten gegen Michail Gorbatschow gestellt hatte und nun von Russlands Präsidenten Boris Jelzin zeitweilig favorisiert wurde, zeichnete Maschadow sich militärisch aus. Er organisierte den Partisanenkrieg nach dem russischen Einmarsch und wurde 1996 Verhandlungsführer. Nach Dudajews Tod bewarb er sich um die Präsidentschaft und erhielt am 27. Januar 1997 gegen zwölf Mitbewerber 59,83% der abgegebenen Stimmen. Über 200 Wahlbeobachter, darunter 72 der OSZE, bezeichneten die Wahl als „demokratisch und legitim" (OSZE-Missionsleiter Tim Guldiman). Es sollen 407.699 von 513.585 registrierten Wahlberechtigten abgestimmt haben. Den zweithöchsten Stimmenanteil gewann der Feldkommandant Schamil Bassajew (23,5%), an dritter Stelle stand der bislang amtierende Präsident Selimchan Jandarbijew (10,1%). Die Beteiligung an der gleichzeitigen Wahl des regionalen Parlaments fiel jedoch so gering aus – auch im zweiten Wahlgang am 15. Februar 1997 –, dass mehr als die Hälfte der 63 Mandate auch nach der ersten Wiederholungswahl nicht vergeben war.[6]

Trotz des in seinem Fall deutlichen Wahlsiegs gelang es Maschadow nicht, funktionierende politische Strukturen aufzubauen. Die tschetschenischen Institutionen wurden vielmehr zum Objekt des Einflusshandels zwischen verschiedenen Clans und Gruppen; als gewählter Staats- und Regierungschef blieb Maschadow eine schwache Figur. In die Regierung berief er – erst zwei Monate nach seiner Wahl zum Präsidenten – Mowladi Udugow als seinen

Vertreter (das Amt des Regierungschef übernahm Maschadow selbst) und Kasbek Machatschew als Innenminister, beide hatten schon der provisorischen Regierung nach Dudajews Tod angehört. Zwei enge Vertraute Bassajews – Aslanbek Ismailow und Aslambek Abdulchadschijew –, aber auch zwei Vertreter der moskaufreundlichen Richtung Doku Sawgajews – Chalid Wituschew und Adana Osmajew – wurden ebenfalls in die Regierung berufen; Bassajew gehörte ihr nicht an, „um Moskau nicht zu irritieren".[7] Ein Brigadegeneral, Ruslan Alichadschijew, der im ersten Krieg die Schali-Front kommandiert hatte, wurde Parlamentspräsident. Damit hatte Maschadow versucht, die „gemäßigten" Elemente zusammenzuführen, jedoch in der Wirkung ein disparates Kabinett zusammengestellt, dessen Handlungsfähigkeit eng begrenzt blieb. Auch der zwischendurch abgeschlossene russisch-tschetschenische Vertrag vom 12. Mai 1997 festigte letzten Endes seine Stellung nicht; er enthielt weit reichende faktische Konzessionen Russlands, aber keinerlei konkrete Abmachungen, sondern hauptsächlich Absichtserklärungen über die künftige Zusammenarbeit. Freilich gab sich auch die russische Seite keine besondere Mühe, die daraus abzuleitenden Verpflichtungen zu erfüllen.

Der Vertrag vom 12. Mai 1997

Der „Vertrag über den Frieden und die Grundsätze der Beziehungen zwischen der Russischen Föderation und der Tschetschenischen Republik Itschkeria"[8] beruht auf drei Grundsätzen:

Endgültiger Verzicht auf die Anwendung oder Androhung von Gewalt bei der Lösung von Problemen (was nach Boyle[9] den Erfordernissen des Artikels 2, Absatz 3 und 4 der UN-Charta entspricht und normalerweise auf die Beziehungen zwischen unabhängigen Staaten angewandt wird);

Entwicklung der Beziehungen in Übereinstimmung mit den anerkannten Grundsätzen des internationalen Rechts, Zusammenarbeit beider Vertragsparteien entsprechend den in besonderen Abkommen festgelegten Bereichen (Boyle zufolge sind nur unabhängige Staaten „den anerkannten Grundsätzen des internationalen Rechts" unterworfen);

Abschluss weiterer Verträge und Abkommen über den gesamten Komplex der Beziehungen auf der Grundlage dieses Vertrages (Verträge werden, worauf abermals Boyle hinweist, zwischen unabhängigen Staaten geschlossen, nicht aber zwischen einem Bundesstaat und einer seiner Untergliederungen).

Der an der University of Illinois lehrende Francis A. Boyle, der umgehend eine ausführliche Analyse des Vertrags vorlegte[10], weist auf den Umstand hin, dass ein Friedensvertrag zwischen einem Bundesstaat und einer seiner Untergliederungen normalerweise nicht geschlossen werden kann; Russland habe Tschetschenien also wie eine „de facto independent nation" behandelt. Das lasse sich auch aus dem Verzicht auf Ableitungen aus der russischen Verfassung und der Bezeichnung „Tschetschenische Republik Itschkeria" sowie letztlich aus der Tatsache des Vertragsschlusses selbst interpretieren.

Eine de-jure-Anerkennung der tschetschenischen Unabhängigkeit war aus dem Vertrag jedoch nicht herauszulesen. Insofern ähnelt der Vertrag – obwohl er detaillierter Regelungen und konkreter Ausführungsbestimmungen bedurft hätte – den Verträgen, die Russland mit anderen Föderationssubjekten abgeschlossen hatte, etwa mit Tatarstan.

Präsident Jelzin maß dem Vertrag historische Bedeutung zu, weil er 400 Jahre Krieg endgültig beendet habe. Präsident Maschadow meinte, mit diesem Vertrag das Mittel in der Hand zu haben, den Hintermännern von terroristischen Handlungen und Entführungen den Boden zu entziehen: „Diejenigen, die terroristische Handlungen und Menschenraub befehlen, haben nur ein Ziel – den Fehlschlag des Friedensprozesses. Sie wollen der Welt zeigen, dass die tschetschenischen Behörden die Lage nicht unter Kontrolle haben. Durch die Vertragsunterschrift haben wir aber der ganzen Welt bewiesen, dass der Friedensprozess erfolgreich ist."[11]

Ein umfassenderes, vollständigeres Abkommen war dennoch notwendig. Erste Unklarheit hatte bereits der Verweis auf die Grundsätze des internationalen Rechts geschaffen: Die tschetschenische Regierung sah sich dadurch als Subjekt des Völkerrechts bestätigt – wie schon durch die Dokumente von Chasawjurt, die denselben Wortlaut haben –, und sie interpretierte dies darüber hinaus als Nachweis für ihre These, Tschetschenien habe nie der Russischen Föderation angehört, weil es aus *der Sowjetunion* ausgeschieden sei, den neuen Unionsvertrag Michail Gorbatschows abgelehnt und später ähnliche russische Dokumente nie akzeptiert oder unterschrieben habe. Die wenigstens in der Theorie bestehende Möglichkeit, auf der Grundlage des Vertrags in irgendeiner Weise internationale Beziehungen aufzunehmen (wie es Tatarstan mit einem Netzwerk von Handelsverträgen getan hat), nahm Tschetschenien allerdings nicht wahr. Die Regierung in Grosny verzichtete – aus verständlichen Gründen – auf eine Stärkung der Position, die der Vertrag umschrieben hatte. Der Status der Republik blieb damit Gegenstand von Auseinandersetzungen ausschließlich zwischen Moskau und Grosny. Dass Maschadow mittlerweile seine Autorität über Teile der tschetschenischen Gesellschaft eingebüßt hatte, hinderte die russische Regierung nicht daran, mit ihm noch weiter zu verhandeln, wenngleich möglicherweise halbherzig.

Handfest war ein Paket von Abkommen über Wirtschaftsfragen vom 11. Juli 1997; es war die Grundlage für das einen Tag später in Baku unterzeichnete Abkommen über die nordkaukasische Pipeline[12], das von Russlands Erstem Vizepremier Boris Nemzow, Aserbaidschans Ölfunktionär (Chef der staatlichen Gesellschaft SOCAR) Natik Alijew und dem tschetschenischen Ölfunktionär (Chef der Gesellschaft Juschnaja) Chosch-Achmed Jarichanow unterzeichnet wurde. Es ermöglichte, die Pipeline von Baku nach Noworossijsk wieder in Betrieb zu nehmen. Der Name der Stadt Grosny tauchte hier in der nach Dudajews Tod eingeführten neuen Form Dschochar-gala auf (Dschochar-Stadt, nach Dudajews Vornamen). Offen blieben alle Arten von Zoll- und Zahlungsfragen.

Jelzin und Maschadow kamen bei einem Zusammentreffen am 18. August 1997 in Moskau der Lösung keinen Schritt näher. Der russische Präsident hatte eine Art Tatarstan-Lösung ventiliert, die tschetschenische Seite hatte mehr, nämlich die Besiegelung der faktischen Unabhängigkeit erwartet; über den Austausch grundsätzlicher Erklärungen hinsichtlich eines gemeinsamen Wirtschaftsraums, gemeinsamen Luftraums und den Beschluss, eine gemeinsame Arbeitsgruppe für die Erarbeitung eines endgültigen Vertrags einzusetzen, kamen die beiden Präsidenten nicht hinaus. Doch schienen noch immer Lösungen wie im Beispiel Tatarstans möglich, Jelzin kam ausdrücklich auf diese Republik und ihren Status zurück und bot auch später noch gelegentlich einen nicht genau definierten „Sonderstatus" an. In dreierlei Hinsicht war das Treffen auf eine Schwächung der russischen Position hinausgelaufen: Die Initiative lag bei Maschadow; die russische Machtzentrale hatte erweislich kein Konzept für den Umgang mit Tschetschenien und eine zukünftige Lösung; Tschetschenien hatte durch die Durchsetzung eines großen Teils seiner Vertragsinterpretation die faktische und rechtliche Seite Moskaus weiter geschwächt.

Die tschetschenische Seite wusste genau, was sie wollte: die völlige Unabhängigkeit. Sie kannte ihre Möglichkeiten genau und erreichte ihre taktischen Ziele auch. Die „Tatarstan-Lösung" hätte unter den Voraussetzungen des Jahres 1997 (und anders als noch 1994) rasch zur völligen Unabhängigkeit Tschetscheniens geführt, das im Gegensatz zu der tatarischen Region Außengrenzen mit unabhängigen Staaten (Georgien, Aserbaidschan) hat, und weil im Gegensatz zu den maßgebenden Kräften in Kasan kein tschetschenischer Politiker mehr kompromissbereit war. Uneinigkeit bestand vor allem – neben der Frage des Status Tschetscheniens – hinsichtlich der wirtschaftlichen Unterstützungsleistungen Moskaus für Grosny. Jelzin hatte erklärt, dass insgesamt achthundert Milliarden Rubel nach Grosny transferiert worden seien, die dortige (tschetschenische) Nationalbank aber lediglich über 120 Milliarden Rubel verfüge. Weitere Konsultation mit Moskau, die unter anderem auch der stellvertretende Regierungschef Achmed Sakajew führte, brachten keine Annäherung. Darüber ging das positive Ergebnis des Vertrags von Chasawjurt (die Beendigung des Krieges, die unterschriebene Aussicht auf einen Friedensvertrag und der Abzug der russischen Truppen) verloren.

Neue Gefechte

Materielle und finanzielle Schwierigkeiten – die zusammen das Absinken Tschetscheniens in nackte Not bewirkten – waren ein wesentlicher Grund dafür, dass es Maschadow nie gelang, die theroretisch mit den Befugnissen seines Präsidentenamtes verbundene Macht tatsächlich auszuüben oder wenigstens die vorhandenen schmalen Grundlagen auszuweiten. Die Erosion der Macht zeigte sich in der wachsenden Zahl von Entführungen und anderen Übergriffen einzelner tschetschenischer Kommandos.

Eine von Salman Radujew – Dudajews Schwiegersohn – befehligte Abteilung hatte in einem ersten aufsehenerregenden Fall schon am 14. Dezember 1996 nach einem Angriff auf einen Posten an der Grenze zu Dagestan 22 Soldaten des russischen Innenministeriums als Geiseln genommen. Als Grund nannte er dem Moskauer Privat-Fernsehsender NTW seinen Protest gegen die bevorstehende Präsidentenwahl in Tschetschenien. Radujew bekam Beifall von anderen Feldkommandanten; aber Maschadow und sein derzeitiger Stellvertreter Mowladi Udugow bezeichneten den Angriff als Provokation. Nach drei Tagen ließ Radujew die Gefangenen frei. Unmittelbar zuvor wurden in Nowyje Atagi, südlich von Grosny, sechs Bedienstete des Roten Kreuzes erschossen, nach Ansicht örtlicher Polizeifunktionäre „eine große Provokation gegen den Frieden in Tschetschenien“.[13]

Den Zusammenhang der Kriminalisierung mit der allgemeinen Lage charakterisiert Roman Khalilov: „Die folgenden Entführungsfälle können unmöglich gerechtfertigt werden. Doch um der Objektivität willen muss man die wirtschaftlichen und sozialen Verhältnisse in Tschetschenien unmittelbar nach dem Krieg zur Kenntnis nehmen. Wie erwähnt, war Tschetschenien buchstäblich durch den Krieg ruiniert. Nötig waren starke, gut geplante wirtschaftliche und soziale Programme. Doch die waren in Abwesenheit jeglicher Investitionen, ohne Zugang zu ausländischen Märkten – und da die tschetschenische Regierung nicht einmal ihre wichtigsten Aufgaben finanzieren konnte – nicht zu haben. Angesichts einer Arbeitslosenrate von 95%, die zweifellos bedeutete, dass 95% der arbeitsfähigen Bürger Tschetscheniens und ihre Angehörigen keinerlei Einkommen und tatsächlich keine Mittel zur Bestreitung des Lebensnotwendigsten hatten, stand Tschetschenien fast unausweichlich wachsender Kriminalität gegenüber.“[14]

In einer Bilanz zum ersten Jahrestag des zweiten Tschetschenienkriegs schrieb der Moskau-Korrespondenten der *Neuen Zürcher Zeitung*, Andreas Rüesch: „Als einzige Boombranche erwies sich das Geschäft mit Geiselnahmen. Das russische Innenministerium registrierte im Nordkaukasus allein im Jahr 1997 361 Entführungen, im Jahr 1998 deren 297“[15], bis August 1999 insgesamt 1.807.[16] Darin sind die innerhalb Tschetscheniens verschleppten Personen nicht enthalten, und die Zahl der Fälle, bei denen Opfer sich nicht an die Behörden gewandt haben, ist unbekannt, aber jedenfalls hoch. „Auch wenn solche Angaben propagandistischen Zwecken dienen, besteht an der Existenz eines durchorganisierten Menschenhandels als Massenphänomen in Tschetschenien kein Zweifel ... Bei den Opfern, die häufig brutal misshandelt wurden, handelte es sich meist um gewöhnliche Einwohner oder Uniformierte, aber die Menschenjäger fingen auch ‚teurere Ware': Ausländer und russische Spitzenbeamte."[17] Der Bericht erwähnt namentlich den französischen UN-Flüchtlingshelfer Cochetel, die beiden britischen Kinderhilfswerk-Mitarbeiter Carr und James, den neuseeländischen IKRK-Angestellten Cruz Ribeiro und den Schweizer Ingenieur Zollinger. Monatelang war der russische Tschetschenien-Vertreter Wlasow in Geiselhaft. „Allzu oft wurden für die Geiseln hohe Lösegelder bezahlt ... Insgesamt dürfte in die Kassen der Menschenräuber eine zweistellige Zahl an Dollarmillionen geflossen sein." Die Regierung Maschadow war machtlos gegen dieses kriminelle Phänomen. Im März 1999 wurde der Tschetschenien-Beauftragte des Moskauer Innenministeriums, Generalmajor Gennadij Schpigun, in Grosny verschleppt.[18] General Schpigun stand unter dem Schutz von Aslan Maschadow, Präsident der russischen Kaukasusrepublik Tschetschenien, als er von maskierten Männern aus einem Flugzeug entführt wurde.[19] Daraufhin schlug der derzeitige Regierungschef Sergej Stepaschin dem Nationalen Sicherheitsrat „allerhärteste Maßnahmen" gegen Tschetschenien vor; und ungefähr um diese Zeit begannen tatsächlich die Vorbereitungen für den zweiten Tschetschenienkrieg, obwohl Regierungschef Primakow noch am 10. März einen „großen Krieg" kategorisch ausschloss. Russland sperrte aber den Flugverkehr nach Grosny und schloss kurz darauf auch die Bahnlinie.

Die „Kidnapping-Industrie" hatte nach der russischen Niederlage im ersten Tschetschenien-Krieg ihren Höhepunkt erreicht. „Die Menschenraub-Fälle gaben den russischen Soldaten ein Ziel, gegen das sie kämpfen konnten, und erleichterten es ihnen, alle Tschetschenen zu hassen."[20] Die russischen Behörden – und Soldaten – hatten keine Möglichkeiten, Menschenraub zu verhindern oder die Opfer zu befreien. Die tschetschenischen Behörden waren häufig direkt daran beteiligt, griffen bei Kontrollen Bus- und Bahnpassagiere heraus, deckten Gangs gegen Ermittlungen ab und arbeiteten auch mit ihnen zusammen. Und gewöhnliche Bürger Tschetscheniens unternahmen nichts, um nicht selbst Opfer von Geiselnahme oder anderen Repressalien zu werden. Entführungsopfer wurden häufig gefoltert, und nur etwa jeder Zehnte wurde von den russischen Spezialeinheiten zur Kriminalitätsbekämpfung befreit. „In den Zahlen des Innenministeriums sind 950 Fälle ungeklärt, es ist unklar, wie viele unter den furchtbaren russischen Bombenangriffen ums Leben kamen."[21]

Anmerkungen

1. Vgl. Uwe Halbach: *Die Tschetschenische Republik...*

2. Boutwell/Klare S. 65.

3. Halbach a.a.O.

4. *FR* 5.2. 1999, nach *afp.*

5. *taz* 19.12. 1996.

6. Daten nach *OMRI (RFE/RL)* Russian Regional Report, 30.1., 3.2. und 17.2. 1997.

7. *Jamestown Monitor* 20.3. 1997.

8. Vgl. Charles Blandy: *Chechen Status – Wide Differences Remain,* http://www.hartford-hwp.com/archives/63/082.html.

9. Boyle: *Independent Chechnya....* Prof. Francis A. Boyle tritt als „Attorney of Record for the Chechen Republic of Ichkeria" vor internationalen juristischen Gremien auf.

10. Boyle: *Independent Chechnya...*

11. Zit. bei Blandy a.a.O.

12. *Segodnja,* 12.7. 1997.

13. *taz* 19.12. 1996.

14. Khalilov, *Main causes...*, S. 4.

15. *NZZ* 7.8. 2000.

16. *Los Angeles Times* 17.9. 2000.

17. *NZZ* 7.8. 2000.

18. *FR* 5.3. 1999, 15.3. 2000.

19. Florian Hassel, *Moskauer Säbelrasseln,* in: *FR* 10.3. 1999.

20. Robyn Dixon in: *Los Angeles Times,* 17.9. 2000.

21. *Los Angeles Times* a.a.O.

6. Der zweite Krieg

Angriff auf Dagestan

Anfang August 1999 besetzten islamistische Kommandos die dagestanischen Ortschaften Karamachi und Tschabanmachi. Es handelte sich nicht um einen Angriff von Einheiten unter tschetschenischem Regierungskommando, sondern um eine eigenständige Aktion der Milizen Bassajews und Chattabs[1], die offenbar den lokalen Machthabern „zu Hilfe eilten". Am 11. August unterstellte deren Führung, die sich selbst als Schura (Geistlicher Rat) bezeichnete, sich den zwei Guerillaführern aus dem Tschetschenienkrieg. Sie ernannte den früheren tschetschenischen Ministerpräsidenten Schamil Bassajew zu ihrem Anführer. Bassajew übertrug dem jordanischen Rebellenführer Chattab das militärische Kommando.[2] Beide waren jedoch von Anfang an die Initiatoren der Aktion. Bassajew hatte sich der Kontrolle durch die Regierung Maschadow längst entzogen und eine eigene Warlord-Rolle zu spielen begonnen. Auf ihn trifft wahrscheinlich besonders gut zu, was der Korrespondent der *FR* allgemein aussagte: „Viele von ihnen verdienen sich mit Geiselnahme, Waffen- und Rauschgiftschmuggel eine goldene Nase. ... Die Kriegsherren sind nicht im Geringsten daran interessiert, dass Tschetschenien, Dagestan und Moskau friedlich miteinander leben."[3]

Aus beiden Ortschaften waren schon 1998 die Vertreter der dagestanischen Staatsmacht vertrieben worden (Möglicherweise hatten die Orte vor der gewaltsamen Aussiedlung der Tschetschenen nach dem Zweiten Weltkrieg auch einmal zu Tschetschenien gehört; ein Treffen islamistischer Organisationen unter Vorsitz von Mowladi Udugow hatte schon im Sommer 1997 die „Rückgabe" des Bezirks Auchowskij der Akkiner-Tschetschenen verlangt, der 1944 an Dagestan übergeben und auf die Bezirke Chasawjurt und Nowolakskij verteilt worden war, es hatte hier mehrfach Scharmützel zwischen tschetschenischen Rückkehrern und neu Angesiedelten gegeben[4]). Die Ortsältesten hatten die Scharia als einziges Recht ausgerufen. Beim Einfall der Freischar Bassajews in Botlich hatten sie sich „auffallend neutral"[5] verhalten. Die Vorfälle gaben jedoch den Anstoß zu sehr weit reichenden Entwicklungen.

Die russische Regierung hatte schon seit dem Frühsommer, nach der Entführung des Generals Schpigun, gezielte Bombenangriffe gegen (vermutete) Lager islamistischer Freischaren in Tschetschenien fliegen lassen und arbeitete nun Pläne aus, den Norden Tschetscheniens bis wenigstens zur Terek-Grenze, in einigen Versionen einschließlich der Hauptstadt Grosny, militärisch zu besetzen, wie Ministerpräsident Sergej Stepaschin später in Interviews bestätigte. „Für die Kreml-Kamarilla bedeutete der Einfall der Milizen Bassajews und Chattabs ein Geschenk des Himmels. Im Nu verschwand das Thema Korruption aus der öffentlichen Diskussion."[6]

Am 9. August verstieß Präsident Jelzin den erst seit Mai amtierenden Regierungschef Stepaschin und berief den zu dieser Zeit sehr unbekannten gelernten Geheimdienstler Wladimir Putin – er war bisher Chef des russischen Inlandsgeheimdienstes FSB und Direktor des Nationalen Sicherheitsrats – zum Ministerpräsidenten. Zugleich setzte er Parlamentswahlen für den 19. Dezember an. Putin teilte dem Kabinett umgehend mit, die Ablösung Stepaschins hänge mit der Lage im Kaukasus zusammen. Er kündigte an, Dagestan unter „Sonderverwaltung" zu stellen, das heißt der Zentralregierung direkt unterzuordnen, falls die Lage es erforderlich mache. Dazu gab ein dramatischer Zwischenfall eine passende Illustration: Der Hubschrauber des Generalstabschefs Anatoli Kwaschnin wurde bei der Landung auf dem Militärflugplatz Botlich beschossen und musste durchstarten, zwei weitere Hubschrauber wurden in Brand geschossen. Die russischen Truppen intensivierten sofort das Bombardement der Grenzregion – von Tschetschenien aus –, nahmen aber auch Wedeno, die Heimat Bassajews, unter Beschuss.

Anschläge in Moskau und anderen Städten

Am 9. September 1999 kurz nach Mitternacht explodierten – nach Erkenntnissen des Inlandsgeheimdienstes FSB – etwa 350 Kilogramm Sprengstoff im Erdgeschoss eines achtstöckigen Wohnhauses an der Gurjanowa-Straße in Moskau. Dabei kamen 94 Menschen ums Leben. Die Polizei verbreitete die Nachricht, kurz danach habe ein unbekannter Anrufer „mit kaukasischem Akzent" den Anschlag als Antwort auf die russische Offensive in der Kaukasusrepublik Dagestan und auf das brutale Vorgehen der russischen Truppen bezeichnet.[7]

Am 13. September 1999 wurde um fünf Uhr morgens ein weiteres achtstöckiges Wohnhaus an der Kaschirskaja-Chaussee in Moskau in die Luft gesprengt. Diesmal kamen über 130 Menschen ums Leben. Nun äußerte sich auch Präsident Jelzin mit einer kaum misszuverstehenden Schuldzuweisung: „Wir wissen schon, was hinter den Explosionen steckt. Der Name des Verbrechens ist Terrorismus. Der Terrorismus hat dem russischen Volk den Krieg erklärt." Innenminister Ruschailo sagte im Fernsehsender NTW, die Anschläge gingen eindeutig auf das Konto tschetschenischer Rebellen. Moskaus Bürgermeister Luschkow hatte zuvor erklärt, dass die Bombenanschläge „in vollem Zusammenhang" mit der Kaukasus-Republik stünden.[8]

Die mutmaßlichen Terroristen hatten – der Version des Moskauer Polizeichefs Nikolaj Kulikow zufolge – beide Male nach dem gleichen Muster gearbeitet: Sie mieteten leere Räume im Erdgeschoss an und ließen dort ihre

Bomben (mit dem Sprengstoff Hexogen) zusammensetzen und explodieren. Wenige Stunden nach dem zweiten Anschlag ließ die Miliz das Phantombild eines etwa Vierzigjährigen namens Muchit Laipanow verbreiten. Dieser habe in beiden Fällen die Mietverträge unterschrieben. Doch Muchit Laipanow war schon im Februar bei einem Verkehrsunfall ums Leben gekommen. Die Terroristen arbeiten demnach mit „echten" falschen Papieren, die zumindest einer oberflächlichen Überprüfung standhalten und nur durch die Zusammenarbeit mit korrupten Verwaltungsbeamten zu beschaffen waren, wie der Moskau-Korrespondent der *Frankfurter Rundschau*, Florian Hassel, anmerkte.[9]

Zwei weitere Anschläge wurden in Wolgodonsk und in Bujnaksk verübt, jeweils nach dem gleichen Muster. Der Inlands-Geheimdienst FSB, dem einige Monate zuvor noch Wladimir Putin angehört hatte, meldete die Verhinderung weiterer Anschläge in weit entfernten russischen Städten.

Die Anschläge lösten eine Verfolgungskampagne in Moskau aus, die stark rassistische Züge hatte. „Den höchsten Preis bezahlen die hunderttausende meist dunkelhäutigen Georgier und Armenier, Aserbaidschaner und Usbeken, die unter anderem Moskaus Märkte bedienen und unter dem verächtlichen Sammelbegriff Tschornije (Die Schwarzen) schon bisher eine beliebte Zielscheibe abgaben."[10]

Der Arbeiter Timur Dachkilgow aus Grosny – ein Ingusche – wurde, obwohl er nachweislich mit den Attentaten nichts zu tun haben konnte, monatelang unter dem Verdacht, er habe mit Chattab zusammengearbeitet, von den Ermittlern verhört und verlor seinen Arbeitsplatz. Er war nicht der einzige „Kaukasier", der solcherart durch die Mühle der Miliz und der „Dienste" gedreht wurde. Doch konnten trotz angeblich umfassenden und extensiven Ermittlungen Innenministerium und FSB auch ein Jahr nach den Anschlägen keine „tschetschenische Spur" zu den Verantwortlichen der Republik zweifelsfrei nachweisen.[11] Nach 33 Festnahmen blieben sechs Personen in Haft unter dem Verdacht, an einem Bombenanschlag auf einen fünfzig Wohnungen umfassenden Bau in Bujnaksk am 4. September 1999 beteiligt gewesen zu sein, dem 58 Personen zum Opfer fielen, ausnahmslos Familienmitglieder russischer Militärs. Zunächst war von 62 Todesopfern die Rede gewesen. Im August 2000 erklärte der nordkaukasische Generalprosekutor Nikolaj Chasikow, dieser Fall sei aufgeklärt: Fünf „Wahhabiten" seien festgenommen und wegen Terrorismus angeklagt worden. Er nannte die Namen Vater und Sohn Sainutdinow, Abdusamedow, Magomedow und Abdulkadyrow. Zwei Verdächtige würden noch gesucht. Alle hätten auf Befehl Chattabs gehandelt.[12] Die angeblich Verantwortlichen für den Anschlag in Wolgodonsk am 15. September, der 17 Todesopfer forderte, wurden vom FSB bei anderer Gelegenheit zwar ebenfalls mit Namen genannt, konnten jedoch nicht aufgefunden werden.

Nur wenige russische Politiker zweifelten die offizielle Version an. Der frühere Menschenrechtsbeauftragte Sergej Kowaljow kam im Mai 2000 auf das Thema mit der Frage zurück, welches Interesse denn die Tschetschenen an den Anschlägen gehabt haben sollten. Nicht einmal Salman Radujew, der sonst „die Verantwortung für jeden Terrorakt übernimmt, auch wenn er nicht im geringsten damit zu tun hat“[13], deutete seine Beteiligung an. Kowaljow war auch mutig genug, auf eine andere – ebenfalls unbewiesene und vielleicht unbeweisbare – Version hinzuweisen, „dass die föderalen Geheimdienste hinter den Explosionen stecken“.

Einige Indizien könnten diese Version stützen. Nach den Anschlägen in Moskau, Bujnaksk und Wolgodonsk entdeckte ein Kraftfahrer in Rjasan[14] am 23. September zwei Männer, die Säcke in den Keller eines Wohnhochhauses schleppten. Anwohner fanden einen Zündmechanismus, der mit den Säcken verbunden war; erste Analysen ergaben Spuren des in Moskau verwendeten Sprengstoffs Hexogen; die Umstände entsprachen der „Handschrift“ der vier bisherigen Anschläge auf Wohnblocks. Das Rjasaner Wohnhochhaus wurde evakuiert und seine Bewohner fast einen Tag lang in einem Kinosaal untergebracht. Die Entsorgung der verdächtigen Gegenstände fand ohne neutrale Zeugen statt. FSB-Chef Nikolaj Patruschew erklärte daraufhin, die verdächtigen Säcke hätten lediglich Zucker enthalten, und die Anlage sei eingerichtet worden, um die Wachsamkeit der Bürger zu testen. Diese Version wurde von verschiedenen Seiten angezweifelt. Die Säcke – die ohne weitere Untersuchung von FSB-Angehörigen später entfernt, aber offenbar nicht kriminaltechnisch untersucht worden sind – seien nicht „Dummys“ gewesen, sondern echte Sprengkörper, und sie seien wahrscheinlich vom FSB installiert worden. Als im März 2000 bekannt wurde, dass bereits im Herbst 1999 Säcke mit Hexogen in einer Militäreinrichtung in Rjasan aufgefunden worden waren, wurden die Verdachtsmomente nochmals erwähnt, doch kam es zu keiner Untersuchung des Vorfalls.

Die Attentäter müssen jedenfalls in der Lage gewesen sein, in weit voneinander entfernten russischen Städten in kürzester Zeit gleichartige Anschläge zu organisieren und durchzuführen; zu den vier tödlichen Anschlägen müssen noch jene fünf anderen gerechnet werden, die das FSB in anderen russischen Städten in derselben Zeit rechtzeitig entdeckt und verhindert haben will. Sie müssen zudem außergewöhnlich schnell gearbeitet haben; das am 13. September gesprengte Hochhaus in der Kaschirskaja-Chaussee war nur drei Stunden vor dem Anschlag von der Polizei durchsucht worden, und zwar einschließlich der Erdgeschoss- und Kellerräume. Zudem müssen die Täter Zugang zu militärischen Einrichtungen gehabt haben, um für jeden Anschlag bis zu 300 Kilogramm Hexogen zu bekommen, das in einer einzigen Fabrik in Perm hergestellt und von dort unter angeblich strenger Kontrolle ausschließlich zu Militäreinrichtungen transportiert wird.[15] Abgesehen davon müssen die Täter gute sprengtechnische Kenntnisse gehabt haben; die Platzierung der Sprengsätze gewährleistete jedes Mal den größtmöglichen Schaden. Spezialisten, die alle diese Voraussetzungen erfüllen, sind in der Militärabwehr (dem Geheimdienst GRU), unter den Speznaz-Truppen der russischen Armee und im Inlands-Geheimdienst FSB mit größerer Wahrscheinlichkeit zu finden als unter den tschetschenischen *bojewiki*.

Der Sprecher des FSB, Viktor Sacharow, beschuldigte am Jahrestag des ersten Anschlags den Kommandanten Chattab, für die Anschläge verantwortlich zu sein.[16] Er habe einem Atschimes Gotschijajew 500.000 Dollar zukommen lassen, damit dieser die Anschläge in Moskau, Wolgodonsk und Bujnaksk organisiere, Chattabs Leute hätten die Bombenleger ausgebildet und den Sprengstoff besorgt.

Kriminalisierung der Tschetschenen

Das Interview Sacharows mit der (zum Beresowskij-Medientrust gehörenden) Tageszeitung *Kommersant* verband die Kriminalisierung der Tschetschenen geschickt mit dem Element der internationalen terroristischen Verschwörung. Der Hintermann der Anschläge sei der Jordanier Chattab; zwei arabische Instrukteure hätten die Terroristen ausgebildet; andererseits sprach er „die" Tschetschenen von der Verantwortung für die Bombenexplosion am Moskauer Puschkin-Platz im August 2000 frei. Da hatte Moskaus Oberbürgermeister Luschkow weniger Skrupel, die tschetschenische Täterschaft noch vor Besichtigung des Tatortes laut zu verkünden und – wie nach dem September 1999 – Razzien gegen die „Kaukasier" einzuleiten.

Die Militärführung hatte schon am 24. März 1996 über den Regierungschef (Tschernomyrdin) einen „Instruktionsbrief"[17] an die Massenmedien geleitet, welcher den über Tschetschenien berichtenden Journalisten genau mitteilte, was sie zu berichten hatten; nur wurde während des ersten Krieges und praktisch bis zum August 1999 diese Anweisung von den russischen Medien souverän missachtet (und vor den ausländischen Medienvertretern lange geheim gehalten).

Die Präambel dieses „Instruktionsbriefs" konstatierte:

„... 2. Die in diesem russischen Territorium lebenden Tschetschenen sind in der Mehrzahl dem Gesetz gegenüber ungehorsam, als Ergebnis ihres gemeinsamen Nationalcharakters der Immoralität und einer genetischen Tendenz zugunsten krimineller Handlungen.

3. Dieses aussterbende Volk ist aus humanen Gründen Jahrhunderte lang von Russland künstlich unterstützt worden.

... 5. ... Zehntausende gut ausgebildeter und gutbewaffneter Söldner wurden für die Organisierung destruktiver und terroristischer Akte in die Tschetschenische Republik entsandt.

6. Um die russischen Interessen zu schützen, entschied auf den Wunsch des russischen Volkes hin die Regierung der Russischen Föderation, die verfassungsmäßige Ordnung in diesem Territorium wieder herzustellen und die bewaffnete ausländische Einmischung in die inneren Angelegenheiten Russlands zu beenden."

Der Presse wurden, um einen Begriff der sowjetischen Agitationssprache zu gebrauchen, folgende Kampfaufgaben gestellt:

„... Sie müssen

1. zeigen, dass die russischen Behörden einen unheilbaren Feind in nicht loyalen Tschetschenen haben, der von ausländischen Mächten und von faschistischen Elementen in den GUS-Staaten ausgebildet und unterstützt worden ist;

2. den Charakter dieses Feindes als Banditen, Kriminelle und als anti-humane und antirussische [Personen] darstellen;

3. diesen Feind als Fremden und als Parasiten am gesunden russischen Volkskörper darstellen, dessen Zerstörung für jeden einzelnen russischen Staatsbürger eine heilige Sache sein sollte;

4. eine einfache Form finden, um die Führer des Feindes als primitiv, aufsässig, grausam und vertiert zu schildern;

... 8. so weit wie möglich vermeiden, über militärische Niederlagen der russischen Armee zu berichten. Die Opfer auf der russischen Seite verbergen und den Feind nach Möglichkeit als bereits geschlagen darstellen.

... 13. die kriminelle Umwandlung des tschetschenischen Territoriums in eine Zone des Transithandels mit Waffen und Drogen herausstreichen ..."

Damit hatte die Regierung eine Reihe von Schlüssen aus dem für sie verheerenden Bild des ersten Tschetschenien-Krieges gezogen. Sie war offenbar schon zu einer Zeit, in der sie mit der Regierung Maschadow verhandelte und dieser – wie ausführlich dargestellt – in einem Vertragswerk die de facto-Unabhängigkeit zugestand, zu einem Revanchekrieg entschlossen und wollte sich des Beistandes der Medien von vornherein sicher sein. Im einzelnen kann hier nicht dargestellt werden, auf welche Weise der Konzentrationsprozess der überregionalen Massenmedien vor sich ging; es muss der Hinweis genügen, dass von den ganz Russland erreichenden Fernsehnetzen nur NTW, das dem Oligarchen Wladimir Gussinskij gehörte, weitgehend von Regierungseinflüssen frei war, aber auf die Sendeeinrichtungen der staatlichen TV-Technik angewiesen blieb und sich überdies stets für Jelzin engagierte, wenn er in ernsthafte politische Schwierigkeiten geriet. Die übrigen landesweiten Fernsehnetze RTW und ORT wurden von dem Oligarchen Boris Beresowskij kontrolliert, der seit der Präsidentenwahl von 1996 über den entscheidenden Kapitaleinfluss verfügte. Beresowskij war enger Vertrauter Jelzins und seiner Tochter und „Imageberaterin" Tatjana Djatschenko. Die übrigen bedeutenderen (aber meist nur regional zu empfangenden) Fernsehnetze hingen in meist sehr direkter Weise von den jeweiligen örtlichen „Strukturen“ ab.

Der Einfluss der gedruckten Presse war gegenüber ihrer Rolle in der Sowjetunion fast gegen Null gesunken. Die Auflagen waren dezimiert, die Preise prohibitiv geworden; die im Ausland meist zitierten seriösen Zeitungen erreichen in der Regel außer den Großräumen Moskau und St. Petersburg kaum noch eine Leserschaft. Auch sie sind aber den Oligarchen zugeordnet, mit wenigen Ausnahmen, die in diesem Text durch das Adjektiv „unabhängig“ oder eine politische Richtungscharakterisierung kenntlich gemacht sind. Entsprechend wuchs die Bedeutung der elektronischen Medien, von denen drei Fernsehnetze und einige wenige Rundfunkprogramme als einzige landesweit verbreitet sind.

Die meisten Massenmedien sind entweder bei Banken oder bei staatlichen Institutionen hoch verschuldet, was ein weiteres Druckmittel zur inhaltlichen Beeinflussung der redaktionellen Arbeit darstellt. Auch das war beim Beginn des zweiten tschetschenischen Krieges vollendete Tatsache.

Regierungschef Putin übertrug darüber hinaus dem Informationsministerium weitreichende Vollmachten, die dessen Chef, Minister Lesin, auch nach Möglichkeit wahrnahm. Und er setzte im März 2000 einen amtlichen Sprecher für alle Tschetschenien betreffenden Fragen ein – Sergej Jastrschembskij, den einstigen Pressesprecher Boris Jelzins, der den meisten russischen und praktisch allen ausländischen Journalisten in der russischen Hauptstadt als ausgefuchster Propagandist, aber selten als seriöse Informationsquelle aufgefallen war.

Das offiziöse „Weißbuch“[18] stellt die Tschetschenen etwas differenzierter dar als die Publikumspresse und das Fernsehen; es zitiert einen (ungenannten) Wissenschaftler, der über die Kriege von 1817 bis 1864 bemerkt habe, dass viele Bergvölker immer wieder gegeneinander kämpfen, die Tschetschenen aber gegen alle. Weitere nicht genannte Wissenschaftler hätten dies als ein „neolithisches“ (jungsteinzeitliches) Verhalten eingeschätzt – woher wohl der verwegene Gedanke einiger russischer Scharfmacher kommt, Tschetschenien ebenso „in die Steinzeit zurück zu bombardieren“, wie es US-General Curtis LeMay, Chef der Strategischen Luftwaffe, Vietnam angedroht hatte.

Das „Weißbuch“ zitiert ausführlich den Eroberer General Jermolow und seine militärischen Zeitgenossen, offenbar seinem imperialen Standpunkt indirekt zustimmend, und belegt den von ihm unterstellten Charakter der zu Unterwerfenden mit ausführlichen Zitaten aus Imam Schamil und seinen Zeitgenossen. Die repressiven Maßnahmen der Sowjetmacht, besonders der GPU bzw. des NKWD, belegt es ebenso wie die Massendeportation von 1944, deren administrativ-bürokratische Planung und Vorbereitung dokumentiert werden. Interessanterweise werden weder der Vorwurf der Kollaboration mit der Wehrmacht noch politische über „Banditismus“ hinausgehende Brandmarkungen wiederholt, und der Deportationsbefehl selbst wird nicht zitiert, wohl weil er zu „politisch“ motiviert ist und den Tschetschenen damit politischen Willen bescheinigt.

Den zweiten Krieg begründet das „Weißbuch“ mit dem platten Argument, nach Jahren der Hinnahme des Banditismus sei die Geduld der russischen Regierung erst dann erschöpft gewesen, als Dagestan überfallen wurde. Diese Argument wird durch indirekte Zitate aus einer Analyse in einer US-Tageszeitung *(The Christian Science Monitor)* abgestützt, die im Original allerdings viel ausgewogener ausgefallen war; die „Weißbuch“-Autoren haben lediglich die Warnungen vor einer Idealisierung der tschetschenischen Kämpfer ausgewertet. Ringt sich der historische Teil des „Weißbuchs“ noch zu gewissen Eingeständnissen russischen Fehlverhaltens in der Zaren- und der Sowjetzeit durch, so reduzieren die Autoren die Betrachtung der Gegenwart auf die seit September 1999 vertretene Linie, für deren Verbreitung der Kreml im Frühjahr 2000 Jastrschembskij die alleinige Zuständigkeit übertrug, interessanterweise etwa gleichzeitig mit der Veröffentlichung des „Weißbuchs“. Die pauschale Diskriminierung der Tschetschenen als Kriminelle war zwar bereits im „Instruktionsbrief“ vom März 1996 formuliert, aber von den meisten Medien jahrelang nicht beachtet worden. Sie wurde aber nach dem Einmarsch der Bassajew-Chattab-Milizen in Dagestan und der Serie von Bombenanschlägen im Sommer 1999 zu einem beherrschenden Motiv des veröffentlichten Diskurses in Russland.

Im ersten Krieg hatte die regierungsunabhängige Presse einigermaßen fair über beide Seiten des Konflikts berichtet, und auch die das ganze Land erreichenden elektronischen Medien übten heftige Kritik an den Menschenrechtsverstößen. Das Verhalten der meisten Medien (ausgenommen einige lokale Publikationen und – unter den Fernsehanstalten – gelegentlich NTW) war dem Regierungs-Diskurs treu. Zu diesem offiziellen Diskurs (unvornehmer gesagt: der Propaganda durch die Staatsmedien) muss das „Weißbuch“ gerechnet werden. Es ist wichtig als Beleg für die einseitige Wahrnehmung der Lage durch die Umgebung des Präsidenten, sofern es deren Denkweise entspricht, oder für ihre bewusste propagandistische Verzerrung des Geschehens, sofern sie doch über bessere Einsicht verfügen sollten. Den russischen Medien kann es als Handbuch dessen dienen, was die Machtelite in ihren Berichten zu lesen und zu hören wünscht. Einen darüber hinaus gehenden Wert als Quelle hat es nicht.

Der Regierungsbeauftragte für Menschenrechte, Sergej Kowaljow, hatte über die Vertreibung der Bevölkerung aus Dörfern und Siedlungen, die zivilen Opfer russischer Bombenangriffe, Massaker in mehreren Orten und die Zerstörung der Lebensgrundlagen in den bombardierten Regionen öffentlich informiert, dabei Kriegsverbrechen der tschetschenischen Seite keineswegs verschwiegen. Er hatte zeitweiligen Erfolg mit Waffenstillstandsinitiativen und beeinflusste die Öffentlichkeit mit seinen Informationen längere Zeit nachhaltig. Doch sowohl das russische Establishment als auch westeuropäische Regierungen griffen ihn immer wieder scharf an. In Bonn beispielsweise kommentierte Kowaljow im Februar 1995 auf einer Pressekonferenz, die Haltung westeuropäischer Regierungen zum Krieg könne in Moskau nur als Ermutigung verstanden werden, die Einschätzung des Krieges als innerrussische Angelegenheit werde in Moskau „eher als Kompliment“ verstanden, worauf der damalige Bundesaußenminister Klaus Kinkel ungehalten mit dem Satz reagierte, die Bundesregierung habe sich „immer klar und deutlich“ geäußert, und „selbstverständlich“ sei der Konflikt eine innere Angelegenheit Russlands.[19] Kowaljow erhielt für sein Eintreten für das tschetschenische Volk den Internationalen Nürnberger Menschenrechtspreis. Im August 1995 löste Präsident Jelzin die Menschenrechtskommission auf – Kowaljow wurde gefeuert –, doch auch danach blieb er bei seiner Kritik.

Kowaljow äußerte sich später sehr kritisch auch über die Rolle des Oligarchen Boris Beresowskij.[20] Dieser hatte Bassajew (umgerechnet) zwei Millionen Dollar zur Verfügung gestellt, um eine Zementfabrik zu bauen und Arbeitsplätze zu schaffen. Kowaljow zweifelte das an: „Ich weiß nicht, ob Bassajew Fabriken baut, aber ich weiß, dass er Waffen kauft und Krieg führt.“ Die Hinweise Kowaljows lassen vermuten, dass Bassajew die Angriffe seiner Militanten auf Botlich und – nachdem dieses Unternehmen abgewehrt worden war – Nowolakski mit dem von Beresowskij stammenden Geld finanziert hat. Im Gebiet Nowolakski stieß er zudem anfangs auf keinen Widerstand der Bundestruppen, obwohl der damalige Kommandeur, General Viktor Kasanzew, laut Kowaljow nach eigenem Eingeständnis über den Angriffsplan Bassajews einigermaßen genau unterrichtet war.

Der Aufmarsch

Die im zweiten Tschetschenienkrieg eingesetzten russischen Truppen[21] unterschieden sich von denen aus dem ersten Tschetschenienkrieg, in dem zunächst weit überwiegend Rekruten, oft ohne Grundausbildung und Vorbereitung, ins Feuer geschickt worden waren. Die etwa 100.000 seit September 1999 eingesetzten Verbände lassen sich in verschiedene Gruppen aufteilen:

Zur Eroberung und „Fronttruppe“ gehörten Einheiten, die dem Verteidigungsministerium unterstehen, also Militär im strengen Wortsinn. Darunter waren Elitesoldaten wie Luftlandeeinheiten und Spezialeinheiten, aber auch Infanterie- und Artillerietruppen, die teils aus Wehrpflichtigen (nunmehr in der Regel im zweiten Dienstjahr), teils aus Kontraktsoldaten bestanden. Die Offiziere waren selbstverständlich lang dienende Berufssoldaten.

Die „Säuberung“ des besetzten Gebietes oblag in der Regel Verbänden unter dem Kommando des Innenministeriums, darunter Elite-Polizei- und Bereitschaftspolizei-Einheiten wie Omon und SOBR, aber auch in diesem Fall Eingezogene und Kontraktsoldaten.

Wehrpflichtig ist im Prinzip jeder männliche Bürger Russlands im Alter von 18 Jahren. Wegen der schon in der Sowjetunion verbreiteten, in Russland fortgesetzten „normalen“ Rekrutenschinderei bemühen sich viele junge Männer, dem Wehrdienst zu entgehen; obwohl gesetzlich vorgesehen, besteht faktisch in ganz Russland keine Möglichkeit, Ersatzdienst zu leisten.[22] Eine organisierte Wehrdienstverweigerung gibt es nicht. Dennoch schaffen es in den großen Städten bis zu siebzig Prozent der jeweiligen Jahrgänge, sich dem Wehrdienst zu entziehen, etwa durch Krankmeldungen, welche die relativ hohe Zahl der ohnehin Dienstuntauglichen noch steigert, oder durch Manipulationen, die akute Krankheitsbilder erzeugen, und sogar durch Selbstverstümmelung, teils durch Abwesenheit, wenn der Gestellungsbefehl zu erwarten ist (er muss persönlich übergeben werden). In den Städten, in denen infolge besserer Information Appelle an den patriotischen Geist nur mehr wenig fruchten, sind auch verschiedene Methoden des Freikaufs verbreitet. Inoffiziell kostete ein gefälschtes Dokument über den bereits abgeleisteten Wehrdienst im Frühsommer 2000 rund 10.000 Rubel (etwa 700 Mark), ein ärztliches Attest über Wehrunfähigkeit zwischen 5.000 und 7.000 Rubel.

Auf den Dörfern und in kleineren Städten ist die Bereitschaft, durch diese Methoden passiver Resistenz dem Wehrdienst zu entgehen, weniger verbreitet. Russische Kriegsgegner räumen ein, dass traditionelle Aufrufe zur Erledigung der patriotischen Pflicht dort immer noch ankommen, und weisen vor allem auf die Aufstiegs- und Berufschancen hin, die allein der Militärdienst in der im übrigen verarmtem Umgebung zu bieten scheint. Alles das lässt Rückschlüsse auf das Bildungsniveau der Wehrpflichtigen und indirekt auf ihre Möglichkeiten zu, Zivilcourage zu entwickeln, etwa menschenrechtswidrige Befehle zu verweigern. Da es eine Institution wie den Wehrbeauftragten oder einen unabhängigen Ombudsmann nicht gibt, haben Rekruten im übrigen keine Möglichkeit, Beschwerden vorzubringen. Daraus ergeben sich weitere Hinweise auf den Zustand der Truppe, für den das Gegenteil des Leitbildes „Staatsbürger in Uniform“ charakteristisch ist.

Nichtrussische Rekruten erleiden in zunehmendem Maße Nachstellungen mit ausgesprochen rassistischem Charakter.[23] Das gilt vor allem für Rekruten aus den russisch kontrollierten Gebieten Nordkaukasiens, was wahrscheinlich auf den Tschetschenien-Krieg zurückzuführen ist: Der verbreitete Hass gegen die Tschetschenen wird teilweise auf die anderen Bergvölker übertragen, was mindestens Misstrauen zur Folge hat. Die Nordkaukasier wiederum reagieren darauf, indem sie alle Möglichkeiten, dem Wehrdienst zu entgehen, ausschöpfen.

Kontraktsoldaten sind in der Regel mehrere Jahre älter als die Wehrpflichtigen. Sie sind jedoch nicht eigentlich professionelle Soldaten. Weitaus die meisten lassen sich wegen des Soldes anwerben, und zwar immer, nachdem sie den zweijährigen Pflicht-Wehrdienst bereits absolviert haben, oft mehrfach, weil sie keinen Zivilberuf ergreifen konnten[24] und damit auch keine Einkommensquelle haben. Für den normalen Dienst erhalten Berufssoldaten und -polizisten Löhne in der Größenordnung von 1.500 Rubel (etwa 100 Mark), was ungefähr dem Durchschnittslohn in Zivilberufen entspricht. Für den Einsatz in Tschetschenien verspricht die Regierung jedoch einen *täglichen* Sold bis zu 800 Rubel (vierzig Mark). Das ist nicht allein ein materieller Anreiz, sondern hat auch einen den Gehorsam fördernden Effekt. Aber die *kontraktniki* haben in vielen Fällen den versprochenen Sold nicht erhalten. Das führte zu Protesten – auch von Kontraktsoldaten, die ihren Vertragszeit inzwischen beendet hatten –, gelegentlich sogar zu öffentlichen Demonstrationen gegen die Militärführung, nachdem das Moskauer Finanzministerium am 1. Juni 2000 alle Zusatzzahlungen für den Krieg gestoppt hatte – begründet mit der unzutreffenden Erklärung der Militärführung, der Krieg sei praktisch beendet.[25]

Die Elite-Polizeitruppen schließlich können trotz intensiver und lang dauernder Ausbildung auch nicht als hoch qualifizierte Kampftruppen gelten. Die Omon-Angehörigen, deren Härte berüchtigt ist, sind darauf gedrillt, Unruhen niederzuwerfen und Massen unter Kontrolle zu halten; die Omon-Einsätze gegen den Fernsehturm in Vilnius und mehrere öffentliche Einrichtungen in Riga 1990 sind charakteristisch für ihre Aufgaben und ihre Vorgehensweise. SOBR ist eine Spezialtruppe, die gegen organisierte Kriminalität eingesetzt wird. In Tschetschenien werden sie, ohne spezielle Vorbereitung, für jeweils zwei Monate oder ein Vierteljahr eingesetzt. Der Versuch, sich dem Marschbefehl zu widersetzen, wird häufig disziplinarisch geahndet. Viele folgen dem Befehl von vornherein mit dem Vorsatz, die Einsatzzeit gesund zu überstehen.

Auf russischer Seite war schließlich den Milizen einiger tschetschenischer Clanchefs eine größere Rolle zugedacht. Die Besetzung Grosnys wurde beispielsweise den Kämpfern Gantamirows überlassen, die jedoch eine schwere Schlappe erlitten und sich auch im späteren Verlauf des Krieges nicht gerade geneigt zeigten, für Russland die Kampfaufgaben zu übernehmen. Ihre von Moskau beklagte Unzuverlässigkeit hat freilich einen materiellen Grund. Während russische *kontraktniki* täglich 800, in einigen Fällen 950 Rubel Sold versprochen wurde, erhielten Gantamirows Leute nur 450 Rubel – im Monat.

Tschetschenische Truppen

Auf tschetschenischer Seite war Präsident Maschadow der Oberkommandierende. Außer ihm agierte aber noch ein gutes Dutzend ehemaliger Kommandeure aus der Zeit des ersten Krieges. Sie hatten ihre Freischaren nicht demobilisiert und befehligten noch einmal einige tausend Mann, die sich Maschadows Kommando meist entzogen. Vor allen anderen Schamil Bassajew und der mit ihm verbündete arabische Söldnerführer Chattab waren zu Maschadows Hauptgegenspielern geworden. Salman Radujew, der seit Mitte 1999 zum Propagandisten des Islamismus gewandelte frühere Außenminister Mowladi Udugow, der seit einigen Jahren moskautreue Ex-Präsident Selimchan Jandarbijew und Maschadows Vize-Präsident Wacha Arsanow kommandierten die wichtigsten dieser unabhängig-militanten Verbände. Arsanow beteiligte sich besonders aktiv am Geiselgeschäft, „an dem nicht nur die tschetschenischen Regionalfürsten mitverdienen, sondern auch russische Geheimdienstler und Offiziere: Sie entführen Ausländer oder Russen in der Nachbarrepublik Inguschetien im Westen oder in Dagestan an der Ostgrenze und verkaufen sie ihren Geschäftspartnern in Tschetschenien weiter. Der Kopf eines Ausländers ist für mindestens eine Million Dollar gut. Die Rolle des mit dem Jelzin-Clan verbandelten Moskauer Multimillionärs Boris Beresowskij, der manche Geisel freigekauft hat, ist Maschadow ein besonderer Dorn im Auge." Beresowskij finanziere diese Verbrechergruppen im direkten Sinne des Wortes und intrigiere mit Udugow, Bassajew und anderen, sagte Maschadow schon Anfang Oktober. 1998 habe Beresowskij bei einem Treffen in der Grenzstadt Slepzowsk Bassajew eine Million Dollar übergeben.[26]

Maschadow bezichtigte später nochmals in einem Interview mit der Deutschen Welle[27] die erwähnten russischen und tschetschenischen Kreise einer Verschwörung, deren Ziel es gewesen sei, den zweiten Krieg auszulösen. Nach seiner Lesart veranlassten Teile der Kreml-Verwaltung, der Finanzoligarchie (er nannte den Medien- und Autohandels-Magnaten Boris Beresowskij), hinter Bassajews Angriff auf die dagestanischen Dörfer zu stehen; Beresowskij habe die Angelegenheit finanziert. Die Tötung russischer Kriegsgefangener durch Freischärler gehöre zu diesem Verschwörerplan. Von Schamil Bassajew und Mowladi Udugow, die beide längere Zeit in seiner Regierung mitgearbeitet hatten, distanzierte er sich nochmals. Unabhängig nachweisbar sind seine Vorwürfe nicht.

Die Zahl der tschetschenischen *bojewiki* ist kaum unabhängig zu ermitteln. Eine Moskauer Quelle[28] bezifferte sie Anfang September 2000 auf rund zweitausend. Da im selben Bericht aber ausgeführt wird, allein bei der Belagerung von Komsomolskoje seien 1.200 Rebellen ums Leben gekommen, die Gesamtzahl der Rebellen sei aber über Monate einigermaßen konstant geblieben, erhebt sich die Frage nach dem Sinn solcher Zahlenangaben. Die von tschetschenischer Seite genannten Zahlen – 4.000 Kämpfer in den Städten und Dörfern, weitere 4.000 in den Bergen, 3.000 allein in den Gebieten Wedeno und Noschaj-Jurt[29] – sind ebensowenig nachprüfbar, aber plausibel. Der angebliche Zustrom von Söldnern aus islamischen Ländern – und auch einigen anderen – kann nicht als Erklärung der Differenz ausreichen. Die Internet-Seite der Bassajew-Chattab-Richtung verbreitete zwar seit Sommer 1999 über ein Jahr lang Hinweise, wie man sich dem Kampf anschließen könne: man müsse an die Sache glauben (Moslem sein), in sehr guter körperlicher Verfassung sein und sich erst einmal genauer Beobachtung durch zuverlässige Leute unterziehen, dann eine Ausbildung in einem befreundeten Land – möglichst Afghanistan – durchlaufen und sich schließlich ins Gebiet des Geschehens durchschlagen, was beispielsweise im Winter wegen der Schneeverhältnisse gar nicht möglich sei. Überdies, betont der Verfasser des Textes auf der Bassajew-Chattab-Webseite, bestehe an Kampfwilligen überhaupt kein Mangel.

Auf diesem Hintergrund wirkt die Behauptung russischer Dienste und ihre gelegentliche Bestätigung durch den in Afghanistan lebenden Terroristen Osman Bin Laden nicht ganz unglaubwürdig, aus Afghanistan würden immer wieder Kämpfer nach Tschetschenien geschickt. Sie treffen dort dann auf Gegner, mit denen sie schon einmal zu tun gehabt haben – Veteranen („*Afghanzy*") unter den russischen Kontraktsoldaten. Bei dieser Gruppe ausländischer Kämpfer auf der Seite des radikalen tschetschenischen Widerstands handelt es sich in der Tat ganz überwiegend um Araber und Afghanen – durchweg Anhänger eines militanten Islam, wie er von den afghanischen Taliban vertreten wird. Diese sind ihrerseits ursprünglich ein Produkt des pakistanischen Geheimdienstes und der CIA. Die erste Gruppe wurde in pakistanischen Islamschulen ausgebildet, um sowohl gegen die sowjetische Invasionstruppe als auch gegen die zerstrittenen traditionellen Widerstandsgruppen zu kämpfen und mit schlichten Regeln Ruhe und Ordnung zu schaffen; seit sich die Taliban zur Finanzierung ihrer Aktivitäten aber auf den Drogenhandel stützen, sind sie ihren Ziehvätern nicht nur suspekt geworden, sondern gelten als ärgere Feinde als selbst die iranische Mullahkratie.

Der anfänglich unaufhaltsam wirkende Siegeszug der Taliban scheint in gewisser Weise diesen Kräften und den mit ihnen verbündeten Feldkommandanten und Politikern in Tschetschenien als Anregung und Vorbild zu dienen. Die vermeintlichen Parallelen lassen sich darstellen: Sieg über die „Ungläubigen", Versagen oder Verrat oder interner Streit der sogenannten gemäßigten Kräfte – der verschiedenen Mudjaheddin-Gruppen in Afghanistan, der um Maschadow und andererseits wohl um Kadyrow und Gantamirow gruppierten Organisationen und Bewegungen –, danach Konzentration der kämpfenden Kräfte auf eine „wahhabitische" Richtung, die unverbraucht und attraktiv erscheint. In diesem Sinne argumentieren die Öffentlichkeitsarbeiter der radikalen Richtung. Doch Tschetschenien ist, anders als Afghanistan, kein unabhängiger Staat mit international garantierten Grenzen. Es gibt kein sicheres Hinterland, wie es Pakistan für die Mudjaheddin und später die Taliban wenigstens zeitweise war. Die sozialen und historischen Voraussetzungen Afghanistans lassen sich schließlich überhaupt nicht auf Tschetschenien oder den Nordkaukasus übertragen. Die angeblich Hunderte für den

Kampf gegen Russland ausgebildeten Kämpfer[30] sind für die Mehrheit der Bevölkerung landfremde Söldner.

Unter den Ausländern auf tschetschenischer Seite sollen ferner mehrere Ukrainer mitkämpfen, wie schon im ersten Tschetschenienkrieg Angehörige der UNSO. Es ist nicht sicher, dass es sich um ein wirklich nennenswertes Kontingent handelt; das gilt ebenso für vermeintlich aus dem Baltikum stammende Militante.

Chattabs Einfluss ist laut russischen Medienberichten, die nicht unabhängig bestätigt werden konnten, mit der Zeit erheblich gewachsen. Zu seiner Unterstützung, meldeten die russischen Sicherheitsdienste, seien beispielsweise im Mai 2000 bis 300 Taliban-Milizen im Anmarsch nach Nordkaukasien gewesen. Das wurde zwar nie in vollem Umfang bestätigt, doch Moskaus für die Sprachregelungen in der Kaukasuspolitik zuständiger Sprecher Jastrschembskij nahm jedenfalls die Gelegenheit wahr, die Taliban für den Partisanen-Widerstand verantwortlich zu machen und „die Möglichkeit von Präventivschlägen (gegen Afghanistan) im Fall einer Gefährdung der Sicherheit Russlands" nicht auszuschließen.[31] Mit Vorsicht gaben die Agenturen *Lenta* und *Gazeta*[32] einen Bericht von RIA-Nowosti wieder, dem zufolge Chattab und Bassajew systematisch tschetschenische Feldkommandanten durch „Söldner aus einer Reihe nahöstlicher Länder" zu ersetzen versuchten. Chattab vertraue den einheimischen Kämpfern nicht mehr und versuche, Maschadow zu stärkeren Kampfeinsätzen gegen die russischen Truppen zu drängen.

Der zweite Einmarsch

Drei Phasen

Die russische Argumentation für den Beginn des zweiten Tschetschenienkrieges beruhte auf dem Einmarsch Bassajews und Chattabs in Dagestan und auf den Bombenanschlägen in Moskau und Wolgodonsk. Die Planungen hatten jedoch lange vorher eingesetzt, nämlich im März 1999. Das enthüllte der zeitweilige Regierungschef Sergej Stepaschin im Januar 2000 in der *Nesawissimaja gaseta.* Alle Details der Planung müssen dem damaligen Direktor des inneren Geheimdienstes FSB, Wladimir Putin, bekannt gewesen sein.[33] Auch wenn es keine Bombenanschläge gegeben hätte, wäre der Einmarsch erfolgt.

Im Sommer 1999 rechnete die Moskauer Führung mit höchstens 2.000 „bewaffneten Banditen" in Tschetschenien und nahm an, dass diese in der Bevölkerung wenig Rückhalt haben. An dieser Einschätzung hielt sie, wenigstens nach außen, noch mehrere Monate lang fest.[34] Sie nahm außerdem eine unheilbare Spaltung an zwischen jenen radikal-islamistischen Kräften, die Dagestan angegriffen hatten, und jenen anderen, die wie Warlords über begrenzte Gebiete geboten und unter anderem von Geiselnahme und Drogenhandel lebten, untereinander um Einfluss und in verschiedenen Sektoren der organisierten Kriminalität kämpften und überdies ebenso wenig für die diskreditierte Regierung Maschadow eintreten würden wie die Radikalen. Der Wirklichkeit in Tschetschenien schien das wenigstens in groben Zügen auch zu entsprechen; aber ausgesprochene Spezialisten für den Nordkaukasus hatte es in der russischen Führung zu dieser Zeit nicht gegeben.

Mehrere Ereignisse lassen durch ihr zeitliches Zusammentreffen die Motive nochmals erkennen. Die Armee sah sich nach dem verlorenen ersten Krieg gedemütigt und war durch manche Aktionen tschetschenischer Gruppen noch mehr gereizt, zum Beispiel durch den Raketenangriff auf Generalstabschef Anatoli Kwaschnin, dessen Hubschrauber am 9. August bei der Landung auf dem Flugplatz Botlich beschossen wurde – an eben dem Tag, an dem Jelzin den Kurzzeit-Premier Sergej Stepaschin entließ und den Karriere-Geheimdienstler Wladimir Putin zum neuen Regierungschef vorschlug und kurz bevor die Nachricht Moskau erreichte, in zwei dagestanischen Dörfern sei eine Islamische Republik ausgerufen worden. Maschadow lehnte es offiziell ab, der russischen Armee gegen diese Rebellen zu helfen. Damit waren wichtige Vorentscheidungen für den Krieg getroffen, die Planung stand lange vorher fest und schien den Erfolg zu garantieren:

- Die Stützpunkte der „Banditen“ und „Terroristen“ sollten aus der Luft bombardiert und durch Präzisionsschläge zerstört werden. Die russische Militärführung kopierte damit zum Teil das Konzept der Nato aus dem Kosovo-Krieg, den sie emphatisch abgelehnt hatte.
- Die wichtigsten Städte und Siedlungsgebiete sollten von Tschetschenen-Verbänden erobert und unter Kontrolle gebracht werden, die Russland gegenüber freundlich eingestellt waren. Diesen Milizen war damit eine Rolle zugemessen, wie sie die UÇK in Kosovo für die Nato spielte. Die UÇK kämpfte aber gerade *gegen* die Besatzungsmacht; die Milizen sollten *für* sie kämpfen.
- Territorial sollte der Norden Tschetscheniens etwa bis zum Terek, aber unter Einschluss der zweitgrößten Stadt der Republik (Gudermes), besetzt und befriedet werden. Dort war eine staatstreue Zivilverwaltung unter Kontrolle der russischen Militärführung errichtet worden. Das Nordterritorium sollte zugleich Basis für die Einsätze von fernwirkenden Waffen sowie von Spezialeinheiten in der südlichen Gebirgsregion sein.

Schon bevor Anfang September die Bombenanschläge in Moskau, Wolgodonsk und Bujnaksk die russische Öffentlichkeit erschütterten und Pogromstimmung gegen die Tschetschenen in Moskau aufkam, hatte die russische Luftwaffe Luftangriffe gegen mehrere Ortschaften kurz hinter der dagestanischen Grenze geflogen, unter anderem gegen Wedeno, die Hochburg Bassajews. So fand die Angabe, es handle sich um einen Schlag gegen dessen im

August in Dagestan eingefallene Freischaren, allgemeinen Glauben. Nach den Bombenanschlägen, ohne dass jedoch Beweise für eine „tschetschenische Spur“ oder auch nur Indizien in dieser Richtung vorlagen, begann die Luftwaffe mit systematischeren Bombenangriffen beispielsweise auf Grosny.

Das Interesse konzentrierte sich jedoch noch auf die Entwicklung in Dagestan, die allgemein als höchst gefährlich eingestuft wurde. Doch fragte beispielsweise die Wochenzeitung *Itogi,* weshalb eine Belagerung der Ortschaften Karamachi und Tschabanmachi nötig sei, die zwar – motiviert durch die Notwendigkeit, die verbreitete Korruption der Administration zu bekämpfen – nur noch das islamische Gesetz anerkannten, aber sich durch keinerlei feindselige Handlung hervorgetan hätten.[35] „Auch als Bassajew und seine islamistischen Freischärler in der Region von Botlich einfielen, blieben die beiden Dörfer auffallend neutral. Als die russischen Streitkräfte sie ultimativ aufforderten, ihre Waffen abzugeben, was im vor Waffen strotzenden Dagestan einer empfindlichen Erniedrigung gleichkommt, wurde der Widerstand erst richtig entfacht. Dass die darauf folgenden Gefechte die tschetschenischen Islamisten geradezu provoziert haben, aus Solidarität mit ihren dagestanischen Glaubensbrüdern schon wieder in die Nachbarrepublik einzufallen, liegt auf der Hand.“

In dieser ersten Phase des Krieges setzte Russland noch keine Bodentruppen ein. Das geschah dann am 1. Oktober. Russische Truppen überschritten von Nordwesten und Norden her die tschetschenische Grenze.

Terek-Grenze?

Die Nord-Ebene wurde innerhalb von fünf Wochen besetzt. Gudermes, Hochburg des von Maschadow inzwischen abgefallenen Muftis Achmed-Hadschi Kadyrow, wurde am 12. November fast kampflos eingenommen. Kadyrows Anhänger und Vertreter anderer in der Stadt und ihrer unmittelbaren Umgebung lebenden oder über Einfluss verfügenden Clans stimmten dem Einmarsch der russischen Truppen gegen das Versprechen zu, die Strom- und Gasversorgung umgehend wieder in Gang zu setzen, fällige Renten umgehend auszuzahlen und die örtlichen Milizen nicht zu entwaffnen. Unter denen hatte Kadyrow den vorherrschenden Einfluss.

Während die russische Armee und die Truppen des Innenministeriums die Region nördlich des Terek unter strikte militärische Kontrolle brachten, was Anfang Dezember einigermaßen gelungen schien, hatte Putins Popularität den bisherigen Höhepunkt erreicht – bis zu 75 Prozent der Bevölkerung unterstützten ihn. Dagegen hatte Jelzin, der bis dahin noch keine Rücktrittsabsichten kundgetan hatte, das ganze Jahr hindurch nicht die Zehn-Prozent-Marke überwunden, und die Zustimmungsrate für ihn bzw. seine Politik war gelegentlich in den Bereich abgesunken, in dem mögliche Messfehler größer sind als das messbare Ergebnis, nämlich unter zwei Prozent. Putin half der

Krieg. Seine Popularität „springt mit jeder Bombe und Rakete, die auf Tschetschenien fällt“, und „das nationale Bedürfnis, die Ordnung wieder herzustellen, ist auf die Aufgabe konzentriert worden, den tschetschenischen Separatismus zu besiegen“, sagte der politische Analytiker Alexander Roschdestwenskij dem *Christian Science Monitor.*[36]

Zugleich wurde die systematische Bombardierung und Beschießung Grosnys intensiviert. Bereits nach zwei Wochen waren über 50.000 Einwohner der Stadt nach Inguschetien geflohen; die Flüchtlingszahl erreichte Ende des Jahres 250.000, rund ein Fünftel aller Einwohner der Republik. Am 5. Oktober verhängte Maschadow das Kriegsrecht über die Republik und forderte die religiösen Führer auf, Russland den Heiligen Krieg zu erklären. Russland hielt aber nach wie vor an der Interpretation fest, es führe lediglich eine Antiterroraktion durch.

Grosny wurde monatelang belagert und bombardiert; die Führung zielte darauf ab, die Städte Tschetscheniens zu erobern, die tschetschenischen Widerstandskämpfer im gebirgigen Süden zu isolieren und den Krieg dann als gewonnen zu erklären. Gespräche mit der tschetschenischen Führung, die Maschadow angeboten hatte, knüpfte Putin – noch als Premier – an die Bedingung, vorher müssten die Terroristen ausgeliefert werden.

Kampf um Grosny

Der Angriff auf Grosny schloss diese Phase des zweiten Krieges dann ab. Die russische Armee hatte vorher die zivile Bevölkerung ultimativ aufgefordert, bis zum 11. Dezember die Stadt zu verlassen; wer sich nicht daran halte, gelte als „islamischer Rebell“ oder werde von den Widerstandskämpfern als „menschlicher Schild“ missbraucht.[37]

Von einem Sturmangriff (wie 1994/95) sprach die russische Führungsspitze diesmal nicht, sondern von einer „Spezialoperation“ zur „Säuberung der Stadt von Banditen und Terroristen“. Als Vorhut sollte Beslan Gantamirows in diesem Fall etwa 500 bis 800 Mann starke Miliz auftreten; dabei sollte sie ihre Ortskenntnis nutzen – Gantamirow, der 1995 von der russischen Militärverwaltung als Bürgermeister von Grosny eingesetzt, 1996 wegen Unterschlagung mehrerer Milliarden Rubel in Moskau verhaftet und verurteilt, nun aber als lokaler Verbündeter der russischen Macht aus dem Gefängnis entlassen und politisch rehabilitiert worden war, galt als alter Rivale Maschadows und trotz seiner kriminellen Vergangenheit als immer noch repräsentabel. Die Gantamirow-Milizen erlitten jedoch schwerste Verluste und fielen vorerst auseinander.

Der Widerstand der Tschetschenen war jedoch energischer, als die russische Führung erwartet hatte. Eine Einheit mit Panzerwagen wurde am 16. Dezember beim Minutka-Platz, der wochenlang umkämpft blieb, faktisch ausgelöscht. Die russische Führung blieb dennoch bei ihrer taktischen Planung, die Verwaltungsgebäude im Stadtzentrum unbedingt zu erobern, und begann am 25. Dezember mit konzentrischen Angriffen. In den Randgebieten der Stadt wurden auch wieder über dicht besiedeltem Gebiet Aerosolbomben eingesetzt, die im ersten Krieg schon in den Kämpfen um die tschetschenische Hauptstadt verwendet worden waren. Eine öffentliche Kritik unterblieb diesmal in den russischen Medien. Von einem „Sturm“ auf das Stadtzentrum Grosnys sprach die russische Führung diesmal nicht, „die vielen bei der militärischen Katastrophe gefallenen Rekruten sind nicht vergessen“[38], stattdessen hieß das Unternehmen nun „Spezialoperation“.

Die tschetschenischen Kämpfer hatten alle strategischen Punkte in der Hauptstadt befestigt, ein inneres Kommunikationsnetz unter Verwendung der Kanalisation und anderer Tunnel aufgebaut und vor allem im Südwesten, von wo der russische Vormarsch zu erwarten war, ein System befestigter Schützengräben eingerichtet. Gantamirow, dessen 500 bis 800 Milizionäre den ersten Schlag führen und damit den Anspruch ihres Kommandanten auf die Führung in der Hauptstadt untermauern sollten, gab die Zahl der tschetschenischen *bojewiki* mit 2.000 an, ein anderer pro-russischer Kommandant, Malik Saidullajew, sprach von 5.000.

Am 7. Dezember 1999 ließen die russischen Streitkräfte durch Flugblätter verkünden, dass alle Zivilpersonen vor dem 11. Dezember die Stadt zu verlassen hätten; in Pjerwomajskoje gebe es einen Kontrollpunkt für Zivilpersonen; ein Zeltlager in Snamenskoje stehe für die Zivilbevölkerung bereit. Denjenigen, die Grosny verließen, würden alle verfassungsmäßigen Rechte garantiert, und nach Abschluss der Anti-Terrorismus-Aktion könnten sie in ihre Wohnungen zurückkehren. Schließlich sei „die Erhaltung des Lebens und die Gewährleistung der Sicherheit für die Zivilbevölkerung die Hauptaufgabe der russischen Truppen“.[39]

Seit der Verkündung des Ultimatums an die Zivilbevölkerung bombardierte die russische Streitmacht Grosny mittels Artillerie und aus der Luft methodisch und flächendeckend. Den Ende Dezember noch in der Stadt verbliebenen etwa 45.000 bis 50.000 Zivilisten stand kein Ausweg mehr offen. Sie waren seit Beginn des Großangriffs stärker gefährdet als die *bojewiki* in ihren befestigten Stellungen, zudem hatten sie keinerlei Zugang zu elektrischer Energie, Wasser, Heizmaterial und Lebensmitteln mehr, seit die ganze Stadt Kampfgebiet geworden war.

In Grosny selbst – im Stadtteil Staropromyslowskij – wurde der für die Eroberung der Stadt zuständige General Michail Malofejew von tschetschenischen Kämpfern Ende Januar gefangen genommen und getötet; anfangs hatte die tschetschenische Seite noch behauptet, sie unterziehe den General einem Verhör. Die Kämpfe in Grosny dauerten bis Ende Januar an. Ende des Monats zogen sich die von Bassajew befehligten Freischärler in Richtung auf Urus-Martan zurück. Am 1. Februar 2000 gaben rund 2.000 tschetschenische *bojewiki* ihre Stellungen in der Hauptstadt auf – nicht, wie General Kasanzew als derzeitiger Oberkommandierender nach zwei Monaten flächendeckender Bombardements erwartet hatte, in heilloser Flucht, sondern sie überwanden in einer gut vorbereiteten Aktion[40] den von rund 60.000 Mann Bundestruppen geschaffenen Belagerungsring. Bei diesem Ausbruch aus der Stadt verlor Schamil Bassajew, auf eine Mine tretend, ein Bein; die Feldkommandanten Aslambek Ismailow und Chunkar-Paschwa Israpilow sowie der Bürgermeister von Grosny, Letscha Dudajew, kamen ums Leben. In dem angeblich völlig von russischen Truppen kontrollierten Ort Alchan-Kala wurden Bassajew und einige andere medizinisch behandelt, schließlich von 200 aus den Bergen kommenden *bojewiki* in sichere Stützpunkte geleitet. Dass überhaupt ein Teil der Tschetschenen in eine Minensperre geriet, erklärte General Wladimir Schamanow damit, dass sie in eine Falle gelockt worden seien; ein *agent provocateur* des FSB habe den Freischärlern für 100.000 Dollar eine ungedeckte Rückzugslinie versprochen, daraufhin seien sie ahnungslos ins Kreuzfeuer der Bundestruppen marschiert. Schamanow erläuterte nicht, wieso es der Hauptgruppe der *bojewiki* überhaupt gelungen war, unbehelligt abzuziehen, wie die offenkundige Hilfsbereitschaft für Verwundete zu erklären war und weshalb er drei Tage brauchte, um seine Version zu veröffentlichen. Die Internet-Seiten der verschiedenen tschetschenischen Freischaren und Richtungen hatten den nach ihrer Angabe planmäßigen Abmarsch bereits am folgenden Tage gemeldet, mit vielen zutreffenden Details.

Auch nach der von Putin – inzwischen amtierender Präsident – verkündeten Befreiung Grosnys bewegten sich tschetschenische Kämpfer in kleinen, meist um die 15 Mann starken Gruppen ziemlich ungehindert nach Grosny hinein und in der Stadt selbst. Die *Neue Zürcher Zeitung* kommentierte[41]: „Was ist das für eine Befreiung, wenn die Stadt von den russischen Truppen vorher total zertrümmert worden ist? Laut den grossspurigen Ankündigungen der russischen Generäle hätten die Separatisten ja mit ‚Smart Bombs' und anderen Präzisionswaffen à la Nato vertrieben werden sollen. Sind jene Tausende von unglücklichen Zivilisten – unter ihnen viele Russen – ‚befreit' worden, die wegen Gebrechlichkeit oder wegen Geldmangels nicht aus der Stadt fliehen konnten? Werden sie ebenso verfolgt, misshandelt oder gar ermordet wie jene Dorfbewohner, deren Siedlungen westlich und südlich von Grosny wegen vermuteter Anwesenheit tschetschenischer Kämpfer nun von der Armee bombardiert und anschließend gnadenlos durchkämmt werden?"

Totaler Vernichtungskrieg

Am 5. Februar 2000 verübten Omon-Truppen, Spezialeinheiten des Innenministeriums, ein schweres Massaker in Nowyje Aldi, einem Vorort von Grosny.[42] Dabei wurden wenigstens sechzig Einwohner des Vororts im Alter von einem Jahr bis 82 Jahre gezielt umgebracht. Schon seit Anfang Dezember war Nowyje Aldi immer wieder aus der Luft bombardiert worden. Dabei waren bereits zahlreiche Zivilpersonen ums Leben gekommen. Als die Omon-Einheiten am 5. Februar zu einer „Säuberungsaktion" in den Vorort eindrangen, war dieser unverteidigt. Eine 51-jährige Mutter von acht Kindern wurde vor den Augen ihrer neunjährigen Tochter mit Maschinenpistolen in Stücke geschossen. Reguläre russische Soldaten, die nach dem Wüten der Omon-Truppen in Nowyje Aldi erschienen, retteten einzelne Einwohner. Einige Wochen später eingeleitete Untersuchungen des Geheimdienstes FSB, des Föderalen Sicherheitsdienstes, haben angeblich nicht einmal die betreffende Omon-Einheit ausfindig machen können.

Am 4. Februar begannen russische Vernichtungsangriffe gegen Katyr-Jurt, ein bis dahin völlig unzerstörtes Dorf in der angeblich von Russland kontrollierten „sicheren" Zone, weitab von den Kampfgebieten. Russische Flugzeuge, Hubschrauber und Artilleriegeschütze „pulverisierten"[43] das Dorf mit Aerosolbomben und Grad-Raketen. Während einer Feuerpause am frühen Nachmittag schickten sie Busse in den Ort und erlaubten einem Konvoi unter weißen Flaggen, mit Überlebenden Katyr-Jurt zu verlassen. Auch dieser Konvoi wurde zerschossen. Es kamen 363 Zivilpersonen ums Leben. Der Korrespondent des Londoner *Observer,* der einen Monat später Katyr-Jurt besuchte, schilderte „eine Landschaft wie an der Somme (nach dem Ersten Weltkrieg; Grobe-Hagel), die Straßen zu Feuerholz zerstampft, die Bäume zerhackt, blutfleckige Keller, die Überlebenden in panischer Angst". Der Ort, so schilderten es Überlebende, sei von Westen und Osten von der Geheimpolizei – dem FSB –, also Truppen des Innenministeriums, umstellt worden; sie hätten 363 Tote gezählt, in zwei oder drei Schichten auf den Straßen aufgeschichtet, von denen die Russen viele später in ein Massengrab geschaufelt hätten.

Das Massaker war offenbar ein Racheakt der russischen Truppen, weil bei der Absetzbewegung aus Grosny einige tschetschenische Kämpfer nachts den Ort passiert hatten. Einem vom *Observer* zitierten Bericht zufolge sollen in jener Nacht zwei russische Soldaten verschleppt oder getötet worden sein.

Human Rights Watch dokumentierte weitere Massaker, beispielsweise am 1. bis 18. Dezember 1999 in Alchan-Jurt (16 Tote) und im Staropromyslowskij-Distrikt von Grosny am 22. Dezember bis 21. Januar 2000 (38 Ziviltote).

Die systematische Zerstörung Grosnys, die Ausplünderung der industriellen Grundlagen und die Flächenbombardements zerstörten zusammen mit den offenbar einer gewissen Methodik folgenden Massakern die Lebensgrundlagen der Tschetschenen. War die Republik vor dem zweiten Krieg schon in einer verzweifelten wirtschaftlichen Lage, so hat die Bevölkerung seit dem Beginn des Kriegs faktisch keine Existenzmöglichkeiten mehr. Die Tschetschenische Republik Itschkeria, wie sie sich seit 1992 nennt, ist damit

Schauplatz eines umfassenden Vernichtungskrieges, nicht gegen Terroristen und Banditen, sondern gegen ein ganzes Volk. Nach der Verbannung, die Stalin zu verantworten hatte, ist die Vertreibung und Vernichtung des Volkes eingeleitet worden. Die Verantwortung dafür tragen die Präsidenten Boris Jelzin und Wladimir Putin sowie die unter ihnen amtierenden Regierungschefs, Geheimdienstfunktionäre und militärischen Kommandanten.

Dass der Krieg im Juni 2000 fälschlich als militärisch gewonnen bezeichnet wurde und anschließend „tschetschenisiert" werden sollte, ändert an dieser Einschätzung nichts. Die Erklärungen, die General Genadi Troschew am 7. Juni 2000 abgab, haben eher mit der von ihm selbst diagnostizierten Kriegsmüdigkeit der Russen zu tun als mit der Kriegslage. Die *bojewiki* haben im Bergland, dem neuen Kampfgebiet, eindeutige taktische und strategische Vorteile. Die kriegstechnische Überlegenheit der russischen Armee kann sich hier nicht auswirken.[44] Etwa 50.000 bis 60.000 Soldaten sind dauerhaft an den nordkaukasischen Kriegsschauplatz gebunden, ohne die in den Bergen verteilten und sich unbeobachtet im Land bewegenden vielleicht 5.000 bis 6.000 *bojewiki* fassen zu können. Und selbst wenn die Angabe des tschetschenischen Sprechers Mowladi Udugow, in den Bergen stünden 500 „Selbstmord-Bomber" für den Einsatz bereit[45], quantitativ übertrieben sein mag, ist damit eine neue Qualität des Widerstands bezeichnet. Die Ziele solcher tschetschenischen Kamikaze-Kämpfer sind leicht erkennbar; die Kämpfer selbst sind nicht leicht zu erkennen; der Zugang nach Grosny oder in andere Städte ist ihnen kaum zu verwehren; Gegenwehr gibt es fast nicht.

Menschenrechte und Starker Staat

Amnesty international[46] legte im März 2000 drei verschiedene Namenslisten von Personen vor, die vor dem Besuch einer EU-Delegation aus dem „Filtrationslager" Tschernokosowo in andere Konzentrationslager verlegt worden sind. Die Kommission des EU-Komitees zur Verhinderung der Folter (nach der englischen Bezeichnung abgekürzt als CPT) hatte Tschernokosowo im März besucht. Am 25. oder 26. Februar waren 300 Frauen und Männer – fast alle in Tschernokosowo Internierten – von dort nach Tscherwljonnaja und später nach Kadi-Jurt verlegt worden, offenbar um das Ausmaß der in dem „Filtrationslager" verübten Verstöße und Verbrechen gegen die Menschenrechte zu verschleiern. Andere Internierte wurden ins Gebiet Stawropol verlegt, offenbar handelte es sich in diesen Fällen um Kranke. Amnesty international nannte die „Filtrationslager" „Bjelyj Lebed" (Weißer Schwan) in Pjatigorsk; ein Lager in Stawropol, in dem Gefangene vor ihrem Prozess festgehalten werden; ein provisorisches Lager in einer Schule von Urus-Martan, ein weiteres in einem Gemüselager in Tolstoj-Jurt und den Keller des Cafés „Tschechkar" in Tschiri-Jurt. Außerdem erwähnte der Bericht, dass in Mosdok und Grigorijewsk (beide im Gebiet Stawropol) sowie in Grosny „Filtrationslager" unterhalten wurden. Das von der CPT-Kommission besuchte KZ in Tschernokosowo war rechtzeitig frisch angestrichen worden; die aus Vertragssoldaten bestehenden Wachmannschaften waren durch „unbelastete" Einheiten der Bundesarmee ersetzt worden. Eine gut beaufsichtigte Journalistengruppe wurde danach durch das Lager geführt, das auch danach noch internationalen Beobachtern und Medienvertretern gezeigt wurde.

Unabhängig von dieser gereinigten Fassade hatte Amnesty International Berichte über die Foltermethoden in „Filtrationslagern" erhalten: Vergewaltigung weiblicher und männlicher Gefangener; Elektroschocks; Schläge mit Hämmern und Keulen; Tränengaseinsatz; Abschleifen der Zähne Gefangener; Schläge auf den Kopf, in deren Folge Trommelfelle platzten.

Human Rights Watch[47] veröffentlichte im September 2000 ein Memorandum, in dem die Organisation drei von russischen Streitkräften verübte und von internationalen Beobachtern geschilderte Massaker erwähnte: in Alchan-Jurt im Dezember 1999 sowie in den Stadtbezirken Staropromyslowski und Aldi in der Hauptstadt Grosny. Diese hätten zusammen wenigstens 130 Menschenleben gefordert.

Alchan-Jurt war schon im Oktober 1999 schwer bombardiert worden.[48] Zwischen dem 1. und 9. Dezember töteten russische Truppen in dem Dorf nahe Grosny 41 Zivilisten, wie BBC unter Bezug auf Angaben des als Gegner der Rebellen bekannten Geschäftsmannes Malik Saidulajew am 20. Dezember berichtete.[49] Einwohner hätten beobachtet, dass russische Soldaten Granaten in Keller geworfen hätten, obwohl sie gewusst hätten, dass dort Menschen Unterschlupf gesucht hatten. Die russische Armee bestritt dies. Der Kommandant der 58. Armee, Wladimir Schamanow (früher Befehlshaber des Westflügels), bestritt alles rundweg mit dem Argument, vor dem Sturm auf Alchan-Jurt habe nicht nur einen Tag, sondern eine ganze Woche lang ein Fluchtkorridor offen gestanden, die auf Wunsch einer Untersuchungskommission exhumierten Toten bewiesen nur, dass „Banditen und Leute, die mit ihnen irgendwie in Zusammenhang stehen", gemeinsam begraben worden seien und im übrigen in seiner Sicht jede Ehefrau eines Banditen gleichfalls eine Banditin sei.[50] Nikolaj Koschman, der russische Regierungsbeauftragte für Tschetschenien, wies die Berichte als bewusste Verdrehung der Tatsachen zurück. Die Soldaten seien beschossen worden und hätten zurückschlagen müssen. Human Rights Watch legte jedoch detaillierte Berichte vor und fasste zusammen: „Tschetschenische Streitkräfte haben die Menschenrechte verletzt durch die summarische Exekution von ihnen gefangen genommener Militärangehöriger, physische Misshandlung von Zivilisten und Verletzung der Persönlichkeitsrechte. Aber die überwältigende Mehrheit der Vergehen ist von russischen Streitkräften verübt worden … Sie haben durch unterschiedsloses Bombardement Tausende Zivilpersonen getötet oder verstümmelt; und sie haben unzählige Zivilpersonen unter dem Verdacht der Zusammenarbeit mit den tschetschenischen Rebellen zusammengetrieben und systematisch gefoltert."

Die Internet-Agentur *Jihad in Chechnya,* die der radikalen Richtung Bassajews und Chattabs nahe steht, veröffentlichte im August 2000 eine Reportage[51] aus Urus-Martan, Tengi Tschu, Saadi Chutor und Katyr Jurt, in der von Vergewaltigungen, Folterungen, der völligen Zerstörung von Siedlungen und Plünderungen die Rede war. Wörtlich heißt es über Saadi Chutor: „Das Traurigste von allem war die Geschichte von mehr als 400 unschuldigen Zivilisten, die aufgrund der unüberlegten Bombenangriffen der russischen Streitkräfte getötet wurden. Der Feind benutzte schwere Bomben und alle Typen von Artilleriegranaten gegen das kleine Dorf. Die Einwohner von Saadi Khutor [sic] erwähnten, dass russische Streitkräfte ihre Kampagne in der Gegend starteten, indem sie das Dorf umzingelten; die Einwohner versuchten dann zu fliehen, aber die russischen Streitkräfte erlaubten keinem der Männer die Stadt zu verlassen. Die Frauen, Kinder und Älteren weigerten sich, die Männer zu verlassen und warteten in den Außenbezirken der Dorfes. Russische Medien filmten die Zivilisten, die in den Außenbezirken des Dorfes warteten und erklärten, dass diese sich dort mit Unterstützung von russischen Truppen versammelt hatten."

Über Folterungen heisst es in diesem Bericht der tschetschenischen radikalen Widerstandskämpfer [in unveränderter Schreibweise]: „einige der Foltermethoden der Russen in dem Gebäude beinhalten den elektrischen Schock, das Rausziehen von Fingernägel, das Herausreißen von Zähnen, das Durchlöchern der Ohrtrommeln mit Nägeln und die Verwendung von Schlagstöcken. Die Russen zwingen die Gefangenen dazu, zwischen zwei Reihen von russischen Soldaten umherzugehen, die dann ihre Schlagstöcke verwenden, um die Gefangenen grausam zu schlagen. Mehrere Gefangenen sind dann als Ergebnis von diesen satanischen Methoden gestorben, aber auch im Tode sind sie nicht frei von Folterung; die Russen haben das Geschäft der muslimischen Gefangenen oder den Leichen der ermordeten Insassen für übermäßige Summe Geld angefangen. Verschiedene Branchen des russischen Militärs, einschließlich der Armee, Spezialstreitkräfte und Militärgeheimdienst sind untereinander grausam konkurrierend für einen größeren Anteil dieses schrecklichen Geschäftes." Der letzte Passus dieses im Internet wörtlich so verbreiteten Statements besagt, dass russische Truppen Handel mit Gefangenen und Toten trieben. Er behauptet, offenbar um einschlägigen Berichten über Kidnapping und Geisel-Erpressung durch tschetschenische Banden etaws entgegenzusetzen: Reguläre Armee, Truppen des Innenministeriums (Omon) und Geheimdienst treiben nicht nur Menschenhandel mit Tschetschenen (als Lösegeld-Zahler), sondern kämpfen untereinander um „den Markt".

„Bespredel“

Die *Los Angeles Times*[52] bestätigte viele dieser Berichte im September 2000. Sie führte Interviews mit Soldaten, die aus dem Kaukasus zurückgekommen waren und über Menschenrechtsverstöße zu sprechen bereit waren. Dabei stieß die Zeitung immer wieder auf den aus dem Gangsterjargon stammenden Ausdruck *bespredel* (abgeleitet von bespredeljnyj = „grenzenlos, schrankenlos“), was hier als „Exzess“ oder „Grausamkeit außerhalb aller Grenzen“ übersetzt werden kann. „Ohne *bespredel* kommen wir in Tschetschenien zu überhaupt nichts. Wir müssen grausam zu denen sein. Sonst kommt nichts dabei heraus“, fasste ein 21 Jahre alter Veteran zusammen, was mit dem Begriff im Zusammenhang mit dem Krieg gemeint ist. Berichte über Ausschreitungen gegen die Zivilbevölkerung gab auch der Moskauer Militärfachjournalist Pawel Felgenhauer[53] wieder. Die russische Truppe, die im September 1999 zusammengewürfelt worden, schlecht ausgerüstet und undiszpliniert gewesen sei, habe sich „zunehmend in eine echte Gefahr verwandelt“. Soldaten und Offiziere griffen nicht nur willkürlich Zivilisten an und misshandelten tschetschenische Kriegsgefangene, sondern hätten richtiggehende Banden gebildet, die Tschetschenen unter dem Vorwurf des Terrorismus kidnappten, um Lösegeld zu erpressen und an allen Kontrollpunkten Bestechungsgelder kassierten. „Die brutale föderale Besatzung ist gegenwärtig die wichtigste Antriebskraft des Widerstands“, schrieb Felgenhauer.

Der Bericht der *Los Angeles Times* zählt unglaubliche Kriegsverbrechen der Truppe auf. Ein 21 Jahre alter Rückkehrer aus dem Kriegsgebiet berichtete über die Festnahme eines jungen Mannes, der gesagt hatte, er sei auf der Suche nach Lebensmitteln für seine Mutter. Auf Befehl ihres Vorgesetzten hätte die Fünf-Mann-Streife, zu der der Soldat gehörte, den jungen Mann geprügelt und anschließend erschossen. Wer einmal erwischt worden sei, komme nicht mit dem Leben davon. Gefangene würden buchstäblich nicht gemacht. „Man muss dafür sorgen, dass sie so viel Schmerzen erleiden wie möglich. Es kommt darauf an, dass sie langsam sterben. Ein schneller Tod ist ein leichter Tod.“ Eine übliche Methode ist nach dem Bericht dieses 21-jährigen Heimkehrers, ein Bajonett über einem Grillkohlenfeuer rotglühend zu erhitzen und dann langsam zuzustechen. Er selbst habe ungefähr neun Leute auf diese Weise umgebracht.

Andere ehemalige Soldaten bestätigten, dass Gefangene nicht gemacht werden. Wer der Truppe in die Hände falle, ob Kombattant oder nicht, erfahre, dass man ihn zur Polizei bringen wolle, aber weil dem gefangenen Tschetschenen ohnehin die Todesstrafe drohe, erledige man das auf der Stelle. Nach einer weiteren Quelle werden Gefangene aus Hubschraubern geworfen. Ein anderer berichtete, eine gefangene tschetschenische Scharfschützin sei einfach an zwei Panzerfahrzeuge gebunden und von diesen zerrissen worden. „Es floss viel Blut, aber die Jungs brauchten das. Danach beruhigten sie sich. Es wurde Gerechtigkeit geübt, und das war ihnen am wichtigsten", zitiert die *Los Angeles Times.* Ein Offizier sagte, bei „Säuberungsaktionen" habe er jeden Mann getötet, der ihm über den Weg lief, und es habe ihm nicht leid getan. Dass viele Soldaten Hass gegen alle Tschetschenen empfinden, wurde in diesem Bericht vielfach bestätigt. In extremer Weise fasste ein Offizier, der „in sowjetischen Zeiten ein Kommissar gewesen" und damit für die politische Linie der Truppe verantwortlich gewesen sei, ein Jahr nach der zweiten Invasion dieses Hassgefühl zusammen: „Das Militär hat verstanden, dass Tschetschenen nicht umerziehbar sind. Gegen die Russen zu kämpfen liegt ihnen im Blut. Sie haben ihr Leben lang geraubt, unser Vieh gestohlen und geschlachtet, sie kennen gar nichts anderes. ... Wir hätten alle über fünf Jahre alten Tschetschenen totschlagen und alle Kinder, die man noch erziehen kann, in Reservate mit Stacheldraht und Wachtposten an den Ecken bringen sollen. ... Aber wo findet man Lehrer, die solch eine Wolfsbrut unterrichten würden? Die Leute gibt es gar nicht. Es ist also viel einfacher, sie alle umzubringen." Der hier zitierte Offizier sagte auch aus, dass Grausamkeiten vorkämen, erläuterte aber: „Aus politischen Gründen ist es nicht möglich, die gesamte Bevölkerung zu ermorden und die Kinder in Reservate zu stecken. Aber manchmal kann man versuchen, das Ziel zu erreichen."

Die *Los Angeles Times*-Korrespondentin Maura Reynolds hatte nach Russland zurückgekehrte ehemalige Kriegsteilnehmer befragt. Recherchen der Korrespondenten Florian Hassel (*Frankfurter Rundschau*)[54] und Tomas Avenarius (*Süddeutsche Zeitung*)[55] direkt aus Tschetschenien bestätigten das Ausmaß der Menschenrechtsverstöße durch russische Soldaten. Dokumente aus der vom Kreml eingesetzten „Zeitweiligen Verwaltung" Tschetscheniens belegen demzufolge, dass die gesamte russische Führung einschließlich Präsident Putin über die Verbrechen ihrer Truppen genau informiert ist und sie systematisch vertuscht: Die Berichte gehen an Militärkommandant Babitschew und den Generalstaatsanwalt, den unmittelbar an Putin berichtenden Generalgouverneur Wladimir Kasanzew und an Putin selbst.

Nach Aussage des Parlamentariers Dmitrij Rogosin sind mindestens 18.000 Tschetschenen verschwunden, die meisten junge Männer.[56] Viele von ihnen wurden ermordet. Schamil Beno, der Moskauer Vertreter Achmed Kadyrows, legte den beiden Korrespondenten eine 38 Seiten lange Liste mit den Namen von rund 600 verschwundenen Tschetschenen vor, „nur die Mitteilungen von Leuten, die sich an uns wenden. Die meisten halten es für sinnlos oder kommen nicht durch die Kontrollposten."

Die von beiden Korrespondenten unmittelbar in Tschetschenien gesammelten Informationen bestätigen die unter ehemaligen Soldaten gesammelten Informationen der *Los Angeles Times.* FR-Korrespondent Florian Hassel zitierte einen Vertragssoldaten: „Die Tschetschenen haben 450 Jahre gegen uns gekämpft und werden es auch die nächsten 450 Jahre tun." Vor allem die mit Drei-Monats-Verträgen dienenden *kontraktniki* – Veteranen des Afghanistan- oder ersten Tschetschenienkriegs oder Ex-Sträflinge – wissen laut Hassel, dass sie in Tschetschenien ungestraft erpressen, plündern und morden dürfen. An vielen Kontrollpunkten werden Zivilisten nur gegen Schmiergelder durchgelassen, ausgeraubt oder ermordet. Oft verhaften die Russen tschetschenische Männer, damit ihre Verwandten sie freikaufen – nicht nur mit Geld, sondern auch mit Maschinenpistolen.

Die Berichte von Hassel und Avenarius sind dokumentiert; von den russischen Medien wurden sie kaum beachtet.

Als Nachfolgestaat der Sowjetunion ist Russland an die Genfer Konventionen gebunden, welche die Sowjetunion nach dem Ende des Zweiten Weltkriegs unterschrieben hat.

Die vier wichtigsten Abkommen, die seit dem 12. August 1949 Gültigkeit haben und auch Genfer Rotkreuz-Abkommen genannt werden, betreffen den Schutz der Kriegsopfer. Diese Vereinbarung hat mehrere Vorläuferabkommen. Dazu gehört die *Konvention zur Verbesserung des Loses der Verwundeten und Kranken der Streitkräfte im Felde*, die bereits am 22. August 1864 von 16 Staaten ratifiziert wurde. Diese erste Konvention ging auf eine Anregung Henri Dunants und seine Veröffentlichung *Un souvenir de Solférino* aus dem Jahr 1862 zurück und legte als Schutzzeichen ein rotes Kreuz auf weißem Grund fest. (Rotes Kreuz; dem entspricht in den meisten islamischen Ländern der rote Halbmond). Darüber hinaus enthielt das Abkommen zehn Artikel mit Grundzügen eines *Verwundetenabkommens*, das am 29. Juli 1899 durch die Haager Friedenskonferenz auch für den Seekrieg Gültigkeit bekam (*Verbesserung des Loses der Verwundeten, Kranken und Schiffbrüchigen der Streitkräfte zur See*). Mit dem Genfer Abkommen vom 6. Juli 1906 wurde die Konvention um 33 Artikel erweitert und war seit dem 18. Oktober 1907 gültig.

Dieses Abkommen wurde am 27. Juli 1929 durch die Vereinbarung zur *Verbesserung des Loses der Verwundeten und Kranken im Felde*, durch das Abkommen über die *Behandlung der Kriegsgefangenen* und um den *Schutz der Zivilpersonen in Kriegszeiten* am 12. August 1945 (ergänzt am 10. Juni 1977) erweitert. Diese Abkommen stellten eine Verbesserung der *Haager Landkriegsordnung* dar, da sie als völkerrechtliche Vereinbarung auch dann gültig sind, wenn es sich um einen bewaffneten Konflikt ohne internationale Beteiligung, d. h. um einen Bürgerkrieg auf dem Territorium eines Staates, handelt. Grundsätzlich haben sich die Konfliktparteien an das Gebot der Menschlichkeit zu halten und jegliche Diskriminierung zu vermeiden. Folterungen oder Verstümmelungen sowie jegliche andere Grausamkeiten gegenüber Zivilpersonen sind verboten. Kranke und Verwundete müssen gepflegt werden; Aburteilungen bedürfen eines rechtsstaatlichen Verfahrens. Im Genfer *Flüchtlingsabkommen* vom 28. Juli 1951 wurde die rechtliche Stellung von Flüchtlingen geregelt. Die Abkommen der Genfer Konventionen sind Bestandteil des Völkerrechtes und ersetzen und ergänzen die früheren Abkommen des Kriegsrechtes.[57] Verstöße gegen diese Abkommen sind in der russischen Öffentlichkeit während des ersten Tschetschenienkrieges sehr kritisch kommentiert worden; im zweiten Tschetschenienkrieg waren sie wenigstens in den ersten zehn Monaten ein Tabu-Thema. Jastrschembskij und Kalamanow wollten sich der *Los Angeles Times* gegenüber dazu nicht detailliert äußern, gaben aber an, dass die zuständigen militärischen Untersuchungsbehörden (*prokuratora*) seit Kriegsbeginn (September 1999) 467 strafrechtliche Untersuchungen eröffnet haben, von denen nur 72 zu Urteilen geführt haben. Nur vierzehn der Verfahren, von denen keines bis Anfang 2001 abgeschlossen war, hatten Verbrechen gegen Zivilpersonen zum Gegenstand.

Die aus Tschetschenien zurückgekehrten Soldaten sind nach ihrem Kriegseinsatz durchweg psychisch hoch belastet.[58] Das „Tschetschenien-Syndrom" wird mit dem zehn Jahre vorher beschriebenen „Afghanistan-Syndrom" verglichen: Unruhe, Schlaflosigkeit, Feindseligkeit und Kontaktscheu, unerklärliche körperliche Erkrankungen, Depressionen; auch erhöhte Aggressivität, Schuldgefühle usw. wurden festgestellt, unter anderem in einem Rehabilitationszentrum in Nischnij Nowgorod, in dem im ersten Halbjahr 2000 etwa fünfhundert „Tschetschenien-Veteranen" behandelt wurden. Schwere Traumata verursachen Erinnerungen an die oben geschilderten Misshandlungen; „den Anblick toter Kinder zu ertragen ist nicht leicht", erläuterte die Institutsleiterin der *Washington Post.*

Ob es auch nur einen Gedanken an Rehabilitationszentren für tschetschenische „Veteranen" gibt, darunter vor allem für Jugendliche oder gar Kinder, die außer den Umgang mit der Waffe nichts haben erlernen können, ist nicht bekannt. Die traumatischen Wirkungen von Dauerbombardement, Menschenraub, Vergewaltigung, summarischer Tötung und Verfolgung sind jedoch während des ersten Tschetschenienkrieges in der russischen Presse oft und ausführlich beschrieben worden; nicht mehr so sehr (wenn überhaupt) während des zweiten Krieges.

Reaktionen

Anders als im ersten Krieg regte sich in der öffentlichen Meinung und den Moskauer Medien kaum mehr Kritik am russischen Vorgehen in Nordkaukasien. Nur einige Zeitungen, die sich an die englischsprachige Geschäftswelt Moskaus richten und unter der einheimischen Bevölkerung nur wenig Resonanz haben, brachten Informationen, die dem von Sergej Jastrschembskij gelenkten Hauptstrom der Information nicht entsprachen, und auch die früher kritischen Nicht-Regierungs-Organisationen äußerten in den ersten Kriegsmonaten keine Kritik. Die Organisation „Memorial", sonst auf die Zivilgesellschaft ausgerichtet, unterstützte den Krieg anfangs sogar, und Umfragen, deren Wert freilich umstritten blieb, wiesen in den ersten Monaten eine Zustimmung von rund achtzig Prozent aus, wobei 49 Prozent ausschließlich eine „militärische Lösung" für richtig hielten. Die Überführung in Tschetschenien gefallener russischer Soldaten in ihre Heimatorte und entsprechende Trauerfeiern wurden nur von den jeweiligen lokalen Medien berücksichtigt. Das im ersten Krieg viel beachtete Komitee der Soldatenmütter kam zunächst kaum zu Wort (erst nach dem Untergang des Atom-U-Boot „Kursk" in der Barentsee im August 2000 wurde es wieder aufmerksamer wahrgenommen).

Erstmals wurde das Schweigen in Russland durchbrochen, nachdem eine 98 Mann starke Omon-Einheit aus Sergijew Possad (früher Sagorsk) Anfang März am Stadtrand von Grosny in einen Hinterhalt geriet und 18 Tote in die 114.000 Einwohner große Stadt zurückgebracht wurden. Fast zur gleichen Zeit wurden nach Angaben der Militärverwaltung 31 Fallschirmjäger aus Pskow (200.000 Einwohner) in der Argun-Schlucht getötet; Pskows Gouverneur Jewegnij Michailow sprach sogar von 60 bis 80 Todesopfern. Bei beiden Einheiten handelte es sich um gut ausgebildete Soldaten. Dass beide Male so viele russische Soldaten aus einer einzigen Stadt ums Leben kamen, löste einen Schock aus und führte erstmals zu einer differenzierteren Berichterstattung über den Krieg. Doch die Menschenrechtsverletzungen der russischen Truppen wurden noch immer kaum thematisiert.

Internationale Reaktionen

Die Spannungen im Nordkaukasus nahmen gleichzeitig mit der Eskalation auf der Balkan-Halbinsel zu. Die faktische Ausschließung Russlands aus der Jugoslawien-Politik der westlichen Allianz, obwohl Russland zur „Kontaktgruppe" gehörte, stärkte die radikal-nationalistischen und chauvinistischen Elemente in der russischen Gesellschaft.

Die Reaktion der westlichen Staaten beschränkte sich auf kritische Medienberichte und Aufrufe verschiedener Parlamente zur Mäßigung, aber ohne Sanktionsandrohungen. Charakteristisch für die Haltung der Westmächte war die offizielle Stellungnahme der Bundesregierung vom 19.10.1999.[59] Sie fasst in neun Punkten zusammen:

1. Die territoriale Integrität der Russischen Föderation wird als erster Punkt genannt, zusammen mit dem Verständnis der Bundesregierung für die Terrorbekämpfung auf ihrem Staatsgebiet.

2. Die Bundesregierung verurteilte die Aggression tschetschenischer Kämpfer auf Dagestan.

3. Die Rechtlosigkeit und Kriminalisierung in Tschetschenien beunruhigt die Bundesregierung.

4. Massive Bombenangriffe und militärische Bodenoperationen sind nach Ansicht der Bundesregierung nicht für den Kampf gegen den Terrorismus geeignete Mittel.

5. Die Eskalation der Kämpfe in Tschetschenien beunruhigt die Bundesregierung.

6. Eine dauerhafte Lösung kann nur politisch herbeigeführt werden.

7. Alle bilateralen und multilateralen Dialogmöglichkeiten „sollten rasch ausgeschöpft werden".

8. Die humanitäre Notlage der Flüchtlinge erfordert sofortiges Handeln; Berlin fordert Moskau auf, „in Zusammenarbeit mit den örtlichen Behörden und internationalen Hilfsorganisationen eine realistische Evaluierung des Hilfsbedarfs vorzunehmen".

9. Die Bombenanschläge in Russland und der Tschetschenienkonflikt „dürfen nicht zur Duldung oder Förderung xenophober Stimmungen oder Ausbrüchen ethnischer Intoleranz in Russland führen".

Bundesaußenminister Joschka Fischer forderte am 25. Februar 2000 seinen russischen Amtskollegen Igor Iwanow auf, internationale Beobachter in Tschetschenien zuzulassen. Sonderbarerweise lösten diese energischen Stellungnahmen zur Wahrung der Menschenrechte und des Lebensrechtes eines kleinen Volkes keine weit reichende und langanhaltende Begeisterung aus; die Kommentare in den meisten Massenmedien hatten sogar durchaus spöttischen Unterton.

Dass der Präsident des Bundesnachrichtendienstes, Hanning, im März 2000 zwei Tage lang Tschetschenien bereiste – was vom Auswärtigen Amt zunächst abgestritten wurde –, um sich „ein genaues Bild von der Lage in Tschetschenien"[60] zu verschaffen, führte zwar ebenfalls zu kritischen Kommentaren, hatte aber keine weiteren Konsequenzen. Die eher zurückhaltende *Neue Zürcher Zeitung* kommentierte: „Das Motiv des Gedankenaustausches über die ‚Terrorismusbekämpfung' riecht ausgesprochen übel, wenn man sich daran erinnert, dass Moskau seinen Vernichtungskrieg gegen das tschetschenische Volk mit genau dieser Floskel zu beschönigen pflegt. Die Berliner Russland-Politik kommt dadurch in den Ruch, die Barbarei in Tschetschenien nicht nur chronisch zu verharmlosen, sondern sie zum Zwecke der Erlangung eigener Vorteile gar billigend in Kauf zu nehmen." Eine danach vielen Abgeordneten auch der Berliner Regierungsparteien dringend gebotene Debatte über Grundsätze und Motive der deutschen Politik gegenüber Russland unterblieb jedoch auch diesmal, obwohl inzwischen reichliches Material über Menschenrechtsverletzungen in großem Ausmaß vorlag.

Die Menschenrechtskommission der UN rief dann am 25. April 2000 Russland zur Untersuchung dieser Vorwürfe auf und forderte die Zulassung unabhängiger Beobachter sowie die Zusammenarbeit mit der OSZE, dem Europarat und dem Internationalen Komitee vom Roten Kreuz. Mit dieser Resolution war zum ersten Mal in der Geschichte der Weltorganisation ein ständiges Mitglied des Sicherheitsrates namhaft gemacht worden. Im Lauf des Jahres 2000 ist Russland den Aufforderungen des Sicherheitsrates nicht oder nur sehr unvollkommen gefolgt. Lediglich OSZE-Beobachtern wurde ein gewisser Zugang gewährt, doch konnten auch sie sich nicht frei bewegen und nur solche Filtrationslager besichtigen, die vorher für den Besuch präpariert worden waren. Lord Judd, der als Leiter einer Delegation der Parlamentarischen Versammlung des Europarates (PACE) im September 2000 einige Teile Tschetscheniens unter russischer Kontrolle besichtigen durfte, konstatierte nach seiner Tour vor der Moskauer Staatsduma, die Lage habe sich gebessert, obwohl sie noch nicht gut sei (sie muss also in Anbetracht der für ihn erkennbaren Sachlage vorher unerträglich gewesen sein), und stellte Moskau bei der Gelegenheit die Aufhebung der von PACE verhängten Sanktionen in Aussicht; Russland werde also in die Versammlung mit allen Rechten zurückkehren können, was die PACE dann aber zunächst nicht beschloss.

Der Fall Babitsky und die Informationsfreiheit

Am 14. März 2000 untersagte das russische Informationsministerium die Weitergabe jeglicher Informationen aus tschetschenischer Quelle. Interviews mit Aslan Maschadow, Schamil Bassajew, Mowladi Udugow und anderen durften nicht mehr geführt werden. Sie galten als Verletzung des Anti-Terrorismus-Gesetzes, das in Artikel 15 die Verbreitung von Informationen unter Strafe stellt, welche die Taktiken von Anti-Terror-Operationen enthüllen, solche Aktionen behindern, Menschenleben gefährden oder Gewalt verherrlichen könnten. Dem (zum Gussinskij-Medientrust gehörenden) Rundfunksender *Echo Moskwy* und der Radiostation Radio *Free Europe/Radio Liberty* (RFE/RL) wurde aufgegeben, die kompletten Bandaufzeichnungen ihrer Sendungen in den vier Wochen vor Verkündigung der neuen Maßnahmen vorzulegen. Vize-Informationsminister Michail Seslawinskij[61] präzisierte zwar in *Echo Moskwy,* dass damit nicht automatisch die Berichterstattung über die Äußerungen tschetschenischer Führer verboten sei, aber diese Einschränkung gelte nicht für Äußerungen, die zur Gewaltanwendung aufstacheln könnten.

Dem waren einige Ankündigungen vorausgegangen. Der zur Darstellung der russischen Tschetschenien-Politik angestellte frühere Jelzin-Sprecher Jastrschembskij hatte schon im Februar gesagt, wenn die Nation sich eine wichtige Aufgabe vorgenommen habe und dafür mobilisiere, ziehe das Verpflichtungen für jedermann nach sich, auch für die Medien. Der Sekretär des Nationalen Sicherheitsrates, Sergej Iwanow, hatte die russischen Medien zu Patriotismus aufgerufen und von ihnen verlangt, „am Informationskrieg gegen die tschetschenischen Terroristen teilzunehmen“[62], was wie ein Echo des Textes von 1996 klang.

Ein Korrespondent der von den USA finanzierten und in ganz Mittel- und Osteuropa tätigen Rundfunkanstalt RFE/RL, Andrej Babitsky, wurde am 16. Januar 2000, kurz nach der Bestallung Putins zum russischen Präsidenten, von Regierungseinheiten in Tschetschenien festgenommen[63] und – wie er selbst später zu Protokoll gab – in einem „Filtrationslager" festgehalten. Babitsky, ein russischer Staatsbürger, hatte schon während des ersten Tschetschenienkrieges von beiden Seiten der Front berichtet. Während des August-Putsches von 1991 berichtete er aus der unmittelbaren Umgebung des Moskauer Weißen Hauses und wurde von Jelzin mit der Medaille „Für den Verteidiger des freien Russland" ausgezeichnet. Diese Auszeichnung gab Babitsky jedoch nach dem Panzersturm auf das Weiße Haus 1993 zurück. Sowohl unabhängige russische als auch internationale Beobachter beider Kriege und seine journalistischen Kollegen schilderten ihn als seriösen Berichterstatter, der ein objektives und ausgewogenes Bild der Ereignisse vermittelte.

Die russischen Behörden leugneten anfangs, Babitsky festgenommen zu haben, und erklärten später, sie hätten ihn im Austausch für einige russischen Kriegsgefangene an tschetschenische Rebellen übergeben. Die bei der angeblichen Übergabe gemachten Video-Aufnahmen lassen jedoch eher den Schluss zu, dass der Journalist von einer russischen Spezialeinheit an eine andere übergeben worden war. Erst nach vierzig Tagen kam Babitsky wieder auf freien Fuß, und zwar in Dagestan. Vor der Freilassung hatten die russischen Behörden ihm seine Ausweispapiere abgenommen und ihm falsche Personaldokumente ausgehändigt (oder aufgenötigt). Wegen des Besitzes dieser Papiere wurde Babitsky Anfang Oktober 2000 verurteilt – und „amnestiert".

Putin hatte den Fall zeitweise zur Chefsache gemacht und Babitsky bezichtigt, er habe den Tschetschenen geholfen und sei durch seine Berichterstattung gefährlicher als der tschetschenische Widerstand selbst. Da zur selben Zeit den russischen Medien verboten worden war, Interviews mit tschetschenischen Politikern zu verbreiten, und alle (russischen wie ausländischen) Reporter und Korrespondenten sich durch Unterschrift verpflichten mussten, bei ihrer Berichterstattung bedingungslos den Anordnungen der Streitkräfte zu folgen, wurde die Tatsache, dass Babitsky offenbar „aus dem Verkehr gezogen" werden sollte, als Warnung an die gesamte Presse verstanden. Diese Interpretation bestätigte sich im September 2000 mit der Verkündung einer 46 Seiten umfassenden „Doktrin zur Informationssicherheit" durch Putin, das erste einschlägige Dokument in der Geschichte Russlands, das die Medien dem Staatsinteresse total unterordnet und insofern an die Praxis der sowjetischen Informationslenkung („Transmissionsriemen"-Funktion) anknüpft.

Flüchtlinge

Tschetscheniens Hauptstadt war nach der Eroberung durch die russischen Truppen unbewohnbar geworden, wenn man die üblichen Maßstäbe eines urbanen Lebens, selbst eines bescheidenen, zu Grunde legt. Die Wasser- und Gasversorgung war kaum wieder hergestellt; der Wiederaufbau hatte ausgerechnet mit dem Dynamo-Stadion begonnen, in dem die russische Siegesparade abgehalten wurde, während Schulen und Krankenhäuser noch in Trümmern lagen. Die Luft wurde im Sommer 2000 durch die Abgase aus 26 Ölquellen vergiftet[64] und damit die Gesundheit der in der Stadt Lebenden beeinträchtigt. Die Brände verzehrten täglich etwa 6.000 Tonnen Öl; die kleinen wieder betriebsfähigen Raffinerien erzeugten 1.000 Tonnen Ölprodukte pro Tag. Dennoch waren bis Juni 2000 etwa 110.000 Flüchtlinge zurückgekehrt. Über 160.000 Tschetschenen hatten aber Ende 2000 noch keine Möglichkeit, aus den Lagern und Notunterkünften allein in Inguschetien in ihre Heimat zurückzukehren – wenn sie dort überhaupt noch bewohnbare Häuser vorgefunden hätten. Diese Zahl[65] erfasst aber nur die von den Behörden Registrierten; der frühere russische Justizminister Pawel Krascheninnikow, der die Flüchtlingslager in Inguschetien Anfang September 2000 in amtlicher Mission besucht hatte, gab zwar die offizielle Zahl wieder, fügte aber hinzu, tatsächlich hielten sich bis zu 200.000 Tschetschenen in der Nachbarrepublik auf. Sie „scheuten die Rückkehr in ihre Heimat", weil es dort weder Arbeitsplätze noch auch nur ein Minimum an sozialen Diensten gebe und die Risiken für die persönliche Sicherheit hoch seien. Dass es infolge der Kriegszerstörungen wohl keinen Wohnraum mehr gibt, erwähnte Krascheninnikow offenbar nicht. Der Moskauer Menschenrechtsbeauftragte Wladimir Kalamanow erkannte im Spätsommer 2000: „Sobald wir Arbeitsplätze organisieren, Renten auszahlen, Kinder versorgen und unterbringen können, werden die Leute zurückkommen und die Terroristenangriffe aufhören."

Inguschische Behörden präzisierten die Zahlenangaben, sie meldeten zur gleichen Zeit etwa 210.000 Flüchtlinge, von denen 169.760 registriert waren und deswegen humanitäre Hilfe erhalten konnten. Die Grenze zu Tschetschenien war relativ offen; es wurde beobachtet, dass etwa ebenso viele Flüchtlinge im September 2000 nach Inguschetien kamen (täglich etwa 2.000) wie Personen – darunter gewiss auch Kämpfer – aus Inguschetien nach Tschetschenien überwechselten. In Inguschetien hielten sich auch Teile der Maschadow-Verwaltung auf, und seit August 2000 griffen tschetschenische Kämpfer russische Verbände gelegentlich auch auf inguschetischem Boden an. Wie viele aktive Teilnehmer am Widerstand sich nach Inguschetien geflüchtet haben, natürlich ohne sich registrieren zu lassen, und wie viele waffenfähige Männer aus Tschetschenien, die ja von den russischen Behörden eine Zeit lang pauschal als „Terroristen" verdächtigt worden waren, sich nach dort abgesetzt haben, ist völlig unsicher. Wahrscheinlich enthält aber selbst die höchste von den inguschischen Behörden genannte Zahl (210.000 Flüchtlinge) bei weitem nicht alle Tschetschenen, die sich in die kleine Nachbarrepublik abgesetzt haben.

Diese Daten muss man außerdem mit den Angaben über die in Tschetschenien verbliebene Bevölkerung in Beziehung bringen. Die Europarats-Delegation, die im Sommer 2000 Tschetschenien besuchte, berichtete über „rund 500.000 Menschen, die sich ein Jahr nach Beginn der russischen Offensive heute noch in Tschetschenien aufhielten".[66] Falls diese Angabe zutrifft, sind außer den etwa 200.000 Flüchtlingen in Inguschetien noch mindestens ebenso viele Tschetschenen in andere Regionen geflohen. Anders ausgedrückt: Etwas weniger als die Hälfte des tschetschenischen Volkes hat sich ein Jahr nach Beginn des zweiten russischen Feldzugs noch in der Heimatrepublik halten können. Es muss also konstatiert werden, dass eine „ethnische Säuberung" stattgefunden hat, die mit denen in Kosovo, der Krajina von Knin oder in Bosnien-Herzegowina vergleichbar ist.

Einigermaßen detailliert sind die Angaben über die Grenzen möglicher Hilfeleistungen. Ende August 2000 sagte der Notstandsminister Inguschetiens, Waleri Kuksa, seine Regierung könne für 50.000 Flüchtlinge Unterkunft schaffen, aber nur für 25.000 winterfeste Unterkunft.[67] Das Flüchtlings-Hochkommissariat der UN (UNHCR) hatte sich zum Bau eines weiteren Zeltlagers mit 12.000 Plätzen bereit erklärt, doch die russischen Behörden bestanden darauf, dieses nicht in Inguschetien, sondern in Tschetschenien zu errichten. Inzwischen waren viele, die vertriebene oder geflohene Tschetschenen bei sich aufgenommen hatten, nicht mehr bereit, sie weiter zu beherbergen – oft lebten Dutzende, manchmal über hundert Gäste bei ihnen. In Eisenbahnwagen waren über 9.000 Flüchtlinge untergebracht. Die Regierung der Russländischen Föderation gestattete der inguschischen Regierung die Einrichtung zusätzlicher winterfester Lager nicht, weil sie „die Rückkehr der Flüchtlinge nach Tschetschenien ermutigen" wolle, und zwar bis zum 1. Oktober – die natürlich unterblieb.

Die von der russischen Regierung bereitgestellten Mittel erreichten jedoch die tatsächlich Bedürftigen nicht. Die Militärverwaltung lastete das dem von Moskau eingesetzten Zivilregime (Achmad Kadyrow) an, mit dem sich besonders General Gennadij Troschew häufig anlegte.

Wahlen und Verwaltung

Bei den Wahlen, die in den russisch kontrollierten Gebieten am 20. August 2000 über das für Tschetschenien reservierte Duma-Mandat entscheiden sollten, präsentierten sich zwar 13 Bewerber[68], doch elf davon waren von vornherein nach Ansicht der meisten Beobachter bloße Zählkandidaten. Die beiden anderen waren als Anhänger der russischen Politik hinreichend profiliert:

Sie wurden gefördert vom bisherigen Mufti Ahmed Kadyrow, dem Mitte Juni von der Moskauer Zentralregierung eingesetzten Verwaltungschef, und Beslan Gantamirow, der als sein Vertreter im Amt auftrat, was offensichtlich eine alternative Kandidatur nicht ausschloss (der Konflikt zwischen beiden brach sehr bald offen aus). Noch weniger als bei vorherigen vergleichbaren Anlässen können die amtlich bekanntgegebenen Zahlen über Beteiligung an der Wahl und Anteile der Kandidaten zum Nennwert genommen werden; es gab keine unabhängigen Beobachter, und die Zentrale Wahlkommission hatte zwar elf Millionen Rubel (zu der Zeit rund 800.000 Mark) für die Durchführung ausgegeben, dieser das Prädikat „ordnungsgemäß" aber nicht sichern können. Das Mandat fiel jedenfalls an den früheren Armeegeneral Aslanbek Aslachanow, Gegner der „militärischen Lösung". Von den angeblich abgegebenen rund 300.000 Stimmen erhielt er 30,3%.[69] Auf den Außenseiter Adam Dejnijew, der sich als spiritueller Führer des Landes darstellte, entfielen rund 22%, erst danach folgten Letsche Magomadow, der von Gantamirow unterstützt worden war, und Malika Schamsudinowa, die eigentlich Kadyrows Kandidatin gewesen war. Kadyrow stellte sich bald nach der Wahl auf die Seite Aslachanows.

Fehlen einer zivilen Verwaltung

Dass eine funktionierende Zivilverwaltung nicht einmal in den von russischen Truppen kontrollierten Teilen der Republik zustande kam, hängt auch mit den Rivalitäten der *Teips* und ihrer Vertreter zusammen. Zwischen den beiden von der Moskauer Zentrale eingesetzten Verwaltungschefs, Kadyrow und seinem Stellvertreter[70] Gantamirow, war wegen dieser Rivalitäten eine Zusammenarbeit nicht möglich.

Achmad Kadyrow hatte sich am Widerstand gegen die russischen Invasionstruppen während des ersten Tschetschenien-Krieges beteiligt und war noch zu Lebzeiten Dudajews zum obersten geistlichen Führer der tschetschenischen Muslime berufen worden. Als Mufti von Grosny unterstützte er zunächst auch Aslan Maschadows Regierung, deren Wendung in Richtung auf eine islamische Republik er stark beeinflusste. Gegen den steigenden Einfluss der „Wahhabiten" hatte er sich jedoch schon seit längerer Zeit öffentlich gewandt, auch weil er die Konkurrenz zwischen dem von ihm vertretenen Islam (und seinen Brücken zu den Sufi-Traditionen) einerseits und dem Radikalismus der Neu-Islamisten andererseits in seinem eigenen Arbeitsbereich deutlich spürte. Erst zu Beginn des zweiten Tschetschenienkrieges, und zwar anläßlich der Invasion Bassajews und Chattabs in Dagestan, brach er mit dem Präsidenten und handelte die friedliche Übergabe seiner Heimatstadt an die russischen Truppen aus. Darauf bezeichnete Maschadow ihn öffentlich als Verräter und drohte ihm die Hinrichtung an. Seine Rolle als Mufti gab Kadyrow auf, nachdem der russische Präsident Putin ihn am 12. Juni 2000 als zivilen Verwaltungschef Tschetscheniens einsetzte – der erste Tschetschene in diesem Amt (und unter russischer Kontrolle in dem besetzten Territorium der Republik) seit Doku Sawgajew.

Die Erwartungen Russlands erfüllte der ehemalige Mufti nicht. Zwischen den drei oft in Streit miteinander liegenden Strömungen und Strukturen der russischen Administration konnte er keine eigene Rolle aufbauen; einerseits unterstand er von Anfang an dem Generalgouverneur Viktor Kasanzew, andererseits dem zur Zeit seiner Amtseinsetzung den militärischen Oberbefehl führenden General Gennadij Troschew und hatte sich zudem mit Nikolaj Koschman zu arrangieren, der trotz allen Anfechtungen noch immer derjenige war, der sich Moskau gegenüber für die zivile Tschetschenien-Politik verantwortlich fühlte. Kadyrow brach aus der Rolle des stummen Vollstreckers überdies bald aus, brachte sowohl in der Republik selbst als auch bei Auftritten in Moskau erhebliche Kritik gegen die Besatzungspolitik vor und zog sich deshalb besonders den Zorn des obersten Kommandierenden, General Troschew, zu. Verhandlungen mit Maschadow oder gar den radikal-islamistischen Kräften in der tschetschenischen Unabhängigkeitsbewegung aufzunehmen gelang ihm jedoch auch nicht, sofern er überhaupt daran interessiert gewesen sein sollte. Schließlich lag er sofort in Konflikt mit dem bisherigen „tschetschenischen Günstling“ Moskaus, dem früheren Bürgermeister von Grosny, Gantamirow. Dahinter steckte außer persönlicher Rivalität ein älterer Konflikt der Clans.

Kadyrows Machtbasis lag (und liegt) in der Region um Gudermes, das zeitweise als neue Hauptstadt der Republik ausersehen war. Gantamirows Machtbasis ist Urus-Martan. Politisch koloriert wurde der Clan-Gegensatz durch die Gründung verschiedener Parteien, die jedoch nichts anderes als die persönlichen Gefolgschaften der Clan-Führer sind. Kadyrow selber hatte die Fehde zwischen den Clans, und nicht etwa politische Gegensätze, für den unüberbrückbaren Zwist mit seinem Stellvertreter verantwortlich gemacht[71] und damit die Entlassung verschiedener Gantamirow-Anhänger aus Verwaltungsfunktionen begründet. Den russischen Behörden gelang es weder, einen der beiden Rivalen zu entmachten, noch einen Staatsrat einzusetzen, wie es 1991 und 1992 versucht worden war. Gegenüber Maschadow schienen beide nur geringe Aussichten auf politische Mehrheitsfähigkeit zu haben. Auch nach der russischen Besetzung ihrer Hochburgen in Gudermes und Urus-Martan und ihrer Wiedereingliederung in die theoretisch bestehenden Machtstrukturen erwies sich keiner von beiden als fähig, auch nur entfernt eine Integrationsfigur zu werden. Kadyrows einstiges Ansehen als Mufti verblasste, und Gantamirow waren zwar die offizielle Miliz (Polizei) und damit die Organe der Staatsgewalt unterstellt, doch bestand die Staatsgewalt ja gar nicht, und Gantamirow gebot im Wesentlichen wieder nur über seine Clan-Milizen aus Urus-Martan. Dass Gantamirow nie offiziell zum Vertreter Kadyrows ernannt worden ist, erklärt möglicherweise einen Teil seiner Intimfeindschaft gegen den Ex-Mufti.

Gantamirow griff am 16. Juli 2000 mit seinen Milizen Gudermes an, um (als Waffengefährte Russlands) „die Stadt von allen Terroristen, Extremisten und Nationalisten zu reinigen", womit die Anhänger Kadyrows gemeint waren. Eine offene Schlacht zwischen den beiden Milizen verhinderte der neu ernannte stellvertretende Kommandeur des Militärbezirks Süd, Generalleutnant Wladimir Bokowikow, jedoch kam nach diesem Zwischenfall eine tiefe Spaltung nicht nur zwischen den beiden russlandtreuen Tschetschenenpolitikern, sondern auch innerhalb der russischen Kommandostrukturen ans Tageslicht. Dabei stellte sich heraus, dass der oberste Befehlshaber der Bundes-Streitkräfte in Tschetschenien sowie der General der Truppen des Innenministeriums hinter Kadyrow standen, und zwar in der Hoffnung, dass es Kadyrow gelingen könne, die streitenden Fraktionen und Clans zusammenzuführen und schließlich doch noch mit Maschadow zu einer friedlichen Beilegung des Konflikts zu kommen. Hinter Gantamirow standen Generalstabschef Anatoli Kwaschnin, sein Stellvertreter, Waleri Manilow, und jene hohen Offiziere, die Verhandlungen mit Maschadow kategorisch ablehnen. Die Kreml-Führung war zu dieser Zeit auf einen Ausgleich bedacht und hoffte die beiden Gruppierungen (Kadyrow und Gantamirow) zu versöhnen. Versuche des neu ernannten Generalgouverneurs des russischen Südens, Viktor Kasanzew, mit den Mitteln militärischer Disziplin Zusammenarbeit zu erzwingen, schlugen kläglich fehl.

Kadyrow, mittlerweile ganz auf das weltliche Amt des (aufmuckenden) Satrapen Moskaus reduziert, versuchte unterdessen, die Schlüsselstellungen der Verwaltung von Grosny mit seinen Leuten zu besetzen. Dabei überging er Bürgermeister Supjan Machatschew, einen Parteigänger Gantamirows, der seinerseits Kadyrow wieder einmal einen Banditen nannte. Der russische Regierungssprecher in Sachen Tschetschenien, Sergej Jastrschembskij, nahm eindeutig Partei für Kadyrow.[72] Dieser warb dann Ende August anlässlich der Weltkonferenz der Religionen in New York für seine Sache, eingestandenermaßen auch, um der von dem „führenden Rebellen-Ideologen Mowladi Udugow auf volle Touren gebrachten Propagandamaschine" entgegenzuwirken und der islamischen Welt „die Wahrheit zu sagen: Sie schreien über den Heiligen Krieg herum, sie schreien, Moslems würden in Tschetschenien ermordet und der Glaube werde unterdrückt. In Wahrheit stimmt das alles nicht, und das möchte ich klar und deutlich sagen."[73] Die am Sitz der UN versammelten islamischen Führer nahmen dies kaum wahr; einige standen ohnehin auf der Seite des Widerstands und waren sich durchaus ihrer eigenen wirtschaftlichen und politischen, aber keineswegs missionarischen Interessen bewusst. Einige Wochen später führte Kadyrow jedoch in Anwesenheit europäischer Parlamentarier beredte Klage über den Zusammenbruch der staatlichen Ordnung in Tschetschenien. In einer Duma-Sitzung[74] bestätigten Kadyrow und der erst am 20. August unter russischer Kontrolle nachgewählte Duma-Abgeordnete Aslachanow in der Sache einen erheblichen Teil der Vorwürfe, die Menschenrechtsorganisationen vorher erhoben hatten, und bezichtigten insbesondere das Militär der Misshandlung, Verschleppung und Folter von Zivilisten. Kadyrow rief dann auch bei anderer Gelegenheit das Militär auf, die Ausschreitungen gegen die Zivilbevölkerung und die „Säuberungsaktionen" sofort einzustellen.

Wenig erreichte schließlich die im April 2000 vom Duma-Rechtsausschuss eingesetzte Kommission unter dem früheren Justizminister Pawel Kraschenninikow und der Bürgerrechts-Vertreterin Ella Pamfilowa. Ihr verkündeter Vorsatz, Kontakt mit Maschadow aufzunehmen, wurde durch die Verweigerung jeglicher Verhandlungen durch Präsident Putin von vornherein durchkreuzt.

Von der Existenz einer staatlichen Ordnung konnte jedenfalls im Sommer 2000 keine Rede sein; eine Kommission der russischen Staatsduma, die Anfang September 2000 das Land besucht hatte, hatte bereits vor der Duma-Rede Kadyrows die „völlige Abwesenheit jeglicher Staatsgewalt" in der Republik[75] festgestellt. Die russischen Behörden hatten auch die Grenzübergänge nicht unter Kontrolle: Gegen eine gewisse „Gebühr", deren Höhe „jeder Tschetschene kennt", konnten selbst Militante, deren Verbindung zum Feldkommandanten Chattab allgemein bekannt war, regelmäßig die Kontrollposten des Militärs benutzen. Auf dem Gebiet der Republik war eine Präsenz der russischen Staatsmacht entgegen allen offiziellen Angaben nicht feststellbar.

So erreichten auch die von der russischen Regierung bereitgestellten Mittel für die Rentenzahlung und Wiederaufbaumaßnahmen (7,5 Milliarden Rubel, etwa 550 Millionen Mark für 2000) die Adressaten meist nicht. Viele Gelder wurden unterschlagen, „Russlands südliche Regionen – mit ihrer unstabilen Wirtschaft, Kriegen und Clankämpfen – sind ein besonders fruchtbarer Boden für Wirtschaftsverbrechen. Nach Regierungsstatistiken sind in diesem Jahr schon über 400 Fälle von Wirtschaftsverbrechen in Tschetschenien aufgedeckt worden", schrieb das Moskauer Wochenblatt *The Russia Journal.*[76]

Die russische Militärführung bezeichnete den Krieg seit Juli 2000 als „im wesentlichen gewonnen". Russland hatte aber weder die „Befriedung" des Territoriums erreicht noch die Grundlagen für den Aufbau einer zivilen Verwaltung, den Wiederaufbau der Wohnsiedlungen und Produktionsanlagen und damit die Rückkehr der Flüchtlinge geschaffen. „Als die Bundestruppen in Tschetschenien einmarschierten, versprachen sie der Bevölkerung Gesetz und Ordnung, den Alten Renten und den Jungen Arbeit. Aber nichts davon ist Wirklichkeit geworden", fasst der Militärkommentator Felgenhauer zusammen.[77] Gelegentliche Nachrichten über die Festnahmen einzelner „Feldkommandanten" bestätigten vielmehr, dass der Krieg als *low intensity conflict* weiter geführt wurde. Er war für die russischen Truppen verlustreich; wöchentlich fielen 20 bis 30 Soldaten, und 60 bis 90 wurden verwundet.[78] Offiziell wurde die Zahl der Kriegsopfer auf russischer Seite im September 2000 mit 2.700 Gefallenen und 9.000 Verwundeten angegeben, inoffizielle Zählungen lagen zweimal höher.

Die von Russland eingesetzte Verwaltung residierte bis zum 4. September 2000 in Gudermes; das kam zweifellos der Position Kadyrows zugute, doch stärkte die Verlegung der Verwaltungszentrale aus der traditionellen Hauptstadt Grosny gerade die zentrifugalen Kräfte auch innerhalb der russischen „Struktur". Die Entscheidung, den Verwaltungssitz wieder nach Grosny zu verlegen, konnte als Reaktion darauf verstanden werden. Doch da in Grosny nach wie vor tschetschenische *bojewiki* aktiv waren, Straßen- und Häuserkämpfe anhielten und die militärische Kontrolle durch die russischen Truppen sich höchstens auf einige Stadtteile und auch dort im wesentlichen auf die Tagesstunden beschränkte, war diese Maßnahme ebenfalls nicht geeignet, die russland-nahe Zivilverwaltung zu stärken. Nimmt man als Voraussetzung an, dass das Moskauer Verteidigungsministerium im Allgemeinen Kadyrow (und damit Gudermes) unterstützte, das Innenministerium aber eher hinter Gantamirow stand (und diesen durch die Verlegung der Zentrale in die Stadt, deren Bürgermeister er ja einmal gewesen war, zu stärken versuchte), so lässt sich hier ein Indiz für eine Machtverschiebung innerhalb des russischen Kommandos vermuten.[79]

Fazit

Am Ende des zweiten Kriegsjahres ist die tschetschenische Bevölkerung sowohl von den russischen (föderalen) Behörden als auch von den extremistischen Kommandanten entfremdet. Die Aktivitäten der *radikalen bojewiki* werden im Flachland ebenso emphatisch abgelehnt wie die Aktionen der russischen Armee. Doch auch die Regierung Maschadows wird wegen ihrer Schwäche und Korruptheit hier nicht akzeptiert. Im Bergland ergibt sich ein anderes Bild, doch ist nicht sicher, ob die dort verbreiteten Sympathien mit den extremistischsten Kommandanten auf eigener Entscheidung beruhen, mittels Repressionsmaßnahmen erzwungen worden sind oder einfach darauf zurückgehen, dass die zivile Bevölkerung geflohen ist und vor allem die Militanten zurückgeblieben sind.

Präsident Maschadow räumte im Juni 2000 ein, dass sich einige Feldkommandanten seinem Einfluss entziehen[80], und zieh andere der Feigheit und des Verrats. Namentlich führte er Apti Batalow auf, den früheren Chef der Präsidialverwaltung der Tschetschenischen Republik Itschkeria, ferner Wahit Murdaschew, ehemals Leiter des Präsidentenstabs, Eli Sultanow, früher Vizepremier und Transportminister, sowie Salman Radujew, einen Schwiegersohn

Dudajews, der vorher häufig durch eigenwillige Aktionen und verbalen Radikalismus aufgefallen war. Laut NTW sprachen sich Sultanow und die „Brigadegeneräle“ Ibragim Saidow und Salman Adujew für einen Frontwechsel zu dem von Russland eingesetzten Verwaltungschef und Ex-Mufti Kadyrow aus, um „die Republik von ausländischen Söldnern zu säubern“ und den „Wahhabismus“ zu vertreiben.

Im Juni 2000 hatte Putin eine russische Direktverwaltung der Republik eingesetzt. Diese hat sich nicht durchsetzen können. Kadyrow konnte die Hoffnung nicht erfüllen, die Kämpfe zu beenden; sein Angebot, mit Maschadow darüber zu verhandeln, wurde von Moskau brüsk abgeblockt. Auch der massenhafte Seitenwechsel tschetschenischer Kommandanten hat sich nicht eingestellt, von den erwähnten Ausnahmen abgesehen ist kein wirklich einflussreicher Widerstandsführer auch nur bereit gewesen, die Waffen niederzulegen. Die Effektivität und das Ansehen Kadyrows wurde durch die Unterstützung, die eine Moskauer Fraktion dem Rivalen Gantamirow zukommen ließ, wirksam geschmälert. Dass unter diesen Umständen der versprochene Wiederaufbau der Infrastruktur nicht einmal begonnen hat, kann freilich Kadyrow nicht angekreidet werden. Eine klare Linie der Putinschen Politik gegenüber Tschetschenien ist zudem nicht zu erkennen; es sei denn die aus Indizien und dem Verlauf der Kämpfe abzuleitende Schlussfolgerung, das gesamte tschetschenische Volk solle entweder durch die Vernichtung seiner Lebensgrundlagen vertrieben oder direkt vernichtet werden. Der Beweis für einen *systematischen und planvoll durchgeführten Genozid* ist nicht zu führen; die praktischen Auswirkungen der Militärstrategie erreichen aber dasselbe Ergebnis wie eine planvolle Aktion.

Eine vollständige Übergabe der politischen Verantwortung – und der Machtstrukturen – an irgendeine von Moskau eingesetzte tschetschenische Führung hatte der Kreml im Sommer 2000 ohnehin ausgeschlossen, wenigstens für absehbare Zeit. Militär und politische Führung schienen sich nur in dem Grundsatz einig zu sein, dass das, was an Macht übertragen wird, einer einzelnen Person zufallen soll. Faktisch behielten die Militärs ohnehin das letzte Wort, solange sie die Versorgung der Republik völlig kontrollieren; und sowohl der im April neu ernannte Oberkommandierende General Gennadi Troschew als auch der höchste Zivilrepräsentant Moskaus, Nikolaj Koschman, schlossen ebenso wie der Generalgouverneur der Südregion, Kasanzew, und Präsident Putin selbst Friedensverhandlungen mit Präsident Aslan Maschadow aus oder knüpften sie an Bedingungen, die letzterer nicht eingehen konnte. Kontakte zu Maschadow hat Putin aber wenigstens in der ersten Jahreshälfte 2000 unterhalten. Zwischen den möglichen tschetschenischen Kollaborateuren bestehen zudem scharfe Rivalitäten, die durch sie jeweils unterstützende russische Politiker noch verschärft werden. Ex-Mufti Kadyrow hat die Unterstützung eines Teils der Militärs; aber seine Hausmacht (die Stadt und Region Gudermes und dort die Brüder Jamadajew, zwei *Warlords* mit eigenen Milizen) reicht in keinem Fall für den Ausbau einer Machtbasis. Beslan Gantamirow – den Generalstabschef Anatoli Kwaschnin höchstpersönlich zum Oberstleutnant befördert hat – kann sich auf seine eigenen Milizen in Urus-Martan und neben Kwaschnin auch auf Troschew verlassen, ist aber ebenfalls nicht mehrheitsfähig. Beide, die als Vertreter Russlands im Laufe des Jahres 2000 einen Teil der Macht zugesprochen erhielten, polarisieren; dabei kann Kadyrow wenigstens noch auf jenen Teil der Bevölkerung im kontrollierten Gebiet rechnen, welcher die innertschetschenische Machtverschiebung in Richtung auf die radikalen Kräfte („Wahhabiten“) ablehnt.

Die russische Politik verschafft dem Widerstand daher immer neuen Zulauf. Die Angst vor Einlieferung in „Filtrationslager“, wiederholte Erfahrungen mit brutalen Übergriffen russischer Soldaten (wobei zwischen Kontraktsoldaten, Dienstverpflichteten, Truppen des Verteidigungs- oder des Innenministeriums nicht mehr unterschieden wird), die „Durchleuchtung“ der gesamten Bevölkerung in den russisch kontrollierten Gebieten und die „Säuberungsaktionen“ wirken sämtlich in diesem Sinne. Andererseits haben sie sich als unwirksam erwiesen: Sie haben weder die freie Bewegung der *bojewiki* im gesamten tschetschenischen Territorium unterbunden noch die auch nur partielle Entwaffnung der Tschetschenen erreicht.

Nach dem Frühsommer 2000 führten die Freischaren zwar nur wenige größere Aktionen durch, doch Hinterhalte und Attacken kleiner Gruppen haben bis Anfang 2001 wöchentlich zwischen sieben und zehn russische Soldaten das Leben gekostet. Diese Art Kleinkrieg, erklärte Maschadow[81], könnten die *bojewiki* noch monatelang durchhalten, „notfalls zehn Jahre“.

Die Mehrheit der Bevölkerung befürwortet eher ein hohes Maß an Autonomie innerhalb der Russischen Föderation als die volle Unabhängigkeit (was ebenso für die nach Russland Ausgewanderten zu gelten scheint), doch ist dies in der Hauptsache auf die Schwäche der bisherigen tschetschenischen Regierungen zurückzuführen. Da eine solche Autonomielösung die Anwesenheit größerer Kontingente von Truppen des Innenministeriums (MWD) in der Republik bedingen würde, ist ein weiteres Umschwenken der Mehrheit auf eine völlige Unabhängigkeit nicht ausgeschlossen. Die russische Regierung, und vor allem Präsident Putin, hat bisher aber alle Verhandlungen abgelehnt, nacheinander verschiedene Russland vertretende oder eine eingeschränkte Autonomie befürwortende Administratoren eingesetzt und durch eine Reihe von Maßnahmen die Zentralisierung der politischen Macht in Russland verstärkt. Die Autonomierechte verschiedener Föderationssubjekte wurden seit der Wahl Putins zum Präsidenten eingeschränkt; eine Ausweitung der Selbstbestimmungsrechte in Tschetschenien ist daher gar nicht realistisch. Das dürfte zu weiterer Polarisierung unabhängig vom Verlauf des Krieges beitragen.

Das Aufkommen radikal-islamistischer Bewegungen („Wahhabiten") ist ein neues Phänomen in Tschetschenien. Es ist nicht nur religiös; es ist auch eine Reaktion auf das vielfältige Versagen der Regierungen, auf Korruption und Perspektivlosigkeit, für die der bewaffnete Aktivismus eine Alternative zu bieten scheint. Ein – absehbares – Versagen der radikalen Kommandanten und der Abzug nicht-tschetschenischer Kämpfer werden aber auf längere Sicht dazu beitragen, dass die gegenwärtigen Anhänger „wahhabitischer" Parolen, die nicht überzeugte Gläubige sind, von den Predigern ebenso enttäuscht werden wie von den bisherigen weltlichen und geistlichen Führungen. Daher kann auf längere Sicht eher ein Erstarken der traditionellen Sufi-Organisationen, insbesondere der Nakschbandije, erwartet werden, die stärker als die ideologischen Konkurrenten in der Bevölkerung verankert sind und unter weniger kriegerischen Verhältnissen soziale Dienste leisten können, zu denen jene weder bereit noch im allgemeinen fähig sind. Der offizielle Islam wird sich dieser Entwicklung wahrscheinlich annähern; die an Russland gebundenen geistlichen Funktionäre werden nicht in ihrer religiösen, sondern in ihrer politischen Funktion wahrgenommen und abgelehnt.

Was hat Russland also erreicht nach zwei Kriegen? Die Lebensgrundlagen des tschetschenischen Volkes sind auf lange Zeit zerstört. Selbst wenn die Erschöpfung der Bevölkerung und die Vernichtung der bewaffneten Gruppen einen nachhaltigen Widerstand in den nächsten Jahren nicht mehr aufkommen lassen sollten – Vertrauen genießt die russische Politik auf absehbare Zeit unter den noch überlebenden Tschetschenen keinesfalls. Die anderen nordkaukasischen Völker mögen durch das Schicksal der Tschetschenen abgeschreckt sein, aber zu Freunden kann die russische Politik (wenn man das, was dort geschehen ist, denn mit diesem Wort belegen will) nur eine Minderheit von Kriegsgewinnlern gemacht haben. Der Umfang der Maßnahmen, die noch einmal Vertrauen bilden könnten, ist nicht zu ermessen. Es deutet mehr darauf hin, dass Moskaus Mächtige die Grenze auf dem Kamm des Kaukasus wohl militärisch unter Kontrolle gebracht haben mögen; aber eine auf gegenseitiger Achtung beruhende Ordnung, die erst Sicherheit bedeuten würde, haben sie nicht erreicht.

Was ein solcher Vernichtungskrieg bewirkt, hat vor zwei Jahrhunderten ein bedeutender deutscher Philosoph formuliert, Immanuel Kant, der Zeit seines Lebens in Königsberg geblieben ist – jenem Königsberg, das heute unter dem Namen Kaliningrad zu Russland gehört und dessen Umtaufe in „Kantgrad" gelegentlich diskutiert worden ist. Kant wird in Russland hoch geachtet. Gelesen wird er offenbar nicht von denjenigen, die von ihm lernen könnten: den Verantwortlichen für Krieg und Frieden.

Immanuel Kant schrieb 1795: „Es soll sich kein Staat im Kriege mit einem andern solche Feindseligkeiten erlauben, welche das wechselseitige Zutrauen im künftigen Frieden unmöglich machen müssen: als da sind, Anstellung der *Meuchelmörder* (percussores), *Giftmischer* (venefici), *Brechung der Capitulationen, Anstiftung des Verraths* (perduellio) in dem bekriegten Staat etc.“[82]

Das ist der sechste Präliminarartikel der Schrift *Zum ewigen Frieden.* Kant fährt fort: „Das sind ehrlose Stratagemen. Denn irgend ein Vertrauen auf die Denkungsart des Feindes muß mitten im Kriege noch übrig bleiben, weil sonst auch kein Friede abgeschlossen werden könnte, und die Feindseligkeit in einen Ausrottungskrieg (bellum internecinum) ausschlagen würde; ...wo keiner von beyden Theilen für den ungerechten Feind erklärt werden kann (weil das schon einen Richterausspruch voraussetzt), sondern der *Ausschlag* desselben entscheidet, auf wessen Seite das Recht ist... Woraus denn folgt: daß ein Ausrottungskrieg, wo die Vertilgung beyde Theile zugleich, und mit dieser auch alles Rechts treffen kann, den ewigen Frieden nur auf dem großen Kirchhofe der Menschengattung statt finden lassen würde.“

Anmerkungen

1. Khalilov a.a.O.

2 . *FR* 9. u. 12.8. 1999.

3. *FR* 9.9. 1999.

4. *Itar-Tass, Ria* u. a. 29.7. 1997.

5. *NZZ* 9.9. 2000.

6. *NZZ* a.a.O.

7. Ebd.

8. *FR* 14.9. 1999.

9. Hassel: *Am Trauertag die Bombe Nummer drei,* in: *FR* 14.9. 1999.

10. Hassel in: *FR* 15.9. 1999.

11. *The Moscow Times,* 15.9. 2000.

12. *Allnews,* 8.8. 2000.

13. *Russia Today* 5.5. 2000.

14. Dieser Vorfall ist nur von wenigen unabhängigen russischen Medien umgehend aufgegriffen worden, so von der *Nowaja Gaseta;* ausländische Zeitungen berichteten ausführlicher darüber, so die *Los Angeles Times* im Januar 2000, was die *Moscow Times* am 18.1. in vollem Wortlaut wiedergab. Die *Moscow Times* kam am 18.9. 2000 in einem zusammenfassenden Bericht nochmals darauf zurück.

15. *The Washington Times,* 29.10. 1999, unter Berufung auf russische Experten.

16. *Russia Today* 9.9. 2000.

17. Vgl. http://users.evitech.fi/-giorgig/Sttm_r.html (russisches Original und englische Übersetzung).

18. *Chechnya: The White Book…*

19. *taz* 10.2. 1995.

20. Vgl. *Russia Today* 5.5. 2000.

21. Vgl. Stanislav Lunev: *The Special Units Operating in Chechnya,* http://www.ichkeria.org/a/2000/7/peo1807-en151928.html. Lunev war Oberst im sowjetischen militärischen Spionage(abwehr)dienst GRU.

22. Gespräch mit dem Historiker und Kriegsgegner Wadim Damier, vgl. *FR* 30.3. 2000.

23. Vgl. *IWPR* 19.9. 2000.

24. Vgl. *Los Angeles Times* 17.9. 2000.

25. Pawel Felgenhauer: *Chechnya: A Vicious Circle,* in: *Moscow Times* 21.9. 2000.

26 Florian Hassel: *Lieber wollen sie Hunde und Katzen essen. Die sonst ihren Eigeninteressen verpflichteten Kommandeure Tschetscheniens bomben Russland an einen Tisch,* in: *FR* 4.10. 1999.

27. Vgl. *afp*-Bericht vom 10.4. 2000; Auszüge unter http://www.muslimmag.org/webversion/caucasus/maskhadov_blame.htm.

28. *Gazeta.ru,* 4.9. 2000.

29. Florian Hassel, *Mit der Scharia gegen die Väter,* in: *FR* 12.10. 2000.

30. Ebd.

31. *dpa* 19.5. 2000; *Moscow Times* 23.5. 2000.

32. *Allnews.ru,* 31.8. 2000; *Gazeta.ru* 4.9. 2000.

33. Vgl. Pawel Felgenhauer: *Terrorists didn't start the war,* in: *St. Petersburg Times* 21.1. 2000.

34. *FR* 5.8. 1999.

35. Der *Itogi*-Bericht ist zitiert in *NZZ* 9.9. 1999, aus der auch der nachfolgend zitierte Kommentar stammt.

36. *Christian Science Monitor* 2.12. 1999.

37. Blagov: *Oil dollars...*

38. Tomas Avenarius in: *Süddeutsche Zeitung* 27.12. 1999.

39. Wortlaut u.a. in *New York Times,* 7.12. 1999.

40. Zusammenfassender Bericht vgl. *Russia's Grozny Deal, IWPR* 4.2. 2000.

41. *NZZ* 12./13.2. 2000.

42. Sarah Karush: *Witness to Aldi Massacre Tells Story of Terror,* in: *Moscow Times* 11.7. 2000. Dies war der erste in einem russischen Medium erscheinende Bericht über das Massaker. Vorher hatten mehrere westeuropäische Korrespondenten darüber ausführlich berichtet.

43. *The Observer,* 5.3. 2000.

44. Vgl. Paul Goble: *Analysis from Washington – Chechenization,* RFE/RL 8.6. 2000.

45. *The Moscow Times,* 6.7. 2000.

46. Amnesty International, International Secretariat, EUR 46/20/2000 (24.3. 2000).

47. *Memorandum on Accountability for Humanitarian Law Violations in Chechnya,* http:// www.hrw.org/press/russia0905-memo.htm.

48. *FR* 21.10. 1999, 24. und 26.11. 1999, 3.12. 1999.

49. *FR* 21.12. 1999.

50. *Nowaja gaseta,* 18.6. 2000; *Allnews,* 19.6. 2000.

51. http://www.qoqaz.de/russiancrimes.htm.

52. *Los Angeles Times,* 17.9. 2000.

53. *Chechnya: A Vicious Circle,* in *Moscow Times* 21.9. 2000.

54. *FR* 10.10. 2000 und folgende Ausgaben.

55. *SZ* 10.10. 2000 und folgende Ausgaben.

56. *FR* 10.10. 2000.

57. Microsoft Encarta Enzyklopädie 2000.

58. Daniel Williams: *Russian Troops Face ‚Chechnya Syndrome',* in: *Washington Post* 6.8. 2000.

59. http://www.auswaertiges-amt.de/5_laende/rus/position.htm.

60. *NZZ* 14.4. 2000.

61. *RFE/RL* 16.3. 2000.

62. Ebd.

63. Ausführliche Informationen sind über die Homepage des Senders (http://www.rferl.org) zu erhalten. Ausführlich Viktor Kriwulin: Schießen Sie auf *den Journalisten,* in: *FAZ* 28.2. 2000. Ein Interview mit Babitsky im Fernsehsender NTW vgl. *Russia Today,* 2.3. 2000, http://www.russiatoday.com/features.php3?id=139760.

64. *IWPR* 23.6. 2000.

65. Vgl. Batuev, Erik: *Refugees Face Bleak Winter,* in: *IWPR* 49, Sept.2000.

66. *afp* 27.9. 2000.

67. *The Moscow Times* 22.8. 2000.

68. *The Moscow Times* 17.8. 2000.

69. *The Moscow Times* 26.8. 2000.

70. Als solcher wurde Gantamirow nie offiziell ernannt, von Moskau aber faktisch als „Gegengewicht gegen Kadyrow" aufgebaut, vgl. *gazeta.ru* 11.9. 2000: http://www.gazeta.ru/beslan_gantamirov.shtml.

71. *RFL/RL Caucasus Report,* 15.9. 2000.

72. Erik Batujew in *IWPR* 15.9. 2000.

73. *Gazeta.ru* 29.8. 2000.

74. Vgl. *afp* 21.9. 2000; *FR* 21.9. 2000.

75. *Lenta.ru* 14.9. 2000.

76. Kristine Petrosian: *Russian officials tackle aid thefts in Chechnya,* in: *The Moscow Journal,* 28.8. 2000.

77. Pawel Felgenhauer, *Chechnya: A Vicious Circle,* in: *The Moscow Times* 21.9. 2000.

78. Pawel Felgenhauer a.a.O.

79. Vgl. *Russian Move May Spark Urban Battle,* Stratfor-Analyse 28.9. 2000.

80. *Allnews* 27.6. 2000; *afp* 27.6. 2000.

81. *Kommersant Daily* 29.10. 2000.

82. Immanuel Kant, *Zum ewigen Frieden. Ein philosophischer Entwurf,* Königsberg 1795, Reprint (Faksimilie) Stuttgart 1987, S. 12.

7. Biographien

Wacha ARSANOW

Wacha Arsanow, vor dem ersten Krieg Polizeioffizier in der Verkehrspolizei von Grosny, wurde von Aslan Maschadow 1997 ins Amt des Vizepräsidenten geholt. Er ist einer der radikalsten Politiker – er forderte einmal die öffentliche Erschießung aller an Kriegsverbrechen beteiligten Russen –, gilt allgemein als zwielichtige Figur und soll an verschiedenen Fällen von Menschenraub und Geiselnahme beteiligt gewesen sein. Seine Heimat ist Goragorsk.

Aslambek ASLACHANOW

Aslambek Aslachanow hat den größten Teil seiner Karriere im Innenministerium der Sowjetunion bzw. Russlands verbracht. Er war bis 1991 Berufssoldat im Innenministerium und Vorsitzender des Innenausschusses des Obersten Sowjets. Er war Armeegeneral. 1988 handelte er die Freigabe von 40 Geiseln auf dem Flugplatz von Mineralnyje Wody aus. Aus dem aktiven Dienst schied er 1990 aus und hielt sich danach meist in Russland auf. Er unternahm nach der Radikalisierung der tschetschenischen Unabhängigkeitsbewegung im September 1991 im Auftrag des Kremls einen Vermittlungsversuch; er konnte wenigstens Sawgajew und die noch immer von der Moskauer Regierung anerkannten Behörden davon abhalten, mit Gewalt gegen die Nationalgarde und Dudajew vorzugehen. Er wurde 1990 in den Obersten Sowjet gewählt, war dann Chef eines privaten Sicherheitsdienstes und unterstützte 1994 den Provisorischen Rat gegen Dudajew, ohne aktiv an Kämpfen gegen ihn teilzunehmen. Am 20. August 2000 wurde er im russisch beherrschten Teil Tschetscheniens zum Abgeordneten der Volksduma in Moskau gewählt. Er trat im Wahlkampf mit der Forderung nach einer Verhandlungslösung auf, unter Einschluss Maschadows. Bei seiner Kandidatur für die Volksduma unterstützte ihn Kadyrow; die Moskauer Regierung hätte den Kandidaten Letschi Magomadow vorgezogen. Aslachanow prangerte einige Monate nach seiner Wahl vor der Duma die Übergriffe russischer Truppen gegen Zivilpersonen in Tschetschenien an.

Schamil BASSAJEW

Schamil Bassajew ist 1965 in Wedeno geboren, studierte seit 1987 in Moskau ein agrarwissenschaftliches Fach und nahm während des Augustputsches von 1991 auf der Seite der Demokraten und Jelzins in Moskau an der Verteidigung des Weißen Hauses, des Sitzes der russischen Regierung, teil. Ende 1991

Schamil Bassajew

verließ er die russische Hauptstadt und schloss sich in Tschetschenien den Truppen der Konföderation der Kaukasischen Völker an. Dort rückte er 1992 zum Kommandeur einer Einheit auf und beteiligte sich seit August desselben Jahres an Kriegshandlungen in Abchasien, jener zu Georgien gehörenden Autonomen Republik, die mit Unterstützung von Freischärlern und zeitweise auch russischen Truppen um ihre Loslösung von Georgien kämpfte. Von April bis Juli 1994 hielt er sich in einem Ausbildungslager in Afghanistan auf, und zwar in der Provinz Khost, einem früheren Zentrum des antisowjetischen Widerstands. Dort nahm er Kontakte zu zahlreichen Kämpfern und Freischärlern aus islamischen Ländern auf und schloss sich wohl auch schon mit den radikal-islamistischen Feldkommandanten zusammen; auch Verbindungen zu den Taliban, der 1994 aufgekommenen radikalen Bewegung der islamistischen „Koranschüler", die seit 1996 Afghanistan fast ganz beherrscht, könnte er bei diesem Aufenthalt schon angeknüpft haben, wahrscheinlicher ist aber ein damaliger Kontakt mit den antisowjetischen Mudjaheddin etwa um Gulbuddin Hekmatyar. Noch im Sommer 1994 kämpfte er mit einer von ihm selbst rekrutierten Einheit auf der Seite Dudajews; Teilnehmer an den Kämpfen gegen die georgische Regierung in Abchasien stellten einen erheblichen Teil seiner etwa 500 Mann starken Truppe. Diese entzog sich bald dem Kommando Dudajews und seines Militärführers Aslan Maschadow. Am 14. Juni 1995 stürmte sie das Stadtkrankenhaus von Budjonnowsk und nahm über tausend Geiseln, um (nach eigener Aussage) „die Aufmerksamkeit der Welt auf Tschetschenien zu lenken". Nach vergeblichen Versuchen, das Hospital zu stürmen, ging die russische Regierung auf die Forderungen der Geiselnehmer ein und sicherte freien Abzug, ein sofortiges Ende der Militäraktionen, den Beginn von Friedensgesprächen und weitere Verhandlungen über die Zukunft Tschetscheniens zu. Der vereinbarte Waffenstillstand hielt indes nicht lange.

Schamil Bassajew wurde im April 1996 von Maschadow zum obersten Kommandierenden der Streitkräfte der Tschetschenischen Republik ernannt. Diesen Posten gab er im Dezember desselben Jahres auf und bewarb sich um die Präsidentschaft. Bei der Wahl am 27. Januar 1997 erreichte er mit 23,5% den zweiten Platz. Seitdem nahmen die Differenzen mit Maschadow zu; dieser suchte durch ein langsames Eingehen auf das Bestreben Bassajews die Spannungen zu vermindern und ernannte Bassajew im Januar 1998 zum Regierungschef. Das Bündnis ging bald abermals in die Brüche. Seitdem setzt Bassajew immer stärker Legitimationsstrategien ein, die sich auf den Wahhabismus berufen. Ob er selbst Wahhabi ist, ist dabei durchaus nicht wichtig.

Nach dem Beginn des zweiten Tschetschenien-Krieges kämpfte Bassajews Freischar vor allem in der tschetschenischen Hauptstadt Grosny. Er vertrat jetzt radikal-nationalistische Ziele, lehnte jegliche Verhandlung mit Russland ohne sofortigen Abzug der russischen Armee ab und geriet unter immer stärkeren Einfluss Chattabs. Beim Rückzug Ende Januar 2000 trat Bassajew auf eine Mine und verlor ein Bein. Darauf spielte er in einem Schmähbrief an, in dem er Ende August 2000 Wladimir Putin zum Duell forderte. Einer seiner Brüder war schon 1995 bei den Kämpfen in seiner Heimatstadt Wedeno gefallen. Sein ältester Bruder, Schirwani Bassajew, war einer der Feldkommandanten in Bamut, der verbunkerten Position in der zentraltschetschenischen Ebene, die nach dem Fall von Grosny im ersten Krieg der russischen Armee am längsten standhielt. Für die Regierung Russlands ist Bassajew Staatsfeind Nr. 1.

Salambek CHADSCHIJEW

Der Professor für Chemie und frühere Erdölminister der Sowjetunion (bis 1991) trat im November 1989 auf dem ersten Tschetschenischen Volkskongress als Sprecher einer „traditionalistischen", gemäßigten Richtung auf. Im

November 1994 ernannte die Moskauer Regierung ihn zum Ministerpräsidenten einer tschetschenischen Gegenregierung der „nationalen Wiedergeburt“, die sich im Oktober 1995 wieder auflöste. Chadschijew kehrte in den Regierungsapparat der Russischen Föderation zurück.

Ruslan CHASBULATOW

Ruslan Chasbulatow (Jahrgang 1944) ist wie die meisten Angehörigen seiner Generation in der Verbannung aufgewachsen, und zwar in Poludino in Nordkasachstan. Mit elf Jahren kehrte er nach Grosny zurück, konnte dort eine höhere Schulbildung erwerben und später studieren. An der Moskauer Staatsuniversität promovierte er 1965 und wurde Professor für Wirtschaftswissenschaften am Plechanow-Institut und am Moskauer Institut für Nationalökonomie.

In die Politik kam Chasbulatow im Kontext des Aufbruchs der ersten Gorbatschow-Jahre. Er wurde 1991 Vorsitzender des Obersten Sowjets der Russischen Föderation. Er widersprach entschieden einer raschen Einführung der Marktwirtschaft, wie sie Ministerpräsident Jegor Gaidar (1992 mit seiner „Schocktherapie“) vertrat, und legte einen alternativen Wirtschaftsplan vor. Darin schlug er eine stärkere wirtschaftliche Rolle des Staates und kräftige soziale Schutzmaßnahmen für die Beschäftigten vor, darunter Preiskontrollen, die Stützung von in Schwierigkeiten gekommenen Unternehmen (hauptsächlich als Kündigungsschutz), genaue Aufsicht über die Banken und ein weit reichendes System der sozialen Sicherung. Eine Mehrheit fand er dafür nicht.

Auf dem Hintergrund der wirtschaftlichen Talfahrt von 1992 geriet Chasbulatow als Parlamentspräsident in einen eskalierenden Konflikt mit Staatspräsident Jelzin. Dieser regierte in immer höherem Maße mit präsidialen Notstandsvollmachten. Der Sturz des Ministerpräsidenten Gaidar – der von Jelzin unterstützt wurde – durch den Kongreß der Volksdeputierten und die Bestallung von Viktor Tschernomyrdin zum neuen Ministerpräsidenten (1992) ist in hohem Maße dem Einfluss Chasbulatows zuzurechnen. Einige der an Jelzin übertragenen Vollmachten zog der Kongress der Volksdeputierten – im Bund mit dem Verfassungsrichter Walerij Sorkin – im gleichen Jahr ein.

Dem Referendum über die Rolle des Präsidenten, das Jelzin 1993 durchführen ließ, widersetzte sich Chasbulatow. Er hielt es für ebenso verfassungswidrig wie Jelzins Idee, eine verfassunggebende Versammlung einzuberufen.

Der Konflikt wurde im September 1993 gewaltsam gelöst. Jelzin löste den Volksdeputiertenkongress und den Obersten Sowjet auf, abweichend von den Verfassungsvorschriften. Chasbulatow, Vizepräsident Alexander Rutzkoi und etwa hundert Delegierte besetzten daraufhin das „Weiße Haus“ und riefen eine Gegenregierung aus. Einige hundert ihrer Anhänger versuchten das Fernsehzentrum Ostankino und die Moskauer Stadtverwaltung zu stürmen. Jelzin ließ daraufhin das Weiße Haus beschießen. Am 4. Oktober 1994 wurde Chasbulatow festgenommen und angeklagt, Massenunruhen angestiftet zu haben. Die Ende 1993 neu gewählte Staatsduma beschloss bereits im Februar 1994, Chasbulatow und die anderen Anführer zu amnestieren. Gegen Jelzins Widerstand kam Chasbulatow aus der Untersuchungshaft frei. In Tschetschenien bemühte er sich danach mehrfach erfolglos um die Rückkehr in die Politik. Größeren Einfluss konnten er und die mit ihm verbündeten Clans jedoch nicht gewinnen.

Ibn-ul-CHATTAB

Russischen Zeitungsberichten zufolge ist Chattab jordanischer Herkunft. Er ist diesen Angaben zufolge 1966 geboren und heißt eigentlich Habib Abderrachman. Er hat bis etwa 1985 in den USA studiert, hat sich dann dem afghanischen Widerstand gegen die sowjetische Invasion angeschlossen und von 1992 bis 1995 in Tadschikistan auf der Seite der islamistischen Opposition gegen die Regierung von Duschanbe gekämpft. Nach US-Quellen hat er auch in verschiedenen arabischen Staaten gekämpft und an Aktionen gegen israelische und französische Ziele (unter anderem in Libanon) teilgenommen. 1995 soll er erstmals nach Tschetschenien gekommen sein. Dort baute er Ausbildungscamps für den Partisanenkrieg auf und kam mit Bassajew in engeren Kontakt, nachdem er mehrere russische Einheiten in Hinterhalte gelockt und aufgerieben hatte. Bassajew machte ihn zum Kommandanten der „Islamischen Armee von Dagestan", die mit 2.000 Mann am 7. August 1999 in die an Tschetschenien grenzende Republik eindrang und dort eine islamische Republik ausrief. Nach drei Wochen zog sich diese Truppe nach Tschetschenien zurück; sie wurde zu einem wichtigen Instrument im internen Machtkampf zwischen Bassajew, der mit Chattab verbunden blieb, und Maschadow und zugleich eine der stärksten militärischen Kräfte auf tschetschenischer Seite. Chattab gilt als „Fundamentalist", vertritt – wie aus der von ihm unterhaltenen Webseite zweifelsfrei hervorgeht – einen radikalen Islam, der vom Wahhabismus kaum unterscheidbar ist. Unter seinem Einfluss hat sich auch Bassajew für diese radikale Variante entschieden. Unbestätigt sind Berichte, wonach in Chattabs Ausbildungscamp (angeblich bei Serschen-Jurt) außer Tschetschenen und Dagestanern auch Algerier und Franzosen gedrillt wurden. Er ist mit einer Dagestanerin verheiratet. Seine russischen Sprachkenntnisse sind begrenzt.

Ungefähr ein Jahr nach dem Beginn des zweiten Tschetschenienkrieges ließ Chattab das Gerücht verbreiten, er habe seine Mission erfüllt und gehe nach Tadschikistan zurück. Die tadschikische Regierung versprach Russland seine Auslieferung, falls man seiner habhaft werde.

[Die von ihm selbst und Bassajew unterhaltene Webseite gibt eine andere Version seiner Biographie wieder. Danach ist Chattab – dessen echter Name nicht enthüllt wird – 1970 in einem Mitgliedsstaat des Golf-Kooperationsrates am Arabisch-Persischen Golf geboren. Zu diesen Staaten gehören Bahrain, Katar, Kuwait, Oman, Saudi-Arabien und die Vereinigte Arabische Emirate, also nicht Jordanien. Er habe 1987 einen Studienplatz in den USA bekommen, auf dem Höhepunkt des Afghanistankrieges aber unter dem Einfluss von Scheich Adullah Azzam, Scheich Tamim Adnani (beide sind inzwischen verstorben) und Osama Bin Laden am Heiligen Krieg gegen die Sowjetunion teilgenommen. 1993 hat er sich nach diesen Angaben für zwei Jahre dem islamischen Flügel im tadschikischen Bürgerkrieg angeschlossen, um im Frühjahr 1995 nach Tschetschenien zu gehen. Einige wenige seiner Mitkämpfer aus Afghanistan seien mit ihm gekommen, um die Tschetschenen im Guerrillakrieg auszubilden. Sein Ziel sei, gegen Russland zu kämpfen, bis es jedes Stück islamischen Landes im Kaukasus und in Zentralasien aufgegeben habe. Er bezeichnete in einem am 20. November 1999 verbreiteten Interview Osama Bin Laden als einen der „größten Wissenschaftler des Heiligen Kriegs".]

Dschochar DUDAJEW

Dschochar Dudajew, der erste Präsident Tschetscheniens, ist wie viele andere Politiker des Nordkaukasus in der Verbannung aufgewachsen. Er ist im Februar 1944 in Perwomajskoje geboren, wenige Wochen bevor seine Familie nach Kasachstan vertrieben wurde. Bis 1957 lebte er in Kasachstan. Nach der Rückkehr in den Kaukasus qualifizierte er sich zunächst an einer Abendschule als Elektriker, trat dann in eine Fliegerschule ein und absolvierte 1966, als Zweiundzwanzigjähriger, die Höhere Luftwaffenpilotenschule in der sowjetischen Provinzstadt Tambow. Zwei Jahre darauf trat er in die Kommunistische Partei ein und diente in Bombereinheiten in Sibirien und später in der Ukraine. Von 1971 bis 1974 studierte er an der Luftfahrtakademie Juri Gagarin und machte eine militärische Karriere, die ihm 1987 den Rang eines Generalmajors brachte – den höchsten Rang, den bis dahin ein Tschetschene in der russischen und der sowjetischen Armee erreicht hatte.

Im selben Jahr wurde Dudajew Kommandeur der strategischen Luftwaffenbasis in Tartu (Dorpat). Dort war er seit 1988 mit den Bestrebungen der Volksfront konfrontiert, vor allem nachdem er 1989 Garnisonskommandeur geworden war. Dudajew weigerte sich im Laufe der Jahre 1989 und 1990 mehrmals, ihm unterstellte Truppen gegen die estnischen Volksbewegungen einzusetzen, und quittierte im Mai 1991 den Militärdienst.

Dudajew war bereits vorher nach Tschetschenien zurückgekehrt. Er engagierte sich dort sofort für die Unabhängigkeitsbestrebungen seiner Heimat. Im November 1990 wurde er zum Vorsitzenden des Exekutivkomitees einer

Dschochar Dudajew

nicht offiziellen Organisation gewählt, des „Allnationalen Kongresses des tschetschenischen Volkes". Er verfolgte zunächst nicht das Ziel, die Unabhängigkeit Tschetscheniens durchzusetzen, sondern strebte den Status einer Unionsrepublik innerhalb der Sowjetunion an, wie ihn die drei südkaukasischen Republiken bereits hatten. Journalisten schilderten ihn zu dieser Zeit als charismatisch, intelligent, energisch, autoritär, kleinwüchsig, launisch, hitzköpfig, machtbewusst und ausschließlich auf die Unabhängigkeit Tschetscheniens fixiert.1

Während des Moskauer Staatsstreichversuchs vom August 1991, als der sowjetische Präsident Michail Gorbatschow zeitweise auf der Krim von Geheimdiensteinheiten isoliert war, hatte sich die tschetschenisch-inguschische Parteiführung unter Doku Sawgajew für die Moskauer Putschisten erklärt, auch in der Spekulation, sich so der Souveränitätsbewegung entledigen zu können. Sie wurde nach dem Zusammenbruch des Putsches durch Dudajews Organisation gestürzt. Dudajew suchte anfangs noch, sich an dem von Gorbatschow verfochtenen Plan eines „neuen Unionsvertrags" zu beteiligen, radikalisierte seinen Standpunkt aber rasch. Bald nach dem Sturz der kommu-

1 So Edward Kline, der Präsident der Andrej-Sacharow-Stiftung, in *ASF Chechnya Brief*, http://www.wdn.com/asf.

nistischen Regierung in Grosny ließ er sich am 27. Oktober 1991 zum ersten Präsidenten der „Tschetschenischen Republik" wählen und verkündete bald darauf den Austritt aus der Russländischen Föderation. Dies wurde von Moskau nicht anerkannt, doch zögerte Russlands – noch um die Festigung ihrer Macht bemühte – Regierung unter Präsident Boris Jelzin, mit Waffengewalt gegen die Unabhängigkeitsbewegung vorzugehen. Auf die einseitig erklärte Unabhängigkeit reagierte Jelzin lediglich, indem er kurzzeitig Truppen in Tschetschenien stationierte, den Ausnahmezustand und eine Wirtschaftsblockade verhängte.

Die zunehmend militanter und aggressiver antirussisch ausgerichtete Politik Dudajews, der definitiv ein Anhänger des Präsidialsystems – also der nach sowjetischen und militärischen Vorbildern zentralisierten Macht – war, kaum über Erfahrungen in der zivilen Verwaltung verfügte und nur sehr unzureichende ökonomische Kenntnisse hatte, trug zum Zusammenbruch der tschetschenischen Wirtschaft bei. Die ökonomischen Beziehungen zu Russland rissen jedoch auch wegen der russischen Blockadepolitik völlig ab. Zugleich musste sich Dudajew mit einer innertschetschenischen Opposition auseinander setzen, die von Russland unterstützt wurde. Anfang 1993 versuchte das Parlament in Grosny, Dudajew durch ein Referendum zu stürzen. Der Misstrauensantrag wurde mit dem Versagen begründet, der Präsident habe die Unabhängigkeit Tschetscheniens nicht gefestigt. Dudajew löste daraufhin das Parlament auf und führte ein auf die Nationalgarde gestütztes Präsidialregime ein.

Seit dem Frühsommer 1994 versuchte die innertschetschenische Opposition mit russischer Finanz- und Militärhilfe Dudajew zu stürzen, bis Präsident Boris Jelzin Ende November sowohl Dudajews Anhänger als auch seine Gegner ultimativ zur Niederlegung der Waffen aufforderte. Im Dezember 1994 marschierten dann russische Truppen in Tschetschenien ein. In diesem Krieg wurde die Hauptstadt Grosny völlig zerstört. Seit er im Februar 1995 des Hochverrats angeklagt wurde, lebte Dudajew im Untergrund. Er kam am 21. April 1996 bei einem russischen Raketenangriff ums Leben.

Dudajew gehörte zu den am meisten „sowjetisierten", von der Lebens- und Denkweise des Sowjetsystems geprägten, Tschetschenen. Er war mit einer Russin verheiratet und hatte drei Söhne. Dass er sich nach 1991 stärker auf islamische Begriffe und Praktiken bezog, ist wohl kaum auf eine Bekehrung zurückzuführen (noch nachdem er den Kampf gegen Russland als „Jihad" bezeichnet hatte, leistete er sich den Lapsus, von der Pflicht des Moslems zu vier täglichen Gebeten zu sprechen; auf die tatsächliche Zahl hingewiesen antwortete er: „Fünf ist ja noch besser"). Vielmehr suchte er den Islam als ideologisches Mittel einzusetzen, um die Massen zu gewinnen und seine eigene Macht zu bewahren.

Beslan GANTAMIROW

Der 1963 in Urus-Martan geborene Beslan Gantamirow (sein Name taucht auch in der Schreibweise Bislan Gantemirow auf) war in den ersten Jahren nach dem Zerfall der Sowjetunion Anhänger Dudajews, wechselte jedoch 1993 auf die Seite der moskautreuen Opposition und baute seine Machtbasis in Urus-Martan weiter aus. Dudajews Nationalgarde eroberte Mitte Oktober 1994 diese Stadt, musste sie aber nach konzentrierten russischen Panzerangriffen wieder aufgeben. Gantamirow, der sich gern in modisch-westlichem Outfit darstellt, wurde 1995 von den russischen Besatzungsorganen zum Bürgermeister von Grosny ernannt und schloss sich der moskautreuen Gegenregierung unter Doku Sawgajew 1996 als stellvertretender Regierungschef an. Seine „Partei des Islamischen Weges" ist eine reine Clan-Organisation. Nach eigenen Angaben kann sie bis zu 7.000 Kämpfer aufbieten, nach unabhängigen Angaben höchstens 2.500. Russische Hoffnungen enttäuschte sie im ersten Tschetschenienkrieg im Zusammenhang mit den Fehlschlägen bei Angriffen auf Grosny.

Wegen Unterschlagung mehrerer Milliarden Rubel (nach dem Kurs von Anfang 2000: fünf Millionen Dollar), die für den Wiederaufbau Tschetscheniens bestimmt waren, wurde er am 5. Mai 1996 in Moskau verhaftet und zu einer sechsjährigen Gefängnisstrafe verurteilt. Im November 1999 wurde er nach Verbüßung der halben Haftstrafe überraschend freigelassen und von der russischen Führung als Chef einer tschetschenischen Gegenbewegung eingesetzt. Auch diesmal sollte er nach dem Plan des Oberkommandos und auf eigenen Wunsch an der Eroberung Grosnys maßgebend beteiligt werden, jedoch erlitt seine Miliz schwere Verluste. Im April 2000 wurde Gantamirow zum Obersten der russischen Armee befördert und sollte als tschetschenischer Präsidentschaftskandidat aufgebaut werden. Er legte sich jedoch sofort mit dem offiziellen Repräsentanten Moskaus, Nikolaj Koschman, wegen dessen Entscheidung zur Verlegung der tschetschenischen Verwaltungszentrale nach Gudermes an.

Ruslan GELAJEW

Ruslan Gelajew wurde während des ersten Tschetschenienkrieges als einer der erfolgreichsten Militärführer unter Dudajew bekannt. Seine Hochburg ist die Umgebung von Komsomolskoje. Ende 1999 verfügte er in dieser Region Südwest-Tschetscheniens über eine Streitmacht von rund 500 Mann. Gelajew hielt sich von den radikalen islamistischen Tendenzen („Wahhabismus") in Tschetschenien fern, auch wegen einer clan-bedingten Rivalität mit Schamil Bassajew, dessen Clan aus derselben Region stammt. Gelajew ist einer der wenigen Feldkommandanten, die sich stets von terroristischen Handlungen distanziert haben, und wird in russischen Medien gelegentlich als „Ehrenmann“ und „echter Krieger“ bezeichnet, entsprechend dem literarischen Schema vom freiheitsliebenden Kaukasusbewohner.

Dschabrail und Sulim JAMADAJEW

Die Brüder Jamadajew sind die einflussreichsten Lokalpolitiker und Warlords in Gudermes, der zweitgrößten Stadt Tschetscheniens und Machtbasis Kadyrows. Die Brüder Jamadajew handelten, in Übereinstimmung mit Kadyrow, 1999 die kampflose Übergabe von Gudermes an die russischen Truppen aus. Der Ernennung Ex-Mufti Kadyrows zum Administrator des russisch kontrollierten Teils Tschetscheniens widersetzten sie sich im Juni 2000; sie wurden daraufhin (wahrscheinlich im Auftrag Kadyrows) verhaftet und aus der Politik ausgeschaltet.

Selimchan JANDARBIJEW

Der Schriftsteller Selimchan Jandarbijew (Jahrgang 1953) ist wie viele andere tschetschenische Politiker im zentralasiatischen Zwangsexil geboren, aber im Unterschied zu diesen kein Offizier. Nach der Rückkehr nach Nordkaukasien schloss er eine geisteswissenschaftliche Ausbildung ab und wurde Mitglied des sowjetischen Schriftstellerverbandes. Für die Unabhängigkeit Tschetscheniens begann er Ende der achtziger Jahre einzutreten. Jandarbijew war 1989 der erste Vorsitzende der Vainachischen Demokratischen Partei, die durch ihren Namen die Einheit von Tschetschenen und Inguschen zu dokumentieren suchte, und galt dann als „Chefideologe“ Dudajews. Er wurde dessen Vizepräsident und amtierte zugleich als Finanzchef des Widerstandes. Nach dem Tod Dudajews wurde Jandarbijew tschetschenischer Präsident. Am 27.5. 1996 unterzeichnete er einen Waffenstillstandsvertrag mit der Russischen Föderation, die ihn im November desselben Jahres als Übergangspräsidenten anerkannte. Bei der tschetschenischen Präsidentenwahl am 27.1. 1997 erhielt Jandarbijew, der über keine eigene Hausmacht verfügt, fast zehn Prozent der Stimmen und landete auf dem dritten Platz. Bei der Amtseinführung Maschadows verließ er demonstrativ die Sitzung. Jandarbijew hat sich im Verlauf der späten achtziger und der neunziger Jahre zu einem entschiedenen Anhänger der Islamisierung Tschetscheniens entwickelt und verlangt die Umstellung des Rechtswesens allein auf die Vorschriften der Scharia, will aber auch Elemente des Gewohnheitsrechtes übernehmen. Im August 1997 gründete er eine Kaukasische Befreiungsbewegung mit Vertretern aus anderen nordkaukasischen Republiken, Georgien und Aserbaidschan.

Sergej JASTRSCHEMBSKIJ

Sergej Jastrschembskij, unter Präsident Jelzin längere Zeit dessen Pressesprecher und danach in Diensten des Moskauer Oberbürgermeisters Jurij

Luschkow, wurde im März 2000 von Präsident Putin damit beauftragt, die Moskauer Sicht des Krieges in Tschetschenien darzustellen. Seine Aufgabe umriss er in zwei Punkten: einen einheitlichen Informationskanal herzustellen und die Zahl derjenigen, die sich zum Thema äußern, möglichst gering zu halten.

Achmad KADYROW

Er stilisiert seine öffentlichen Auftritte als ein islamischer Gelehrter und wird deswegen mit einem Ayatollah verglichen: Vollbart, traditionelle tschetschenische Fellmütze, gemessene Bewegungen. Nach seiner Ernennung zum Verwaltungschef Tschetscheniens gab Kadyrow das Mufti-Amt auf. Er wurde von zahlreichen Tschetschenen verdächtigt, ganz auf die Seite Moskaus übergewechselt zu sein, was angesichts der von ihm übernommenen Funktion nahe lag. Doch erwies er sich auch für die Zentrale als unberechenbar. Bei einer Duma-Anhörung im September 2000 verlangte Kadyrow die Einstellung der militärischen Übergriffe gegen die tschetschenische Zivilbevölkerung. In einem anderen Zusammenhang forderte er Maschadow auf, das Land zu verlassen.

Kadyrow, dessen *Teip* (Clan) in Gudermes ansässig ist, geriet sehr bald in Auseinandersetzungen mit seinem Stellvertreter Beslan Gantamirow und anderen Clan-Führern. Darunter litt sein Ruf als (ehemaliger) religiöser Führer. Eine politische Rolle, die auf seinen früheren engen Beziehungen mit anderen nationalistischen Politikern in Tschetschenien hätte aufbauen können, füllte er nicht aus. Sein eigener *Teip* (Benoi, einer der zehn einflussreichsten Clans Tschetscheniens) blieb ihm gegenüber zwar loyal, maß ihm aber nach seiner Amtsübernahme keine über die Heimatregion hinaus reichende Bedeutung zu. Kadyrow organisierte aber abseits der Öffentlichkeit die Entwaffnung einiger kleinerer Freischaren und klagte bei einem Moskau-Aufenthalt in der Staatsduma bei Anwesenheit einer EU-Delegation die russische Militärverwaltung wegen zahlreicher Übergriffe und Misshandlungen von Zivilisten an.

Viktor KASANZEW

General Viktor Kasanzew, ein Karriereoffizier, war seit 1997 Chef des Nordkaukasischen Militärbezirks und damit für die Militäraktionen in Tschetschenien direkt verantwortlich. Er gestand den „Fehler" ein, die russischen Truppen seien „zu vertrauensselig und weichherzig" gewesen. Er wurde im Mai 2000 vom russischen Präsidenten Wladimir Putin auf den Posten des Generalgouverneurs des Südlichen Föderalen Distrikts Russlands berufen und bezeichnete die „Zerschmetterung aller Formen von Extremismus und Terrorismus" als seine Aufgabe. Als Rassist gilt Kasanzew im Gegensatz zu vielen anderen Generalen nicht. Er residiert in Rostow am Don.

Anatoli KWASCHNIN

General Kwaschnin ist am 15. August 1946 in Ufa (Baschkirien) geboren, seit 1967 Soldat, Absolvent der Akademie des Generalstabs und wurde im Dezember 1994 oberster Kommandierender der russischen Verbände in Tschetschenien. Er kommandierte den Sturm auf Grosny 1995 und verantwortete auch den Rückzug aus der tschetschenischen Hauptstadt. Daraufhin musste er das Kommando an General Alexander Kulikow abgeben, den Befehlshaber der Truppen des Innenministeriums. Im Mai 1997 wurde er Mitglied des russischen Generalstabs und stellvertretender Verteidigungsminister, im November 1997 zum Armeegeneral befördert. Zu Beginn des zweiten Tschetschenienkrieges unternahmen tschetschenische Kommandos auf dem Militärflugplatz Botlich in Dagestan einen Attentatsversuch gegen ihn.

Ruslan LABASANOW

Ruslan Labasanow, nach 1990 Leibwächter Dudajews, schloss sich 1993, nach der Auflösung der Stadtverwaltung von Grosny, der Opposition an und entwickelte sich, angeblich mit russischer Unterstützung, zu einem der ersten Warlords. Ende 1994 kommandierte er die Milizen des moskautreuen Provisorischen Rates. Seine Hausmacht ist in Argun. Während der heimlich von Russland unterstützen ersten oppositionellen Versuche, Dudajew mit Waffengewalt zu stürzen, vertrieben Dudajews Nationalgardisten die Miliz Labasanows aus Argun und führten damit einen Umschwung herbei, der letztlich zur Niederlage der Aufständischen und Moskaus führte.

Aslan MASCHADOW

Aslan Maschadow (ausgesprochen: Mass'chadow, daher die englische und französische Umschrift Maskhadov) ist 1951 in Kasachstan geboren – im Zwangsexil, wie viele andere Akteure der tschetschenischen Politik, Wissenschaft, Kultur und Wirtschaft. Die von Stalin gewaltsam umgesiedelten tschetschenischen Familie kam 1956 in den Kaukasus zurück. Maschadow konnte also eine normale sowjetische Regelschule von Anfang an besuchen. Er wurde mit 21 Jahren Berufssoldat: er begann 1972 nach dem Abschluss einer Ausbildung im Höheren Artilleriekolleg Tiflis eine Offizierslaufbahn in der Sowjetarmee. Er diente in der Panzertruppe, zunächst in Fernost, dann in Ungarn. Bis zum Ende der Sowjetunion erreichte er den Generalsrang. Er war im Januar 1991 als Oberst der Raketen- und Artilleriestreitkräfte am Sturm der russischen Armee auf den Fernsehturm Vilnius (Litauen) beteiligt, der mit Billigung Präsident Michail Gorbatschows die Unabhängigkeitsbewegung der baltischen Staaten stoppen sollte. 1992 machte ihn General Dschochar Dudajew, der inzwischen die unabhängige Republik Tschetschenien ausgerufen hatte, zum Stabschef der Streitkräfte. Nach dem Einmarsch

Aslan Maschadow

der russischen Truppen 1994 organisierte Aslan Maschadow den Guerillakrieg und wurde nach dem Tod Dudajews 1996 Verhandlungsführer mit Moskau. 1996 verständigte er sich in der Funktion des Premierministers in der tschetschenischen Koalitionsregierung mit Jelzins Tschetschenien-Beauftragtem Alexander Lebed auf eine Waffenruhe und den Abzug der russischen Truppen, ehe er 1997 als gewählter Staats- und Ministerpräsident die Regierung bildete.

Maschadow setzte unter dem Druck der radikal-islamistischen Kräfte die Umwandlung Tschetscheniens in eine Islamische Republik und (schon 1997) die Einführung der arabischen Schrift durch, verlor deswegen die Unterstützung der institutionalisierten islamischen Richtung (Muftiat) und andererseits die Loyalität wichtiger Feldkommandanten.

Salman RADUJEW

Der 1968 geborene Salman Radujew war vor 1990 Komsomol-Vorsitzender und Verwaltungschef von Gudermes. Er ist ein Schwiegersohn Dudajews. Dieser übertrug ihm 1992 die Verwaltung der Region Gudermes. Die von Radujew gegründete Miliz mit dem Namen „Einsamer Wolf", deren Machtbasis die Region Gudermes ist, war für die Geiselnahme von Kisljar in Dagestan (Januar 1996) verantwortlich – die erste Gefangennahme von Angehörigen eines Nachbarvolkes –, nach der Radujew mit 75 Geiseln durch eine russische Belagerung entkam. Maschadow verlangte danach die Bestrafung Radujews durch ein Scharia-Gericht. Von den Anschlägen, die seit 1997 in Russland verübt worden sind, distanzierte sich Radujew regelmäßig, obwohl er normalerweise auch die Verantwortung für Anschläge unternahm, an denen er nicht beteiligt war. Anfang 1997 forderte er das Verbot der „Wahhabisten". Eine FSB-Einheit nahm ihn im März 2000 in Nowogrosnenskij gefangen.

Achmed SAKAJEW

Der Sicherheitsberater unter Präsident Jandarbijew und spätere Informationsminister der Tschetschenischen Republik scheiterte bei den Präsidentschaftswahlen 1997.

Doku SAWGAJEW

Doku Sawgajew, der erste Tschetschene im Amt des Parteisekretärs und des Präsidenten des Obersten Sowjets (1989 bis 1991) in Grosny, gehört dem einflussreichen Gendergnoj-Clan an, dem 4.000 Mann Miliz zugerechnet werden. Er stand zunächst auf der Seite der Unabhängigkeitsbewegung, unterstützte aber die Putschisten, die im August 1991 Gorbatschow auf der Krim festgesetzt hatten, während Dudajew sich sofort gegen den Putsch wandte. Am 1.9. 1991 musste Sawgajew seine Partei- und Parlamentsposten aufgeben. Später wurde er in den Moskauer Apparat von Präsident Jelzin aufgenommen. Jelzin ernannte ihn am 1.11. 1995 während des ersten Tschetschenienkrieges zum Regierungschef in Grosny. Er gewann die von Dudajews Anhängern boykottierten Präsidentenwahlen am 17. Dezember 1995, hielt sich aber meist in Moskau oder in gesicherten Räumen am Flughafen Grosny auf. Das tschetschenische Präsidentenamt, das ohnehin wertlos geworden war, gab er am 18.1. 1996 auf und zog sich nach Moskau zurück.

Jusup SOSLAMBEKOW

Jusup Solslambekow, Jahrgang 1956, ist in der Verbannung in Kasachstan geboren. Er war 1990 Mitgründer der Vainachischen Demokratischen Partei und 1992 Vermittler beim Eintritt der Freischar Bassajews in den Sezessionskrieg Abchasiens gegen Georgien. In Grosny war er zeitweise Vorsitzender des Auswärtigen Parlamentsausschusses. Soslambekow war außerdem sehr aktives Mitglied des „Parlaments der Bergvölker“, der führenden Körperschaft der Konföderation der Kaukasischen Völker, deren Präsident er 1996 wurde. Im Juni 1993 brach er mit Dudajew, nachdem dieser das Parlament hatte auflösen lassen. Die Abgeordneten wählten Soslambekow danach trotzdem zum Parlamentspräsidenten. Seine Hausmacht ist im Bezirk Urus-Martan, wo auch die Basis Gantamirows liegt. Er gehörte der ersten Regierung Aslan Maschadows an, die nach Dudajews Tod gebildet wurde, überwarf sich mit diesem aber, weil er im Gegensatz zu den Regierungskräften die Unabhängigkeit auf dem Verhandlungsweg und durch einen beharrlichen Friedensprozess erreichen wollte. 1995 veröffentlichte er eine Arbeit unter dem Titel „Tschetschenien – die Innenansicht“. Darin berichtet er, die Einsetzung Dudajews als Nummer eins in Grosny habe Präsident Jelzins Wunsch entsprochen, während Chasbulatow und andere Moskauer Politiker lieber eine von ihnen selbst zusammengestellte Gruppe an der Spitze Tschetscheniens gesehen hätten.

Im Januar oder Februar 2000 kam seine Ehefrau bei einem russischen Luftangriff auf Grosny ums Leben. Zwei seiner männlichen Verwandten, die mit dem Widerstand nichts zu tun hatten, wurden von Omon-Kommandos getötet. Jusup Soslambekow, mittlerweile in Moskau um die Schaffung eines Dialogs zwischen Putin und Maschadow bzw. deren Vertretern bemüht und von beiden Seiten heftig angefeindet, wurde am 18. Juli 2000 auf offener Straße in der russischen Hauptstadt niedergeschossen und starb neun Tage später.

Mowladi UDUGOW

Mowladi Udugow, 1962 geboren, war Regierungssprecher Dudajews und in der Übergangsregierung Jandarbijew ein stellvertretender Ministerpräsident. In der Präsidententenwahl im Januar 1997 scheiterte er. In der ersten Regierung Maschadows wurde er unmittelbar darauf tschetschenischer Außenminister und hat sich vor allem als Propagandachef der Republik schon während des ersten Tschetschenienkriegs bewährt. Die von ihm unterhaltene Internet-Seite *www.kavkaz.org* ist in Kalifornien registriert. Die Redaktion soll sich nach unbestätigten Berichten in Tiflis befinden. Präsident Maschadow distanzierte sich im April 2000 erstmals öffentlich von Udugow und seinem Internet-Informationsdienst Kavkaz Center.

Ljoma USMANOW

Ljoma Usmanow wurde als Vertreter der Tschetschenischen Republik in den USA bekannt. Er war 1987-1989 einer der Gründer der wissenschaftlichen Vereinigung „Kawkas“ und eines antikommunistischen Komitees namens „Bart“. Beide Organisationen gehörten zu den frühesten politischen Bewegungen in Tschetschenien.

8. Literatur

Die für dieses Buch ausgiebig benutzten Tageszeitungen (*Frankfurter Allgemeine Zeitung, Frankfurter Rundschau, Neue Zürcher Zeitung, Süddeutsche Zeitung*; ferner eine Auswahl russischer, englischer, französischer und von US-Zeitungen) und die von ihnen wiedergegebenen Informationen der Nachrichtenagenturen sind in der Regel weder in den Fußnoten noch in der nachfolgenden Literaturliste aufgeführt. Diese nennt im dritten Teil bei im Internet veröffentlichten Texten auch die URL (die Internet-Adresse, unter der sie angewählt werden können).

1. Bücher und andere nicht periodische Schriften

Akiner, Shirin: *Islamic Peoples of the Soviet Union,* London 1986

Bennigsen, Alexandre: *Mystics and Commissars: Sufism in the Soviet Union,* London 1985

Carrère d'Encausse, Hélène: *Risse im Roten Imperium,* Wien 1979

Chruschtschow, Nikita S.: *Chruschtschow erinnert sich,* Hamburg 1971

Dallin, Alexander: *Deutsche Herrschaft in Rußland,* Düsseldorf 1958

Donnert, Erich: *Das russische Zarenreich, Aufstieg und Untergang einer Weltmacht,* München/Leipzig 1992

Dunlop, John B.: *Russia Confronts Chechnya: Roots of a Separatist Conflict,* Cambridge 1998

Ende, Werner/Steinbach, Udo: *Der Islam in der Gegenwart,* München 21989

Endreß, Gerhard: *Einführung in die islamische Geschichte,* München 1982

Energie und Geostrategie im kaspischen Raum – Akteure, Interessen, Konfliktpotentiale. Bergedorfer Gesprächskreis, Protokoll Nr. 113, Hamburg 1998

Gall, Carlotta/De Waal, Thomas: *Chechnya: Calamity in the Caucasus,* New York 1998

Gitermann, Valentin: *Geschichte Rußlands,* 3 Bde., Zürich 1944, 1945, Zürich/Frankfurt a. M. 1949

Grobe-Hagel, Karl, *Rußlands Dritte Welt,* Frankfurt a. M. 1992

Hartshorn, J. E.: *Erdöl zwischen Mächten und Märkten,* Oldenburg/Hamburg 1962

Jorga, Nicolae: *Geschichte des Osmanischen Reiches,* 5 Bde., Gotha 1908-1913, Reprint Frankfurt a. M. 1980

Kolarz, Walter: *Die Nationalitätenpolitik der Sowjetunion,* Stuttgart 1956

Krech, Hans: *Der russische Krieg in Tschetschenien (1994-1996), ein Handbuch,* Berlin 1997

Leimbach, Werner: *Die Sowjetunion,* Stuttgart 1950

Lieven, Anatol/Bradner, Heidi: *Chechnya: Tombstone of Russian Power,* Yale 1999

Loth, H.: Russen, *Tscherkessen und Tataren. Aufstieg und Niedergang eines Imperiums,* Magdeburg, 1991

Luchterhand, Otto: *Dagestan. Unaufhaltsamer Zerfall einer gewachsenen Kultur interethnischer Balance?,* Hamburg 1999

Mejcher, Helmut: *Die Politik und das Öl im Nahen Osten,* Bd. II, Stuttgart 1990

Özbek, B.: *Erzählungen der letzten Tscherkessen auf dem Amselfeld,* Bonn 1986

Ostrogorski, Wladimir: *Der tschetschenische Knoten,* Hamburg/Berlin/Bonn 1965

Rasche, Emil: *Die sechste Großmacht. Männer und Mächte um Erdöl,* Frankfurt a. M. 1953

Sharif, Issam A., *Saudi-Arabien unter dem Joch der Ölprinzen,* Wien 1992

Simon, Gerhard: *Nationalismus und Nationalitätenpolitik in der Sowjetunion,* Baden-Baden 1986

Stölting, Erhard: *Eine Weltmacht zerbricht. Nationalitäten und Religionen der UdSSR,* Frankfurt a. M. ^{3}1991

Tugendhat, Christopher: *Erdöl, Treibstoff der Weltwirtschaft – Sprengstoff der Weltpolitik,* Wien/München/Zürich 1968

2. Zeitschriftenbeiträge, Manuskripte usw.

Bimboes, Detlef: *Zündstoff Öl und Gas, alter und neuer Krisenherd am Kaspischen Meer,* in: Frühjahrstagung der Ztschr.f. Sozialistische Politik und Wirtschaft [2000] (Manuskript)

Boutwell, Jeffrey/Klare, Michael T.: *Kleinwaffen – eine mörderische Weltplage,* in: *Spektrum der Wissenschaft* 8.2000, S. 62 ff

Cheterian, Vicken: *„Grand jeu" pétrolier en Transcausie,* in: *Le Monde diplomatique* 5.11. 1999

Gamsachurdia, Konstantin: *Geschichtlich-kulturelle Wurzeln des Widerstands in Tschetschenien,* in: *NZZ* 8.2. 2000.

Halbach, Uwe: *„Wahhabiten" im Kaukasus und in Zentralasien.* Religiöse Konflikte an der Südflanke Rußlands, Bundesinstitut für ostwissenschaftliche und internationale Studien, Aktuelle Analysen, 12. Mai 1998

Halbach, Uwe: *Die Tschetschenische Republik Itschkeria 1998,* Bundesinstitut für ostwissenschaftliche und internationale Studien, Aktuelle Analysen, 30. November 1998

Halbach, Uwe: *Der Weg in den zweiten Tschetschenien-Krieg,* in: *Osteuropa* 1.2000

Hahn, Robert F./Jezior, Bonnie: *Urban Warfare and the Urban Warfighter 2005,* in: *Parameters,* Summer 1999, p. 74 ff

Krech, Hans: *Militärische Aspekte der russischen Niederlage in Tschetschenien,* in: *Asien Afrika Lateinamerika,* Vol. 26, 1998, S. 539-558

Malashenko, Alexei: *Du Daghestan à la Tchétchénie, escalade militaire et „péril islamique",* in: *Le Monde diplomatique* 5.11. 1999

Rotar', Igor': *Islamskij radikalizm na prostorach SNG, Nesawissimaja Gaseta* 22.9.1999; dt. *Islamischer Radikalismus in den Weiten der GUS, Osteuropa* 8.2000 S. 281 ff

Rüesch, Andreas: *Tschetscheniens Weg in die Katastrophe,* in: *NZZ* 7.8. 2000

Walker, Edward M.: *Islam in Chechnya,* in: Caucasus Newsletter Issue 6, Fall 1998

3. Artikel im Internet

Avtorkhanov, Abdurahman/Kolganov, Andrei: *The Tchechens and the Ingush during the Soviet Period and its Antecedents,* http://www.amina.com/article/avtorh.html

Batuev, Erik: *Refugees Face Bleak Winter,* in: IWPR 49, Sept. 2000, http://www.iwpr.net

Blagov, Sergei: *Oil dollars behind the Chechen tragedy,* in: Asia Times online, 12.9. 2000, http://atimes.com/c-asia/AL09Ag01.html

Blandy, Charles: *Chechen Status – Wide Differences Remain,* Conflict Studies Research Centre [London], P 27, http://www.ppc.pims.org./Projects/csrc/ChechenStatusWideDifferencesRemain.htm

Boyle, Francis: *Independent Chechnya: Treaty of peace with Russia of 12 May 1997,* http://www.hartford-hwp.com/archives/63/082.html

Chechnya. The White Book, Moskau, April 2000. Hrsg.v. Russian Information Centre and RIA Novosti. Im Internet u. a. durch die Federation of American Scientists veröffentlicht: http://www.fas.org/man/dod-101/ops/war/2000/04/white/part01.htm

Damrel, David: *The Religious Roots of Conflict,* in: Religious Studies News, Vol. 10 No.3 (Sept. 1995), siehe http://ireland.iol.ie/~afifi/Articles/chechnya.htm

Ebel, Robert E.: *The History and Politics of Chechen Oil,* in: *Post-Soviet Prospects*; http://www.amina.com/ article/oil_op.html

Eismont, Maris: *Djohar Dudaev: Dead or alive? Was he killed intentionally?* in: Jamestown Foundation 3.5. 1996, http://www.amina.com/article/dud_death.html

Felgenhauer, Pavel: *The Chechen Campaign,* http://www.amina.com/article/chapter3.html

Fenari, Kerim: *The Jihad of Imam Shamyl* (datiert Winter 1996), http://www.iol.ie/~afifi.Articles/ shamyl.htm

Finch, Maj. Raymond C., III: *Why the Russian Military Failed in Chechnya,* in: Foreign Military Studies Office, http://call.army. mil/call/fmso/FMSOPUBS/issues/yrusfail/yrusfail.htm

Goldman, Marshall I.: *Petroleum, Pipelines and Paranoia in the Caucasus.* International Conference on International Law and the Chechen Republic, Krakau 1995, vgl. http://www.amina.com/article/oil_pipe.html

Khalilov, Roman: *Main Causes of the Present Russian Aggression,* http://www.amina.com./article/main_causeswar.html

Lelyveld, Michael: *Russia: Pipeline Project Around Chechnya Fraught With Problems,* RFE/RL 6.1. 2000, http://www.rferl.org/nca/features/2000/02/

Lelyveld, Michael: *Kremlin Determined To Stay In Race For Caspian Oil,* http://www.rferl.org/nca/features/2000/02/

Lionu, Alexandru: *A Short Introduction to the Chechen Problem,* in: Caucasian Regional Studies vol. 5 Issue 1&2, 2000; http://www.poli.vub.ac.be/crs/eng/Vol5/lionu.htm

Nakschbandije-Homepage: http://www.naqshbandi.net

Payin, Emil A./Popov, Arkady A.: *Chechnya – From past to present,* http://www.amina.com/article/history/.html

Smeets, Rieks H./Wesselink, Egbert G. Ch.: *Chechnya. One year of war. A Pax Christi Report,* 11.12. 1995. http://users.evitech.fi/giorgig/ich_rap4.html

Simonsen, Sven Gunnar: *Chechnya,* http://www.prio.no/osce-chechnya.htm

Thomas, Timothy L. (1995): *The Caucasus Conflict and Russian Security: the Russian Armed Forces Confront Chechnya,* in: Slavic Military Studies Vol. 8, No.2, June 1995, pp. 233-256, vgl. http://www.fas.org./man/dod-101/ops/war/ docs/chechpt1.htm

Thomas, Timothy L (1999).: *The Battle of Grosny: Deadly Classroom for Urban Combat,* in: *Parameters,* Summer 1999, http://carlisle-www.army.mil/usawc/Parameters/99summer/thomas.htm

U.S.Energy Information Administration: *Caspian Sea Region,* http://www.eia.doc.gov/emeu/cabs/caspfull.html

Usmanow, Ljoma: *The Fate of Democracy in Chechnya,* http://www.stigal.com/t/genocide/fateofdemocrarcy.htm

Usmanow, Ljoma: *The political economy of Chechnya's secession,* datiert: Washington, D.C., 19.12. 1999, http://www.amina.com/article/pol_econ.html

Valasek, Tomas: *The Dagestan War: Actors, Roots and Predictions,* in: Österreichische Militärische Zeitschrift 6.1999; http://www.cdi.org/issues/Europe/omz1.html

4. Webseiten (Stand vom Frühjahr 2001)

http://atimes.com, Online-Ausgabe der *Asian Times,* unabhängig, veröffentlicht u. a. unkonventionelle Analysen unabhängiger Informationsdienste.

http://carlisle-www.army.mil/usawc/Parameters, Seite der militärwissenschaftlichen Quartalzeitschrift der US Army, mit ausführlichen Analysen zur Kriegsführung in Tschetschenien.

http://chechengovernment.com wurde als offizielle Seite der Maschadow-Regierung im Sommer 2000 eingerichtet und war bei Abschluss dieser Arbeit nur bruchstückhaft ausgebaut.

http://chechnija.hypermart.net ist eine allgemeine Sammlung von informativen Beiträgen in litauischer Sprache, eine Reminiszenz an gemeinsame friedliche Unabhängigkeitskämpfe.

http://chechnya.co.uk/links/index.htm ist die ausführlichste kommentierte Link-Liste zum Thema, mit vollständigen Hyperlinks, aber ohne Angabe der URLs.

http://ireland.iol.ie, Seite eines führenden Dubliner Islam-Instituts, verbindet zu zahlreichen grundlegenden historischen und religionsgeschichtlichen Texten.

http://src-h.slav.hokudai.ac.jp/eng/fsn/chechen-eO.html, von der japanischen Hokudai-Universität unterhaltene sehr umfangreiche Link-Sammlung in englischer Sprache.

http://www.amina.com, der tschetschenischen Regierung nahestehende Seite, betreut von Sympathisanten in USA und Europa, verbindet zu zahlreichen historischen und zeitgeschichtlichen Texten, auch solchen mit Distanz zur tschetschenischen Bewegung.

http:*//www.cdi.org.* Das private Washingtoner Center for Defense Information bringt ausführliche Analysen über alle Fragen des russischen Militärs.

http://www.chechentimes.com. Ein Beweis für gute Lobby-Arbeit: Die Seite der einzigen tschetschenischen Zeitung in den USA, nicht gerade tagesaktuell.

http://www.chechnya.ru, das vorgebliche „unabhängige Informationszentrum der Tschetschenischen Republik", wird in Wirklichkeit von der Regierung Dagestans kontrolliert.

http://www.chechnyanews.com sammelt die wichtigsten Berichte der internationalen Nachrichtenagenturen zum Thema.

http://www.chechnyaonline.com ist eine englischsprachige Sammlung von Nachrichten, Hintergrundartikeln und Essays, offenbar neutral.

http://www.diplomat.ru (russisch und englisch) ist die Seite des Moskauer Außenministeriums mit Dialogmöglichkeiten.

http://www.fas.org, Homepage der Federation of American Scientists, führt zu Analysen und ausführlichen Informationen unter dem Suchwort „Russia".

http://www.gazeta.ru, unabhängiger, gut unterrichteter russischer Informationsdienst, mit ausführlichen Zusammenfassungen in russischer und englischer Sprache.

http://www.gov.ru ist die offizielle, sehr betuliche Seite der russischen Regierung. Mehrere Fremdsprachen.

http://www.hrw.org ist die Webseite der Menschenrechtsorganisation Human Rights Watch.

http://www.ichkeria.com.ge. Das „Chechen Information Centre", es arbeitet aus Georgien (Tiflis).

http://www.ichkeria.org (englisch und russisch) bietet Links zu interessanten Audios und Videos.

http://www.infocentre.ru, „Rosinformcenter", wird vom russischen Medien-Ministerium und der offiziösen Nachrichtenagentur RIA unterhalten.

http://www.internews.ru/indexe.html. Diese regierungsunabhängige Seite hat ausgezeichnete Links zu unabhängigen russischen Medien.

http://www.islam.org.uk/index2/htm. Der in England ansässige Muslim World Service hat eine Nachrichtenseite über Tschetschenien.

http://www.iwpr.net. Das Londoner Institute of War and Peace Reporting stellt wöchentlich drei bis vier ausgezeichnete Analysen unabhängiger örtlicher Beobachter über die Entwicklung im Kaukasus ins Netz. Weitere Berichte über Zentralasien und den Balkan sowie die internationalen Menschenrechtsverfahren.

http://www.kavkaz.com ist trotz der Ähnlichkeit der URL mit tschetschenischen Seiten die offizielle Seite der dagestanischen Regierung.

http://www.kavkaz.org, von Mowladi Udugow, einem zeitweiligen Außenminister und Propagandisten unter Maschadow, kontrollierte Seite in mehreren Sprachen (auch deutsch), steht seit Sommer 1999 nicht mehr unter dem Einfluss der Regierung Maschadow, die sich von diesem radikaleren Dienst auch häufiger distanziert.

http://www.lenta.ru, ein unabhängiger aktueller Moskauer Nachrichtendienst, in russischer und englischer Sprache, der auch Tschetschenien-Nachrichten aus nichtrussischer Quelle verbreitet.

http://www.naqshbandi.net, die offizielle Seite der Nakschbandi-Bruderschaft.

http://www.nupi.no/cgi-win/Russland. Diese Seite eines norwegischen Forschungsinstituts bietet eine sehr ausführliche Chronologie Tschetscheniens seit 1991.

http://www.prio.no, norwegische Seite, enthält OSZE-Texte.

http://www.polit.ru. Unabhängige russische Nachrichtenagentur, die englische Webseite ist knapp und wird nicht oft genug aktualisiert.

http://www.qoqaz.de, deutschsprachige Version der Seite „Jihad in Chechnya", die von dem radikalen Flügel Bassajew-Chattab betrieben wird. Unter anderen URLs, auf die verwiesen wird, erscheinen Versionen in vielen anderen Sprachen.

http://www.rferl.org, Homepage von Radio Free Europe/Radio Liberty, mit täglichen Berichten aus dem Kaukasus (Newsline) und speziellen Wochenberichten aus dem Kaukasus (Caucasus Report) sowie fortlaufender analytischer und aktueller Berichterstattung aus Tschetschenien (Crisis in Chechnya).

http://www.stigal.com. Ichkeria online, viele Hintergrundartikel, Diskussion über Demokratie in Tschetschenien, Links zu den Amina-Webseiten, zu „Jihad in Chechnya", aber auch zur BBC; behauptet, die Regierungs-Webseite zu sein, was aber offensichtlich nicht genau zutrifft.

http://www.themoscowtimes.com. Vollständiger Textinhalt der kritischen englischsprachigen Tageszeitung *The Moscow Times,* die sich vor allem an die ausländischen Geschäftsleute in Russland wendet, aber auch von Einheimischen mit Englischkenntnissen viel gelesen wird.

http://www.wdn.com/asf. Die Webseite der Andrej-Sacharow-Stiftung veröffentlicht eigene Stellungnahmen zum Thema und zudem sehr informatives Hintergrundmaterial.